KB264169

TEPS 달인이 되는 법 Final 어휘

저자 | 황혜선
초판 1쇄 발행 | 2008년 3월 3일
초판 5쇄 발행 | 2011년 8월 1일

발행인 | 박효상
편집책임 | 강성실
편집 | 모희진, 이종만
영업책임 | 이종선
영업 | 이태호, 이전희
출판등록 | 제 10-1835호
발행처 | 사람in
주소 | 121-839 서울시 마포구 서교동 378-16
전화 | 02) 338-3555(代)
팩스 | 02) 338-3545
e-mail | esaramin@nate.com
Homepage | www.saramin.com

만든 사람들
표지 디자인 | 장선숙
내지 디자인 | 한현식
Native Consultant | Adam Kelly

● 책값은 표지 뒷면에 있습니다.
● 파본은 바꾸어 드립니다.

ISBN 978-89-6049-072-7 13740
ISBN 978-89-6049-041-3 (세트)

황혜선

사람 in
saramin.com

머리말

〈TEPS 달인이 되는 법 – 기본종합〉 교재를 냈을 때가 엊그제 같은데 벌써 해가 바뀌고 〈TEPS 달인이 되는 법 – Final〉의 출판을 앞두고 있습니다.
제게 있어 2007년은 커피를 여물 삼아 소처럼 열심히 일만 했던 한 해였고, 그 결실로 2008년을 열며 새로운 교재를 출판하게 되어 너무나 뿌듯합니다.
TEPS를 공부하시는 분들이 이 교재를 통해 TEPS라는 괴팍한 시험을 이겨내고, 궁극적인 목표에 한 걸음 더 가까이 다가서게 되시길 진심으로 바랍니다.

중고등학교 시절 불만 많은 여중생–여고생이었던 저는, 과학과 가사가 너무나도 싫었고 왜 이렇게 싫은 과목도 공부를 하고 시험을 봐야 하는지 늘 고뇌했습니다. 다행히 가장 좋아하고 가장 잘하는 영어를 가르치는 일을 직업으로 갖게 되어 지금은 집필의 고통이 아무리 저를 짓눌러도 행복한 비명을 지르고 있지만요.
제가 중고등학교 때 그렇게도 싫어했던 과목이 과학과 가사였던 것처럼 여러분에게는 그것이 영어일수도 있다는 생각을 합니다. 저의 사명은 그토록 싫고 어려운 영어를 조금이라도 쉽고 효율적으로 공부하시도록, 그래서 빨리 TEPS 시험이라는 과정을 조금 힘을 덜 들이고 지나가시도록 돕는 것이라는 생각을 하며 이 교재를 집필했습니다.

〈TEPS 달인이 되는 법 – 기본종합〉이 수학의 정석과 같이, TEPS를 공부하는 분들이라면 누구나 보아야 할 지침서의 역할을 하는 교재라면, 〈TEPS 달인이 되는 법 – Final〉은 기본기가 다져진 상태에서 점수 향상을 바라는 분들을 위한 교재입니다.
설명을 들으면 다 알 것 같은데 시험 점수는 제자리걸음인 분들, 혹은 고득점을 위해 실전 난이도의 문제를 많이 풀어보고 싶으신 분들은 〈TEPS 달인이 되는 법 – Final〉을 통해 원하는 점수에 도달할 수 있으실 거라고 확신합니다.

마지막으로 항상 걱정해주시는 부모님, 하나뿐인 언니, 많은 도움을 준 친구 지윤이, 집필 중에 잠수를 타곤 해도 이해해준 친구들과 윤석환 선생님, 전병기 팀장님께 감사 드립니다.

황혜선

Contents

어휘 Vocabulary

1st Week

2nd Week

3rd Week

4th Week

청해 Listening Comprehension

Contents

문법 Grammer

1st Week

2nd Week

3rd Week

4th Week

이 책의 특징

이 책은 TEPS 어휘의 완벽한 마무리를 위한 최종 실전서이다. 어휘 출제 유형을 20개로 정리해서 출제 포인트를 확인할 수 있으며, 실전에 가장 가까운 기출 문제와 예상 문제로 충분한 연습, 1회분 모의고사로 최종 점검을 할 수 있도록 구성했다.

1. 20일로 TEPS를 마무리 할 수 있다

20개의 유형정리로 TEPS 어휘를 유형별로 완벽하게 정리했다. 실전 시험을 앞두고 모든 파트를 매일 골고루 풀어 봄으로써 실전에 대한 감을 키우도록 한다. 마지막에 실전 모의고사 1회분을 풀어봄으로써 실전을 단기간에 대비한다. 이론적 기반은 있으나 TEPS 유형에 아직 익숙하지 않아, 실전 시험에서 실력 발휘를 제대로 못하는 학습자는 어휘 유형을 빠르게 파악할 수 있고 문제를 풀면서 충분하게 유형연습을 할 수 있다.

2. 실전에 가장 가까운 문제를 풀 수 있다

최근 3년간의 기출 문제를 완벽하게 분석해서 각 파트별 비율에 맞게 문제를 구성했다. 어휘의 7회분 350문제는 TEPS 고득점을 위해 엄선된 문제이다. 학습자는 기출 변형 Catch Up, 예상 문제 Build Up, 1회분 모의고사 Final Check 문제를 풀면서 정기 시험과 유사한 문제 유형을 익힐 수 있다.

3. 전문 TEPS 강사의 노하우를 배울 수 있다

매월 TEPS 정기 시험을 보는 전문 강사가 TEPS의 특징과 TEPS에서 요구하는 공부 방식을 담았다. 학습자는 TEPS의 특징과 TEPS에서 요구하는 공부방식을 배울 수 있다.

이 책의 구성 및 활용

TEPS 어휘를 20일에 끝낼 수 있게 다음 구성에 따라 학습한다.

1. 핵심 정리 20

시험에 자주 출제되는 TEPS 어휘를 유형별로 정리했다. 20개의 어휘 정리를 Catch Up과 Build Up 문제를 통해 확인한다면 시험 전에 TEPS 중요 어휘를 빠르게 정리할 수 있을 것이다.

2. 기출로 감을 익히는 Catch Up

기출변형 문제로 실제 시험문제와 가장 가까운 지문들을 다뤄볼 수 있다. TEPS 어휘 영역의 각 파트별로 정리하여 실전감각을 더욱 익히도록 하였다.

3. 핵심 어휘를 정리하는 Extension

Catch Up에 나온 어휘와 어구를 한 번 더 정리했다. 총 838개의 어휘와 어구를 통해 TEPS 어휘 시험의 빈출 표현을 확실히 외울 수 있도록 하였다.

4. 예상 문제로 실전 감각을 익히는 Build Up

TEPS 어휘 영역 2개 파트의 다양한 유형의 문제를 다뤘다. 실전에 대비할 수 있는 연습이 충분히 되도록 하였다.

5. 최종 실전 점검 Final Check

어휘 1회분 모의고사를 실었다. 난이도는 정기시험과 동일하다. 실전 난이도와 유형의 문제를 통하여 실전에 대비할 수 있고, 정확한 자기 실력을 파악할 수 있다.

6. 한 눈에 보는 정답 및 해설

본문의 내용과 함께 지문과 해석, 해설을 〈정답 및 해설〉에 모두 실어 문제 풀이와 보충 학습을 〈정답 및 해설〉 한 권만으로도 가능하게 했다.

TEPS 어휘 유형 및 형식

TEPS의 구성

TEPS는 청해, 문법, 어휘, 독해 4개 영역에 걸쳐 총 200문항으로 구성되어 있으며 시험 시간은 140분이다. 만점은 문항 반응 이론(IRT)에 따라 채점하기 때문에 전부 맞아도 990점이고 모두 틀려도 10점은 나온다.

영역	PART별 내용	문항 수	시간/배점
청취 Listening Comprehension	Part Ⅰ : 문장 하나를 듣고 이어질 대화 고르기 Part Ⅱ : 3 문장의 대화를 듣고 이어질 대화 고르기 Part Ⅲ : 6-8 문장의 대화를 듣고 이어질 대화 고르기 Part Ⅳ : 단문의 내용을 듣고 질문에 해당하는 답 고르기	15 15 15 15	55분/396점
문법 Grammar	Part Ⅰ : 대화문의 빈칸에 적절한 표현 고르기 Part Ⅱ : 문장의 빈칸에 적절한 표현 고르기 Part Ⅲ : 대화에서 어법상 틀리거나 어색한 부분 고르기 Part Ⅳ : 대화에서 어법상 틀리거나 어색한 부분 고르기	20 20 5 5	25분/99점
어휘 Vocabulary	Part Ⅰ : 대화문의 빈칸에 적절한 단어 고르기 Part Ⅱ : 단문의 빈칸에 적절한 단어 고르기	25 25	15분/99점
독해 Reading Comprehension	Part Ⅰ : 지문을 읽고 질문의 빈칸에 들어갈 내용 고르기 Part Ⅱ : 지문을 읽고 질문에 가장 적절한 내용 고르기 Part Ⅲ : 지문을 읽고 문맥상 어색한 내용 고르기	16 21 3	45분/396점
총계	13개 PART	200	140분/990점

어휘(Vocabulary) 50문항

문맥 없이 단순한 동의어 및 반의어를 선택하는 시험 유형을 배제하고 의미 있는 문맥을 근거로 가장 적절한 어휘를 선택하는 유형을 문어체와 구어체로 나누어 측정한다.

PART 1	25문항

Choose the best answer for the blank.

A: How long before I'll need to replace the tires?
B: It will be a while. These tires are very ___________.

(a) durable
(b) accessible
(c) wearable
(d) usable

Part 1은 구어체로 되어 있는 A, B의 대화 중 빈칸에 가장 적절한 단어를 넣는 25문항으로 구성되어 있다. 단어의 단편적인 의미보다는 문맥에서 쓰인 상대적인 의미를 더 중요시한다.

PART 2	25문항

Choose the best answer for the blank.

Despite the prevention efforts, the flood ___________, causing millions of dollars in damage.

(a) relapsed
(b) exclude
(c) reused
(d) ensued

Part 2는 하나 또는 두 개의 문장으로 구성된 글 속의 빈칸에 가장 적당한 단어를 골라 넣는 문제이다. 어휘를 늘릴 때 한 개씩 단편적으로 암기하는 것보다는 하나의 표현으로, 즉 의미구로 알아 두는 것이 15분이라는 제한된 시간 내에 어휘 시험을 정확히 푸는 데 많은 도움이 될 것이다.

Day 1	▶▶ 중요 어휘 1
	Catch Up – 중요 어휘와 표현으로 이루어진 실전 문제
	Extension – 반드시 외워야 할 필수 어휘 · 어구 정리

Day 2	▶▶ 중요 어휘 2
	Catch Up – 중요 어휘와 표현으로 이루어진 실전 문제
	Extension – 반드시 외워야 할 필수 어휘 · 어구 정리

Day 3	▶▶ 혼동 어휘 1
	Catch Up – 형태와 의미가 혼동되는 어휘로 이루어진 실전 문제
	Extension – 형태와 의미가 혼동되는 어휘 정리

Day 4	▶▶ 혼동 어휘 2
	Catch Up – 형태와 의미가 혼동되는 어휘로 이루어진 실전 문제
	Extension – 형태와 의미가 혼동되는 어휘 정리

Day 5	▶▶ 혼동 어휘 3
	Catch Up – 형태와 의미가 혼동되는 어휘로 이루어진 실전 문제
	Extension – 형태와 의미가 혼동되는 어휘 정리

Day 1
중요 어휘 1

1. free of charge 무료로

charge는 쓰임새가 매우 많은 다의어이다. 기본적인 의미가 '짐을 싣다'의 뜻이며, '채우다, 충전하다', '의무(를 지우다), 요금(을 청구하다), 고발하다' 등의 다양한 의미로 파생된다. 언뜻 보면 서로 전혀 다른 의미를 갖는 것 같지만, charge의 기본적인 의미를 파악하면 파생된 쓰임새들도 함께 익히기 쉽다.

free of charge에서 charge는 '부과된 요금'의 뜻이므로, '부과된 요금 없이', 즉 '무료로'라는 의미가 된다. 매우 자주 쓰이는 어구이므로 반드시 알아두도록 하자.

2. cramp 경련, 쥐

운동을 하거나 등산을 하다가 갑자기 팔다리에 쥐가 나는 경우가 있다. 그럴 때에 적절한 표현은 "I have a cramp." 이다.
cramp가 '경련, 쥐'라는 의미임을 알아두자.
또, abdominal cramp라고 하면 '복부 경련'의 의미가 되며, 의학적 증상으로 텝스 문제에 자주 출제되므로 함께 알아두자.
참고로 팔다리가 저리다는 표현은 asleep을 쓴다. 간단하게 "My feet are asleep."이라고 하면 '다리가 저려.'라는 의미가 된다.

3. nuisance 성가심, 귀찮은 것[사람]

nuisance는 성가시고 귀찮은 물건이나 일, 사람에 두루 쓸 수 있는 표현이다.

4. break the news 소식을 퍼뜨리다

break가 쓰이는 다양한 collocation들이 있다. 대표적인 예로 'break the law (법을 어기다)'를 들 수 있다.
break the news는 '소식을 다른 사람들에게 전하다, 퍼뜨리다'의 뜻이 된다.

5. mortification 치욕, 굴욕, 울분

동사는 mortify로, '(감정 등을) 억제하다, 극복하다'라는 뜻과 '굴욕감을 느끼게 하다, 기분 상하게 하다'의 두 가지 뜻이 있다.
mortification은 '치욕, 굴욕'의 뜻으로, 감정을 나타내는 명사로 주로 쓰인다.

Catch Up

Part 1 Choose the most appropriate word or expression for the blank in the conversation.

1. A: Where can I get a Seoul subway map?
B: They are available at each station, free of _________.

(a) charge
(b) cash
(c) worth
(d) price

2. A: I'm not sure that I can finish the hike. I have a bad _______ in my leg.
B: Drink plenty of water and we'll take a short rest.

(a) injury
(b) cramp
(c) restriction
(d) hurt

3. A: You really should get a cell phone.
B: No way! I find them more of a(n) _________ than a convenience.

(a) habit
(b) concern
(c) nuisance
(d) irritation

4. A: I received notification yesterday that our office will be relocating to San Francisco.
B: Have you _________ the news to your staff members?

(a) broken
(b) educated
(c) crushed
(d) exposed

Part 2 Choose the most appropriate word or expression for the blank in the statement.

5. Despite attempting to conceal her emotions, Emily's tears revealed her _________.

(a) energy
(b) fortification
(c) appreciation
(d) mortification

Answers

TEPS 어휘 영역에 출제되었던 문제를 자세한 설명과 함께 완전히
이해하도록 하자.

1

A: Where can I get a Seoul subway map?
B: They are available at each station, free of
__________.

(a) charge
(b) cash
(c) worth
(d) price

A: 서울 지하철 지도를 어디서 구할 수 있을까요?
B: 각 지하철역에서 구할 수 있답니다. 무료예요.

해설 charge는 '요금을 부과하다, (청구된) 요금, 비용'의 뜻을 가진다.
따라서 free of charge는 '부과된 요금 없이' 즉, '무료로'의 뜻이다.

오답 (b) cash 현금, 현찰
분석 (c) worth ~할 가치가 있는, (금전적으로) ~의 값어치의
(d) price 가격, 값

2

A: I'm not sure that I can finish the hike. I have a
bad ________ in my leg.
B: Drink plenty of water and we'll take a short
rest.

(a) injury
(b) cramp
(c) restriction
(d) hurt

A: 이 하이킹을 끝까지 할 수 있을지 모르겠다. 다
리에 심하게 쥐가 났어.
B: 물을 많이 마시고, 우리 잠깐 쉬자.

해설 하이킹을 하는 상황이므로 다리에 쥐가 났다는 문맥이 가장 자연스럽다. 따라서 정답은 (b) cramp이다.

오답 (a)나 (d)는 하이킹을 하다가 다리가 아프다는 의미에 어울리지 않으므로 정답이 될 수 없다.
분석 (a) injury 상처, 상해, 부상 – 큰 부상이나 상해를 입었을 때 쓰는 표현이다.
(c) restriction 제한, 한정, 구속
(d) hurt 상처, (정신적) 고통, 손해 – 신체나 마음에 입은 상처나 고통을 뜻한다.

3

A: You really should get a cell phone.
B: No way! I find them more of a(n) _________ than a convenience.

(a) habit   (b) concern
(c) nuisance   (d) irritation

A: 너 정말 휴대 전화를 하나 사야겠다.
B: 절대 그렇지 않아! 난 휴대전화가 편리하기 보다는 귀찮은 존재인 것 같아.

해설 convenience의 반대 개념이 와야 하므로 nuisance(귀찮은 존재)가 정답임을 유추할 수 있다.

오답 (a) habit　습관, 버릇, 습성
분석 (b) concern　관계, 관련, 관심, 염려, 걱정 – 휴대전화가 걱정의 대상은 아니므로 적절하지 않다.
(d) irritation　초조, 안달, 노여움 – (b)와 같은 맥락으로 정답이 될 수 없다.

4

A: I received notification yesterday that our office will be relocating to San Francisco.
B: Have you _________ the news to your staff members?

(a) broken   (b) educated
(c) crushed   (d) exposed

A: 어제 우리 사무실이 샌프란시스코로 옮겨갈 것이라는 통지를 받았어.
B: 그 소식을 직원들에게 전했니?

해설 break the news는 '소식을 다른 사람들에게 전하다'의 뜻이다.

오답 (b) educate　교육하다, 육성하다
분석 (c) crush　눌러 부수다, 으깨다, 밀어 넣다
(d) expose　노출시키다, 진열하다 – 보이도록 내어 놓는다는 의미이므로 정답이 될 수 없다.

5

Despite attempting to conceal her emotions, Emily's tears revealed her _________.

(a) energy   (b) fortification
(c) appreciation   (d) mortification

감정을 숨기려는 시도에도 불구하고, 에밀리의 눈물은 그녀의 수치심을 드러내었다.

해설 mortification은 '굴욕, 수치, 억울함, 분함'의 뜻으로, 문장 앞부분의 emotion을 단서로 정답을 찾을 수 있다.

오답 (a) energy　활기, 힘, 에너지
분석 (b) fortification　(도시 등의) 방비, 요새
(c) appreciation　평가, 감상; 감사

Answers:

1. (a) 2. (b) 3. (c) 4. (a) 5. (d)

TEPS 어휘 영역에 자주 출제되는 어휘와 어구를 익힘으로써
실전 문제에 완벽히 대비하자.

▶▶ 반드시 외워야 할 필수 어휘·어구 1

1.	complimentary	무료의; 칭찬의, 찬사의
2.	termination	해고, 종료
3.	gist	요점, 핵심
4.	toddler	걸음마 하는 아기
5.	collide	충돌하다
6.	requisite	필요조건
7.	deviate	벗어나다, 빗나가다
8.	flippant	경박한, 경솔한
9.	garrulous	말 많은 (= talkative, loquacious)
10.	aggravate	화나게 하다, 악화시키다
11.	entail	(필연적 결과로서) 수반하다, 일으키다
12.	fatigue	피로, 피곤
13.	bankruptcy	파산
14.	imperative	필수적인; 명령적인
15.	reference	보증서, 참고자료
16.	controversial	논쟁의 여지가 있는
17.	revoke	취소하다, 무효로 하다
18.	abandon	버리다; 포기하다
19.	veterinarian	수의사
20.	culprit	범인, 죄인
21.	equilibrium	균형, 마음의 안정, 평정 (= equanimity)
22.	genuine	진짜의
23.	impetus	추진력
24.	innate	타고난, 선천적인
25.	altruistic	이타적인
26.	liquidate	(빚을) 청산하다; (사람을) 죽이다, 없애다
27.	premise	전제
28.	keen	날카로운, 예리한; 열망하는
29.	abbreviate	생략하다, 단축하다

30.	mumble	중얼거리다
31.	reciprocal	상호간의 (= mutual)
32.	belligerent	호전적인, 싸우기 좋아하는
33.	drastic	과감한, 철저한; 격렬한 (= dramatic)
34.	abound	~가 많다
35.	horticulture	원예
36.	prey	먹이, 희생물
37.	collaborate	협력하다
38.	arbitrary	임의의, 독단적인
39.	ostracize	추방[배척]하다
40.	relinquish	포기하다, 버리다
41.	relentless	가차 없는, 잔인한, 혹독한
42.	draft	① 초고, 초안; 초안을 그리다 ② 징집, 징병(하다) ③ 통풍, 외풍
43.	sacred	신성한
44.	chronic	만성의 (↔ acute 급성의)
45.	scrupulous	세심한, 꼼꼼한; 양심적인
46.	breakthrough	돌파구, 획기적 발견
47.	reconcile	화해시키다, 조정하다
48.	addict	중독자; 중독되다
49.	robust	튼튼한, 떠들썩한
50.	skeptical	의심하는, 회의적인
51.	conviction	① 확신, 신념 ② 유죄판결
52.	fascinate	매혹시키다
53.	malign	비방하다, 헐뜯다; 해로운, 악의 있는
54.	posthumous	사후의
55.	deliberate	심사숙고하다; 신중한, 의도적인

Build up

TEPS 어휘 영역의 실전 문제와 가장 가까운 유형과 난이도의
예상 문제를 통해 실력을 쌓자.

Part 1 Choose the most appropriate word or expression for the blank in the conversation.

1. A: Our computer is not working.
   B: I'll bring it to the shop. The warranty is still ________ for two more years.

   (a) fit
   (b) protected
   (c) good
   (d) fixed

2. A: I got a new job with much more salary than the last one.
   B: Terrific! I think losing your job was a ________________.

   (a) blessing in disguise
   (b) mixed blessing
   (c) pure luck
   (d) cream of the crop

3. A: Excuse me. When does the next train to Busan ________?
   B: Actually, it departs momentarily.

   (a) bestow
   (b) continue
   (c) alter
   (d) leave

4. A: Dr. Gunther is such a(n) ___________ thinker in the field of mathematics.
   B: I know. He has been recognized nationally for his ability to explain very complex algorithms.

   (a) breathtaking
   (b) profound
   (c) superficial
   (d) insubstantial

5. A climber fell from a cliff on Saturday and sustained __________ injuries to his head and neck.

    (a) unbelievable
    (b) critical
    (c) twisted
    (d) rough

6. Wholesale companies aim to __________ their inventory as quickly as possible as they receive large daily shipments.

    (a) distill
    (b) interpret
    (c) sustain
    (d) dispatch

7. It has been announced that Vancouver has won the ______ for the 2010 Olympic Games.

    (a) bid
    (b) bet
    (c) auction
    (d) scheme

8. As a medical intern, you are not in a __________ to independently diagnose a patient.

    (a) place
    (b) right
    (c) position
    (d) stance

9. Are jean jackets just a recurring fashion fad or are they here to ________?

    (a) hold
    (b) stick
    (c) style
    (d) stay

10. This relationship works out nicely because my girlfriend and I ________ similar interests.

    (a) allocate
    (b) share
    (c) divide
    (d) measure

정답: 224p

VOCABULARY
Week 1

Day 1

▶▶ 중요 어휘 1

Catch Up – 중요 어휘와 표현으로 이루어진 실전 문제

Extension – 반드시 외워야 할 필수 어휘·어구 정리

Day 2

▶▶ 중요 어휘 2

Catch Up – 중요 어휘와 표현으로 이루어진 실전 문제

Extension – 반드시 외워야 할 필수 어휘·어구 정리

Day 3

▶▶ 혼동 어휘 1

Catch Up – 형태와 의미가 혼동되는 어휘로 이루어진 실전 문제

Extension – 형태와 의미가 혼동되는 어휘 정리

Day 4

▶▶ 혼동 어휘 2

Catch Up – 형태와 의미가 혼동되는 어휘로 이루어진 실전 문제

Extension – 형태와 의미가 혼동되는 어휘 정리

Day 5

▶▶ 혼동 어휘 3

Catch Up – 형태와 의미가 혼동되는 어휘로 이루어진 실전 문제

Extension – 형태와 의미가 혼동되는 어휘 정리

Day 2
중요 어휘 2

1. arrogant 오만한, 거만한

사람의 성격을 나타내는 형용사들은 텝스 어휘 문제에서 흔히 출제되므로, 다양한 인성 형용사들을 잘 알아두는 것이 좋다.

impolite 무례한, 버릇없는
rude 무례한, 교양 없는
obnoxious 불쾌한, 싫은

2. star 주연하다, 주연을 시키다

star는 '별, 인기 있는 배우나 가수'의 뜻 말고도 동사로 '주연하다, 주연을 ~에게 맡기다'의 뜻이 있다. 따라서 starring Johnny Depp은 '조니 뎁을 주연으로 하는'의 의미가 된다.

3. sit tight 꼼짝달싹 않고 있다

tight는 '단단한, 빈틈없는'의 뜻으로, 모두가 알고 있는 쉬운 단어이다.
이러한 tight가 sit과 결합하면 '꼼짝 않고 있다'의 뜻이 된다.
이와 관련하여 sleep tight는 '푹 자다'의 뜻이다.

4. heredity 유전, 형질 유전

heredity는 부모님으로부터 물려받은 유전적 요소를 뜻한다. 유전공학이 매우 빠르게 진보하고 있으며 텝스 문제에 자주 출제되는 단어이므로 반드시 알아두자.
heritage는 '상속 재산, 문화유산'의 뜻으로, heredity와 쓰임새를 구별해 두어야 한다.

5. abdicate 버리다, 포기하다

abdicate는 권리 등을 버리거나 직위에서 물러난다는 뜻으로 쓰이는 동사이다.

Catch Up

TEPS 어휘 영역에 출제되었던 문제를 풀어봄으로써 실전 문제 유형
을 확실하게 파악해두자.

Part 1 Choose the most appropriate word or expression for the blank in the conversation.

1. A: Is it just me or is Kim's new boyfriend really __________?
   B: I agree. He thinks he is better than everyone else.

   (a) arrogant
   (b) impolite
   (c) rude
   (d) obnoxious

2. A: What would you like to do tonight?
   B: I would love to go see the new movie __________ Johnny Depp.

   (a) showing
   (b) starring
   (c) playing
   (d) presenting

3. A: Hi mom, I need you to pick me up from school because band practice was cancelled.
   B: Ok, sit _______. I'll be there shortly.

   (a) steady
   (b) cheerful
   (c) firm
   (d) tight

Part 2 Choose the most appropriate word or expression for the blank in the statement.

4. Baldness is a result of __________ and comes from the mother's side of the gene pool.

   (a) abnormality
   (b) heredity
   (c) insanity
   (d) irregularity

5. The elderly founder of the company decided to __________ his chief executive position
   and pass down 51% of the company to his oldest son.

   (a) abdicate
   (b) abduct
   (c) advocate
   (d) administer

Answers

TEPS 어휘 영역에 출제되었던 문제를 자세한 설명과 함께 완전히 이해하도록 하자.

1

A: Is it just me or is Kim's new boyfriend really _________?
B: I agree. He thinks he is better than everyone else.

(a) arrogant　　　　(b) impolite
(c) rude　　　　　　(d) obnoxious

A: 내가 오만하게 행동하는 거야? 아니면 킴의 새 남자친구가 그런 거야?
B: 네가 무슨 말 하는지 알겠어. 그는 자기가 다른 사람들보다 더 낫다고 생각해.

해설 B의 대답에서 정답 arrogant에 대한 단서를 얻을 수 있다.

오답 분석 나머지 보기들은 모두 '버릇없는' '불쾌한'의 뜻으로, B와 호응이 이루어지지 않기 때문에 정답이 될 수 없다.
(b) impolite　무례한, 버릇없는
(c) rude　무례한, 교양 없는
(d) obnoxious　불쾌한, 싫은

2

A: What would you like to do tonight?
B: I would love to go see the new movie _________ Johnny Depp.

(a) showing　　　　(b) starring
(c) playing　　　　(d) presenting

A: 오늘 밤에 뭐 하고 싶니?
B: 조니 뎁이 주인공으로 나오는 새 영화를 보러 가고 싶어.

해설 star는 동사로 '주역을 시키다, 주역을 맡아 연기하다'의 뜻이다.

오답 분석 (a) show – 단순히 '보여주다'의 뜻이므로 의미상 적절치 않다.
(c) play　놀다, (경기, 시합에서) ~의 위치를 맡다
(d) present　주다, 제공하다, 발표하다

3

A: Hi mom, I need you to pick me up from school because band practice was cancelled.
B: Ok, sit _______. I'll be there shortly.

(a) steady   (b) cheerful
(c) firm   (d) tight

A: 엄마, 밴드 연습이 취소되어서 학교로 저를 태우러 오셔야겠어요.
B: 좋아. 가만히 기다리고 있으렴. 금방 갈게.

해설 pick up은 '차에 태우러 가다' 의 뜻이다. 정답이 되는 sit tight는 '꼼짝달싹 않고 있다' 의 뜻이다.

오답 (a) steady 고정된, 안정된, 견고한 – '바뀌지 않고 꾸준한' 의 뜻이므로 정답이 될 수 없다.

분석 (b) cheerful 기분 좋은, 즐거운 – 의미상 적절하지 않다.

(c) firm 굳은, 단단한, 견고한 – '신념 등이 변치 않는' 의 뜻이므로 정답이 될 수 없다.

4

Baldness is a result of _________ and comes from the mother's side of the gene pool.

(a) abnormality   (b) heredity
(c) insanity   (d) irregularity

대머리는 유전의 결과이며 어머니 쪽의 유전자 풀에서 온다.

해설 heredity는 '유전, 형질' 의 뜻이다. 문장 뒷부분의 gene pool에서 정답의 단서를 찾을 수 있다.

오답 (a) abnormality 이상, 변칙 – normality의 반대말이다. baldness가 이상하고 변칙적인 일은 아니므로 정답이 될 수 없다.

분석 (c) insanity 광기 – insane(미친)의 명사형이다.

(d) irregularity 불규칙(성) – regular의 명사형의 반대말이다. 파생 원칙을 알면 의미를 쉽게 파악할 수 있다.

5

The elderly founder of the company decided to _________ his chief executive position and pass down 51% of the company to his oldest son.

(a) abdicate   (b) abduct
(c) advocate   (d) administer

그 나이 많은 회사의 설립자는 최고 경영자 자리에서 물러나고 큰아들에게 회사의 51%의 지분을 넘겨주기로 결정했다.

해설 abdicate는 '버리다, 포기하다, 퇴임하다' 의 뜻이므로 최고 경영자 자리에서 물러난다는 의미로 적절하다.

오답 (b) abduct 유괴하다

분석 (c) advocate 옹호하다, 변호하다, 주장하다

(d) administer 관리하다, 주장하다

Answers:

1. (a) 2. (b) 3. (d) 4. (b) 5. (a)

Extension 

TEPS 어휘 영역에 자주 출제되는 어휘와 어구를 익힘으로써
실전 문제에 완벽히 대비하자.

▶▶ **반드시 외워야 할 필수 어휘·어구 2**

1.	**commemorate**	기리다, 기념하다
2.	**hue**	색조
3.	**appraise**	평가하다
4.	**compromise**	타협하다, 양보하다
5.	**impediment**	방해물, 장애 (= hindrance, obstacle)
6.	**catastrophe**	대재난, 참사
7.	**loophole**	허점, 빠져나갈 구멍
8.	**hierarchy**	계급제도
9.	**adequate**	충분한, 적당한
10.	**modify**	변경하다, 수정하다
11.	**irritate**	짜증나게 하다
12.	**pledge**	맹세하다, 서약하다
13.	**ferocious**	사나운, 잔인한
14.	**lavish**	낭비하는, 방탕한 (= extravagant)
15.	**novelty**	새로움, 신기함 (cf. novel 소설; 새로운)
16.	**allegedly**	전해진 바에 따르면
17.	**routine**	틀에 박힌, 일상적인
18.	**innocuous**	무해한
19.	**eavesdropper**	남의 이야기를 엿듣는 사람
20.	**lethal**	치명적인 (= fatal)
21.	**grievance**	불평, 불만
22.	**insolvent**	지불 불능의, 파산한
23.	**modest**	겸손한, 적당한, 삼가는
24.	**explicit**	명료한, 명백한
25.	**notorious**	악명 높은 (= infamous)
26.	**reciprocal**	상호 간의 (= mutual)
27.	**sanction**	제재, 처벌; (제재를) 승인하다
28.	**drawback**	결점, 약점
29.	**influx**	유입, 쇄도

30.	meditate	명상하다, 숙고하다
31.	resent	분개하다, 원망하다
32.	apparent	명백한
33.	nucleus	핵, 핵심
34.	discrimination	구별, 식별; 차별 (= segregation)
35.	hangover	잔존물; 숙취
36.	guts	내장; 용기, 배짱
37.	indispensable	필수불가결한
38.	kindle	고무[격려]하다; (감정, 사상을) 불어넣다 (= inspire)
39.	pensive	생각에 잠긴
40.	negligent	태만한, 부주의한
41.	lethargic	무기력한, 활발하지 못한
42.	reminisce	추억하다, 회상에 잠기다
43.	prudent	신중한
44.	intrigue	흥미를 돋우다; 음모(를 꾸미다)
45.	traumatic	정신적 충격이 큰
46.	residue	나머지, 잔여물 (cf. resident 거주자)
47.	immune	면역의, 면제된 (= exempt)
48.	presumptuous	주제넘은, 건방진
49.	chronologically	연대기 순으로
50.	impartial	공평한, 치우치지 않은
51.	lukewarm	미지근한, 열의 없는
52.	advocate	주장하다, 지지하다; 변호사, 옹호자
53.	delegate	대리인, 의원
54.	tantalize	감질나게 하다, 괴롭히다
55.	meticulous	신중한, 꼼꼼한

Build Up

TEPS 어휘 영역의 실전 문제와 가장 가까운 유형과 난이도의
예상 문제를 통해 실력을 쌓자.

▶▶ Part 1 Choose the most appropriate word or expression for the blank in the conversation.

1. A: Let's go drink some beer. It's on me this time.
B: No, thanks. I need to _________ my weight.

(a) see
(b) watch
(c) look at
(d) behold

2. A: Dad, I need you to sign this __________ slip for a school field trip.
B: Wow, your class is going to the art museum! That should be interesting.

(a) agreement
(b) acceptance
(c) permission
(d) acknowledgment

3. A: Extremely intelligent people always have ___________ minds.
B: That's because the prelude to knowledge is the desire to ask questions.

(a) enigmatic
(b) encouraging
(c) inquisitive
(d) suspicious

4. A: Unfortunately, we just found out that my daughter is _________ to our dog.
B: I would be glad to take the dog, if you are looking for a new home for him.

(a) allergic
(b) elastic
(c) acquiescent
(d) indifferent

5. It is my _________ that we didn't get any pictures during our hike; I forgot to recharge the camera batteries.

   (a) oversight
   (b) fault
   (c) inaccuracy
   (d) error

6. It has been clinically proven that vitamin C can protect one's immune _________ from common flu symptoms.

   (a) sector
   (b) system
   (c) portion
   (d) process

7. Budget Mart is the only place nearby that _______ my favorite bottle of Shiraz.

   (a) carries
   (b) inventories
   (c) obliges
   (d) operates

8. In most cases, film _________ of classic novels never become as popular as the written texts.

   (a) deliberations
   (b) conversions
   (c) modifications
   (d) transformations

9. Some school parents of foreign children feel it is unfair that students of all ethnicities be _________ to stand for the American national anthem before class.

   (a) compelled
   (b) presented
   (c) submitted
   (d) specified

10. Photocopy machines are one of the least _________ sources of toxic emissions.

   (a) respected
   (b) convenient
   (c) recognized
   (d) agreeable

정답: 226p

VOCABULARY
Week 1

Day 1	▶▶ 중요 어휘 1
	Catch Up – 중요 어휘와 표현으로 이루어진 실전 문제
	Extension – 반드시 외워야 할 필수 어휘·어구 정리

Day 2	▶▶ 중요 어휘 2
	Catch Up – 중요 어휘와 표현으로 이루어진 실전 문제
	Extension – 반드시 외워야 할 필수 어휘·어구 정리

Day 3	▶▶ 혼동 어휘 1
	Catch Up – 형태와 의미가 혼동되는 어휘로 이루어진 실전 문제
	Extension – 형태와 의미가 혼동되는 어휘 정리

Day 4	▶▶ 혼동 어휘 2
	Catch Up – 형태와 의미가 혼동되는 어휘로 이루어진 실전 문제
	Extension – 형태와 의미가 혼동되는 어휘 정리

Day 5	▶▶ 혼동 어휘 3
	Catch Up – 형태와 의미가 혼동되는 어휘로 이루어진 실전 문제
	Extension – 형태와 의미가 혼동되는 어휘 정리

Day 3
혼동 어휘 1

1. vote 투표, 표결 / election 선거

election은 선거라는 행사 자체를 가리키는 단어이고, vote는 선거에서 자신의 의사를 표시하는 '표', 혹은 '투표'를 가리키는 단어이다.

2. stroll 산책, 거닐기 / loiter 빈둥거리다, 천천히 걷다

loiter에도 늑장을 부리며 걷는다는 뜻이 있지만, 그것은 원래 이 단어의 뜻인 '빈둥거리다'에서 파생된 의미일 뿐이다.
stroll은 그 자체로 '산책'의 뜻이다.
따라서 산책을 한다는 의미로는 take a stroll을 쓰며, 여기에서 stroll 자리에 loiter를 쓸 수는 없다.

3. in ages 오랫동안

age는 '나이, 시대'의 뜻이 있으며, 전치사 in과 함께 'in ages(오랫동안)'의 뜻을 가진다.
time은 추상적인 개념인 '시간'을 나타내며, times가 되면 '시대'의 뜻이 있지만, 앞에 전치사 in이나 for와 어울려 '오랫동안'의 뜻을 나타내지는 않는다.
참고로 hour는 60분, 즉 1시간을 나타낸다.

4. section 구획, 구역 / zone 지역, 지대

보통 zone은 section보다 더 넓은 공간을 나타낸다.

5. available 시간 있는

available은 '이용할 수 있는'의 뜻이지만, 사람이 '~할 시간이 있는, ~할 틈이 있는'의 뜻으로도 쓰인다.

Catch Up

Part 1 Choose the most appropriate word or expression for the blank in the conversation.

1. A: Election Day is next Tuesday. Don't forget to make your opinion count!
B: Why? It's not as though my _________ is really going to make a difference.

(a) decision
(b) election
(c) judgment
(d) vote

2. A: Are you free to help me move a few things from my apartment tomorrow?
B: I have an engagement in the morning but I am __________ after 2:30 p.m.

(a) promising
(b) available
(c) secure
(d) tolerable

3. A: Walter and I are going to Pizza Supreme for lunch.
B: Do you mind if I join you? I haven't been there in __________.

(a) times
(b) ages
(c) millions
(d) hunger

4. A: Where are the mangoes located?
B: The fruit __________ is at the end of aisle # 7.

(a) inventory
(b) district
(c) zone
(d) section

Part 2 Choose the most appropriate word or expression for the blank in the statement.

5. After a romantic dinner together, Bradley and I took a(n) _________ along the waterfront.

(a) loiter
(b) trip
(c) stroll
(d) slide

Answers

TEPS 어휘 영역에 출제되었던 문제를 자세한 설명과 함께 완전히
이해하도록 하자.

1

A: Election Day is next Tuesday. Don't forget to make your opinion count!
B: Why? It's not as though my _________ is really going to make a difference.

(a) decision
(b) election
(c) judgment
(d) vote

A: 다음 주 화요일이 선거 날이야. 네 의견을 꼭 표시하도록 해!
B: 왜 그래야 하지? 어차피 내 표가 뭔가 달라지게 할 수도 없을 텐데.

해설 vote는 투표, 표결 등을 뜻한다. 다른 보기에 속지 않도록 주의하자.

오답 (a) decision   결정 – 선거를 하는 상황의 대화이므로 문맥상 어울리지 않는다.
분석 (b) election   선거 – 선거라는 행사 자체를 가리키는 단어이므로 한 사람의 투표에는 어울리지 않는다.
　　 (c) judgment   재판, 판단 – 재판이나 심판 등의 의미로 쓰이므로 적절하지 않다.

2

A: Are you free to help me move a few things from my apartment tomorrow?
B: I have an engagement in the morning but I am _________ after 2:30 p.m.

(a) promising
(b) available
(c) secure
(d) tolerable

A: 내일 아파트에서 물건을 좀 옮길 건데 도와줄 수 있니?
B: 아침에는 선약이 있지만 오후 2시 반 이후에는 시간 있어.

해설 available은 '이용할 수 있는'의 뜻이지만, 사람이 '시간이 있는, ~할 틈이 있는'의 뜻으로도 쓰인다.

오답 (a) promising   가망 있는, 유망한 – 어떤 사람이 앞으로 전도유망하다고 할 때 주로 쓰인다.
분석 (c) secure   안전한 – 위험이 없다는 의미이다.
　　 (d) tolerable   참을 수 있는, 꽤 좋은 – 동사 tolerate(견디다, 참다)의 의미를 생각하면 의미를 쉽게 알 수 있다. 이 문장에는 어울리지 않는다.

3

A: Walter and I are going to Pizza Supreme for lunch.
B: Do you mind if I join you? I haven't been there in __________.

(a) times   (b) ages
(c) millions   (d) hunger

A: 월터와 나는 점심 식사하러 Pizza Supreme에 갈 거야.
B: 나도 같이 가도 될까? 한참 동안이나 거기 안 갔거든.

해설 age는 '나이, 시대'의 뜻인데, 구어로 '오랫동안'의 뜻을 나타내기도 한다.

오답 (a) times   시대 – time은 '시간'이라는 개념을 나타내며, times가 되면 '시대'의 뜻이 된다.
분석 (c) million   백만(의), 무수한 – 수적으로 많다는 뜻이다.
(d) hunger   배고픔 – 의미상 빈칸에 어울리지 않는다.

4

A: Where are the mangoes located?
B: The fruit __________ is at the end of aisle # 7.

(a) inventory   (b) district
(c) zone   (d) section

A: 망고는 어디 있나요?
B: 과일 구획은 7번 복도 끝에 있습니다.

해설 section은 '구획, 구역'의 뜻으로, 큰 슈퍼마켓에서 물건들이 나뉘어서 위치한 구획을 가리킬 때처럼 비교적 그리 넓지 않은 구역에 쓰인다.

오답 (a) inventory   재고 – 재고, 재고의 목록, 물품 명세서 등을 나타내며, 이 문제의 빈칸에 의미상 어울리지 않는다.
분석 (b) district   지역, 지구 – 행정 · 사법 · 선거 · 교육 등을 위해 나눈 지역
(c) zone   지역, 지대 – 넓은 지구에 쓰이는 단어이다.   ex) a residence zone 거주 지역

5

After a romantic dinner together, Bradley and I took a(n) __________ along the waterfront.

(a) loiter   (b) trip
(c) stroll   (d) slide

함께 로맨틱한 저녁식사를 한 뒤에, 브래들리와 나는 강가를 따라 산책했다.

해설 stroll은 '산책, 거닐기'의 뜻이다.

오답 (a) loiter   빈둥거리다, 느릿느릿 움직이다 – 늑장을 부리며 걷는다는 뜻이 있지만, 느리게 움직이고 빈둥거리며 지낸다는 의미가 강한
분석 단어이므로 산책을 한다는 의미와 거리가 있다.
(b) trip   여행 – 강가나 부둣가를 걷는 것을 여행한다고 쓰지는 않는다.
(d) slide   미끄러짐, 사태 – 미끄러짐, 활주의 뜻이며 land slide(산사태)와 같이 쓰이므로 정답이 될 수 없다.

Answers:

1. (d) **2.** (b) **3.** (b) **4.** (d) **5.** (c)

TEPS 어휘 영역에 자주 출제되는 어휘와 어구를 익힘으로써
실전 문제에 완벽히 대비하자.

▶▶ 형태와 의미가 혼동되는 어휘 1

1.	**access**	접근; 접근하다
	excess	과도한, 여분의; 초과, 과잉
2.	**allusion**	암시, 빗대어 말하기
	collusion	공모, 결탁
3.	**alternate**	교대로 하는, 하나씩 거른
	alternative	대안의
4.	**ambivalent**	상반되는, 양면적인
	ambiguous	애매모호한
5.	**anonymous**	익명의
	unanimous	만장일치의
6.	**attitude**	태도
	aptitude	적성, 재능
	altitude	고도, 높이
7.	**awful**	끔찍한
	awesome	어마어마한, 멋있는, 최고의
8.	**beneficial**	이익이 되는, 유익한
	benevolent	자비로운
9.	**charge**	비용, 요금
	cost	(일상생활의) 비용, 경비
	expense	지출, 비용
10.	**childish**	유치한
	childlike	천진한, 순진한

11.	**competitive**	경쟁의, 경쟁적인
	competent	유능한, 충분한 자격을 갖춘
12.	**complement**	보충물, 보완물; 보충하다
	compliment	칭찬, 찬사; 칭찬하다
13.	**confident**	자신감 있는
	confidential	비밀의
14.	**confirm**	확인하다
	conform	순응하다
15.	**considerable**	상당한
	considerate	사려 깊은
16.	**coincide**	동시에 일어나다, 일치하다
	correspond	부합하다, 상응하다, 일치하다
17.	**custom**	관습
	costume	의상

 # **Build Up** 

TEPS 어휘 영역의 실전 문제와 가장 가까운 유형과 난이도의
예상 문제를 통해 실력을 쌓자.

▶▶ Part 1 Choose the most appropriate word or expression for the blank in the conversation.

1. A: Do you think we will receive our Christmas bonus this year?
B: With the status of the company's financial troubles, that remains to be _________.

(a) unlikely
(b) heard
(c) probable
(d) seen

2. A: Would you like to have a _____ of birthday cake?
B: Of course. I have a sweet tooth for cake.

(a) slice
(b) scrap
(c) sheet
(d) layer

3. A: It appears that someone has been _______ with the lock.
B: Let's check the security cameras.

(a) tampering
(b) fixing
(c) securing
(d) exchanging

4. A: The line-ups in this department store are huge. Can we come back another time?
B: Yeah, I guess getting a sale on kitchen _________ is not worth this hassle today.

(a) utensils
(b) mechanics
(c) provisions
(d) attire

5. A: Do you know why Frank left the party last night without telling anyone?
B: I don't have the _________ idea. One minute I was talking to him and the next
minute he was gone.

(a) smartest
(b) remotest
(c) brightest
(d) clueless

6. A doctor is under a(n) _________ to keep patient information confidential.

(a) inclination
(b) inheritance
(c) obligation
(d) command

7. It has been a long process, but the house is beginning to _______ shape now that the windows and doors have been installed.

(a) create
(b) take
(c) place
(d) show

8. When going on a hike, you must be _________ with proper footwear and clothes for various weather conditions.

(a) equipped
(b) connected
(c) boarded
(d) filled

9. Seeds of the coffee plant are the _________ of a world famous stimulating beverage called coffee.

(a) property
(b) source
(c) equipment
(d) product

10. Tiffany never had the money to attend university, but she managed to become independently well-_________ in English literature.

(a) compared
(b) knowledgeable
(c) masked
(d) read

정답: 228p

VOCABULARY
Week 1

Day 4
혼동 어휘 2

1. handle 다루다, 처리하다 / operate 조작하다, 조종하다, 관리하다

handle이 구체적인 문제를 다루고 처리한다는 뜻이라면, operate는 전체 시스템을 운영, 관리하고 조종한다는 뜻이다.

2. defective 결함이 있는, 하자 있는 / deficient 불충분한

defective는 물건에 결함이 있거나 손상이 된 부분이 있을 때 쓰는 어휘이다.
deficient는 능력 등이 부족하고 불충분하다는 의미이다.

3. job 일, 일자리 / work 일, 업무, 직장

job은 구체적인 일을 의미하여, 무언가를 잘 했을 때 "Good job."이라는 표현을 쓴다.
work는 직장 자체를 나타내거나, 작업이나 노동, 업무를 나타낸다.
따라서 "I'm at work now."는 '나는 지금 직장에 있다.'의 뜻이다.

4. distribute 분배하다, 배포하다 / scatter 흩뿌리다, 뿌리다

distribute는 쉽게 말해 '나누어 주다'의 의미이고, scatter는 '씨 등을 흩뿌리다'는 의미이므로 쓰임새가 서로 다른 어휘임을 알 수 있다.

5. work 일, 업무, 직장 / occupation 직업(= vocation)

occupation은 직업 자체를 의미하는 단어이다.
위의 3번을 참고하여 work와 job, occupation을 잘 비교해 두자.

Catch Up

TEPS 어휘 영역에 출제되었던 문제를 풀어봄으로써 실전 문제
유형을 확실하게 파악해두자.

Part 1 Choose the most appropriate word or expression for the blank in the conversation.

1. A: That was far more difficult than I expected!
   B: Really? Well, you certainly __________ the situation well.

   (a) operated
   (b) administered
   (c) handled
   (d) manipulated

2. A: You did a great job on the house renovations!
   B: Thanks very much. It was hard _______ but it needed to be done.

   (a) fix
   (b) work
   (c) effort
   (d) occupation

3. A: You did a fine _______ on writing your essay, Matthew. You earned yourself an A⁺.
   B: Thank you, Mr. Fowler. I really enjoyed my topic.

   (a) job
   (b) development
   (c) style
   (d) work

Part 2 Choose the most appropriate word or expression for the blank in the statement.

4. A common sales technique is to __________ weekly flyers in the daily newspaper.

   (a) scatter
   (b) publicize
   (c) dispose
   (d) distribute

5. Any of our merchandise that is found to be _______ will be repaired without question if it
   is still under warranty.

   (a) extraordinary
   (b) abnormal
   (c) defective
   (d) deficient

# Answers 

TEPS 어휘 영역에 출제되었던 문제를 자세한 설명과 함께 완전히
이해하도록 하자.

1

A: That was far more difficult than I expected!
B: Really? Well, you certainly __________ the
   situation well.

(a) operated   (b) administered
(c) handled   (d) manipulated

A: 내가 예상했던 것보다 훨씬 더 어려웠어!
B: 그래? 하지만 넌 상황을 잘 처리했어.

해설 handle은 '다루다, 문제를 처리하다'의 뜻으로 정답이 된다. 오답 보기들이 의미상 매우 헷갈릴 수 있으므로 잘 구별해 두자.

오답 (a) operate   조작하다, 운영하다 – 기계나 공장 등을 조작하고 운영한다는 뜻으로 많이 쓰인다.
분석 (b) administer   관리하다, 집행하다 – 법률이나 행정상의 집행과 관리를 의미한다.
       (d) manipulate   다루다, 조작하다 – 기계 등을 다루거나 장부나 선거 결과 등을 (다루어) 조작한다는 뜻이다.

2

A: You did a great job on the house renovations!
B: Thanks very much. It was hard _______ but it
   needed to be done.

(a) fix   (b) work
(c) effort   (d) occupation

A: 집수리를 아주 잘 했더라!
B: 정말 고마워. 어려운 일이었지만 꼭 해야 했어.

해설 work는 '일, 직업' 전체를 가리키는 단어이지만, '해야 하는 일, 업무' 등에 쓰인다. work라는 단어의 다양한 쓰임새를 익혀두면 어휘 파트에 많은 도움이 된다.

오답 (a) fix   고치다, 고정시키다 – '고치다'의 뜻을 보고 정답으로 고를 수도 있지만, 빈칸에 넣었을 때 문맥상 어울리지 않는다.
분석 (c) effort   노력, 수고 – 빈칸에 넣었을 때 문맥상 어울리지 않는다.
       (d) occupation   직업 – 사람의 직업을 이야기할 때 쓰이며, 이 문제에서처럼 '해야 하는 일'이라는 뜻으로는 쓰이지 않는다.

3

A: You did a fine _________ on writing your essay, Matthew. You earned yourself an A⁺.
B: Thank you, Mr. Fowler. I really enjoyed my topic.

(a) job
(b) development
(c) style
(d) work

A: 매튜, 에세이 쓰는 것 정말 잘 했어. A⁺를 받았구나.
B: 감사합니다, 파울러 선생님, 에세이 주제가 정말 좋았어요.

해설 구어체에서 주어진 일을 잘해냈을 때 good/fine job이라는 표현을 많이 쓰므로 꼭 알아두자. 어구를 기억하면 다른 오답 보기와 헷갈리지 않을 수 있다.

오답 (b) development 발달, 발전, 개발 – 의미상 적절하지 않으며, development는 do 동사와 함께 쓰이지 않는다.
분석 (c) style 방식, 종류 – 의미상 적절하지 않다.
(d) work 일, 일자리, 직업 – 직업이나 일자리라는 의미로 쓰이며, 이 문제와 같은 상황에서 사용되지 않는다.

4

A common sales technique is to _________ weekly flyers in the daily newspaper.

(a) scatter
(b) publicize
(c) dispose
(d) distribute

혼한 판매 기술은 일간지에 주간 전단지를 배부하는 것이다.

해설 distribute는 '분배하다, 배포하다'의 뜻이다. 다른 보기들과 확실히 구별해 두자.

오답 (a) scatter 흩뿌리다, (씨 등을) 흩뜨려 놓다 – 산발적으로 여기저기 뿌린다는 뜻이므로 전단지를 배부한다는 뜻이 될 수 없다.
분석 (b) publicize 선전하다, 광고하다 – 빈칸에 publicize를 넣으면 전단지를 광고한다는 의미가 되므로 정답이 될 수 없다.
(c) dispose 배치[배열]하다, 처분하다 – 의미상 적절하지 않다.

5

Any of our merchandise that is found to be _________ will be repaired without question if it is still under warranty.

(a) extraordinary
(b) abnormal
(c) defective
(d) deficient

우리 상품 중 결함이 있는 것은 보증서 기간 안에 있으면 무조건 수리해드릴 것입니다.

해설 defective는 '결함[결점]이 있는, 하자가 있는'의 뜻이다. 상품에 결함이 있다고 할 때 쓸 수 있다.

오답 (a) extraordinary 비범한 – 대단하고 비상하다는 의미로 쓰인다.
분석 (b) abnormal 비정상의 – 보통과 다르고 비정상적이라는 의미로 쓰인다.
(d) deficient 모자라는, 불충분한 – 지능이나 능력 등이 모자란다는 쪽으로 많이 쓰인다.

Answers:

1. (c) **2.** (b) **3.** (a) **4.** (d) **5.** (c)

TEPS 어휘 영역에 자주 출제되는 어휘와 어구를 익힘으로써
실전 문제에 완벽히 대비하자.

▶▶ 형태와 의미가 혼동되는 어휘 2

1. **credible** 믿을 수 있는
   credulous 잘 속는, 속기 쉬운

2. **desirable** 바람직한
   desirous 바라는, 열망하는

3. **distinct** 별개의, 독특한, 뚜렷한
   extinct 사라진, 소멸된, 멸종된

4. **expend** 소비하다
   expand 확장하다, 넓히다
   extend 뻗다, (기간을) 연장하다

5. **extension** 연장, 확장, 내선 번호
   extent 범위

6. **feasible** 실행할 수 있는, 그럴 듯한
   plausible 그럴 듯한, 정말 같은

7. **fertile** 비옥한
   futile 무익한, 효과 없는

8. **geography** 지리학
   geology 지질학
   geometry 기하학

9. **industrial** 산업의
   industrious 근면한

10. **inhale** 숨을 들이쉬다
   exhale 숨을 내쉬다

11. **inhibit**   금지하다, 억제하다 (= prohibit)

     inhabit   거주하다, 살다 (cf. habitat 거주지, 서식지)

12. **installment**   할부

     installation   설치

13. **lie (– lied – lied)**   거짓말하다

     lie (– lay – lain)   눕다

     lay (– laid – laid)   두다, 놓다, 알을 낳다

14. **literary**   문학의

     literate   읽고 쓸 줄 아는, 교육을 받은

     literal   문자 그대로의, 문자상의

15. **moral**   도덕적인

     mortal   죽을 수밖에 없는 운명의

     morale   사기, 근로 의욕

16. **observation**   관찰

     observance   준수

Build Up

TEPS 어휘 영역의 실전 문제와 가장 가까운 유형과 난이도의
예상 문제를 통해 실력을 쌓자.

▶▶ **Part 1** Choose the most appropriate word or expression for the blank in the conversation.

1. A: Did you ______ the email that I sent you yesterday?
B: Actually I am in the process of replying to it right now.

(a) get
(b) prepare
(c) observe
(d) request

2. A: I have bad blood circulation.
B: I do as well. When I sit in certain positions, my feet get ________.

(a) sultry
(b) moist
(c) numb
(d) clammy

3. A: Excuse me, there is a hair in my pasta.
B: I am so very sorry. I will get you a new dish, and to __________, this meal is free
of charge.

(a) reimburse
(b) refund
(c) compensate
(d) donate

4. A: I have so many clothes and yet I have absolutely no idea what to ______ tonight.
B: Throw on anything and you'll look just fine.

(a) wear
(b) dress
(c) cover
(d) clothe

5. A: I wonder if I should tell my brother not to waste his time with this girl he's dating.
B: __________ your breath. He is at the age where he will do what he wants to do.

(a) Take
(b) Save
(c) Hold
(d) Catch

6. It has been _________ unanimously by the judges that the Irish boxer has won the match.

   (a) confirmed
   (b) decided
   (c) approved
   (d) refereed

7. During the Industrial Revolution in the West, mostly _________ workers constructed bridges, canals and skyscrapers.

   (a) criminal
   (b) migrant
   (c) aristocracy
   (d) privileged

8. The 2001 terrorist attacks on the United States brought public air transportation to a(n) ___________.

   (a) eruption
   (b) withdrawal
   (c) standstill
   (d) stopover

9. If CTV's _________ with CBC goes through, it would create a media giant in Canada with unlimited potential.

   (a) merger
   (b) harmony
   (c) combination
   (d) discord

10. The retailer's ___________ asking price for the laptop computer was high, but I managed to bargain for a good deal.

   (a) initial
   (b) stable
   (c) somber
   (d) serious

정답: 230p

<table>
<tr><td>

Day 1

</td><td>

▶▶ 중요 어휘 1

Catch Up – 중요 어휘와 표현으로 이루어진 실전 문제

Extension – 반드시 외워야 할 필수 어휘·어구 정리

</td></tr>
<tr><td>

Day 2

</td><td>

▶▶ 중요 어휘 2

Catch Up – 중요 어휘와 표현으로 이루어진 실전 문제

Extension – 반드시 외워야 할 필수 어휘·어구 정리

</td></tr>
<tr><td>

Day 3

</td><td>

▶▶ 혼동 어휘 1

Catch Up – 형태와 의미가 혼동되는 어휘로 이루어진 실전 문제

Extension – 형태와 의미가 혼동되는 어휘 정리

</td></tr>
<tr><td>

Day 4

</td><td>

▶▶ 혼동 어휘 2

Catch Up – 형태와 의미가 혼동되는 어휘로 이루어진 실전 문제

Extension – 형태와 의미가 혼동되는 어휘 정리

</td></tr>
<tr><td>

Day 5

</td><td>

▶▶ 혼동 어휘 3

Catch Up – 형태와 의미가 혼동되는 어휘로 이루어진 실전 문제

Extension – 형태와 의미가 혼동되는 어휘 정리

</td></tr>
</table>

Day 5
혼동 어휘 3

1. due date 만기일, 제출 기한

due에 '지불 기한인, 제출 기한이 된'의 뜻이 있으므로 due date가 '제출 기한'을 나타낸다.
due 대신 scheduled 등을 써도 같은 의미가 될 것 같다고 잘못 생각할 수 있으나, due date라는 정해진 표현이 있으므로 그대로 정답을 고르면 된다.

2. lot 부지, 한 구역의 땅

parking lot이 '주차장'이라는 것은 다들 알고 있을 것이다.
parking lot에서 알 수 있듯이 lot은 한 구역의 부지, 땅을 의미한다.

3. see 보다, 만나다

see는 기본적으로 시각적으로 본다는 의미이지만, '만나다'의 뜻도 있다.
이를테면 "You'd better go see a doctor.(가서 의사를 만나보는 것이 좋겠다.)"와 같은 문장에서 see는 '만나다'의 뜻으로 쓰인 것을 알 수 있다.
watch는 '(주의해서) 보다, 지켜보다'의 뜻이므로 '만나다, 만나보다'의 의미는 없다.

4. for the taking 마음대로, 무료로

take는 '취하다'의 뜻이다. 따라서 "The booklet is yours for the taking."은 문자 그대로 직역하면 '그 소책자는 가져가면 너의 것이다.'가 된다. 즉, '그 소책자는 무료로 얻을 수 있다.'의 뜻이 된다.

5. decline 기울다, 쇠하다, (물가가) 떨어지다

decline은 '쇠퇴[퇴보]하다'는 의미이며, 물가나 주가가 떨어진다는 의미에 쓰인다.

Catch Up

Part 1 Choose the most appropriate word or expression for the blank in the conversation.

1. A: When is the _________ date for our Ecology term papers?
   B: It's the very last day of classes.

   (a) assigned
   (b) scheduled
   (c) due
   (d) necessary

2. A: Excuse me, how much does this cost?
   B: That is a free magazine, so it's yours for the _______.

   (a) question
   (b) taking
   (c) inquest
   (d) getting

3. A: Have you _________ Michelle yet this evening?
   B: No, but I expect she will be here soon.

   (a) seen
   (b) watched
   (c) viewed
   (d) observed

Part 2 Choose the most appropriate word or expression for the blank in the statement.

4. Every Sunday afternoon, my friends and I meet on the vacant _________ of the insurance company to play street hockey.

   (a) space
   (b) lot
   (c) floor
   (d) pavement

5. The store's steadily increasing sales early in the year seems to have given way to a slight _________ in recent months.

   (a) plunge
   (b) slope
   (c) decline
   (d) fall

Answers

TEPS 어휘 영역에 출제되었던 문제를 자세한 설명과 함께 완전히
이해하도록 하자.

1

A: When is the ________ date for our Ecology term papers?
B: It's the very last day of classes.

(a) assigned   (b) scheduled
(c) due   (d) necessary

A: 생태학 기말 리포트 기한이 언제이지?
B: 그 수업의 마지막 날이야.

해설 due는 '지급 기일이 된'의 뜻으로 due date는 '지급 기일, 만기일, 제출 기한'이라는 뜻이다.

오답 (a) assign   할당하다, 지명하다 – 사람을 임명하거나 임무 등을 할당한다는 뜻이다.
분석 (b) schedule   예정하다 – 일정을 잡아 예정한다는 뜻이므로 의미상 적절하지 않다. 유력한 오답 보기이므로 주의하자.
(d) necessary   필요한, 필수적인 – 의미상 이 문장에 어울리지 않는다.

2

A: Excuse me, how much does this cost?
B: That is a free magazine, so it's yours for the ________.

(a) question   (b) taking
(c) inquest   (d) getting

A: 실례합니다, 이건 얼마인가요?
B: 그건 무료 잡지여서 그냥 가져가시면 됩니다.

해설 taking 취득, 획득 – take 동사의 기본 뜻인 '취하다'를 생각해보면 의미를 알 수 있다.
for the taking은 '손으로 잡기만 하면'의 뜻으로, 즉 '마음대로, 무료로'라는 뜻이다.

오답 (a) question   질문 – 모르는 것을 묻는 '질문'의 뜻이다.
분석 (c) inquest   (배심원의) 심리, 평결 – 법률 쪽에 쓰이는 단어이므로 이 문장에 어울리지 않는다.
(d) getting – get 동사의 기본적인 의미는 '얻다, 손에 넣다'이다. 그러나 taking처럼 동명사형으로 따로 파생되는 의미는 없다.

3

> A: Have you __________ Michelle yet this evening?
> B: No, but I expect she will be here soon.
>
> (a) seen (b) watched
> (c) viewed (d) observed

> A: 오늘 저녁에 아직 미셸 못 봤지?
> B: 아직 못 봤지만, 곧 올 것 같은데요.

해설 선택지가 모두 '보다'에 관련된 단어로 의미상 혼동되는 어휘들이다.
see는 '보다, 만나다'의 뜻으로 정답이 된다. 다른 오답 보기들을 잘 비교해두자.

오답 (b) watch 지켜보다, 주시하다 – 지켜보거나 주의한다는 뜻으로 쓰이므로, 이 문제에는 의미상 어울리지 않는다.
분석 (c) view 바라보다, 간주하다 – 풍경을 바라보거나, 어떤 의견을 가지고 현상을 본다는 의미로 쓰이므로 이 문제에는 의미상 어울리지
않는다.
(d) observe 관찰하다 – 지켜보고 관찰한다는 의미의 단어이다.

4

> Every Sunday afternoon, my friends and I meet on the vacant __________ of the insurance company to play street hockey.
>
> (a) space (b) lot
> (c) floor (d) pavement

> 매주 일요일 오후마다, 내 친구들과 나는 길거리 하기를 하기 위해 보험 회사의 공터에서 만난다.

해설 lot은 '한 구획의 땅, 부지'의 뜻이다. 흔히 알고 있는 parking lot(주차장)을 통해 의미를 기억해두자.

오답 (a) space 공간, 장소, 우주공간 – 특정한 목적을 위한 장소에 쓰이므로 이 문제에서처럼 공터에 어울리는 단어가 아니다.
분석 (c) floor 마루, 바닥, 층 – 바닥이나 층을 의미하므로 적절하지 않다.
(d) pavement 포장 도로 – 도로에 포장이 되어 있는 바닥을 뜻하므로 적절하지 않다.

5

> The store's steadily increasing sales early in the year seems to have given way to a slight __________ in recent months.
>
> (a) plunge (b) slope
> (c) decline (d) fall

> 올해 초반 이 가게의 꾸준히 증가했던 판매량은 최근 몇 달 사이에 약간의 하락세로 접어든 것 같다.

해설 decline은 '쇠퇴, 퇴보, 하락'을 의미하는 단어이므로 정답이 된다.
다른 오답 보기들이 의미상 많이 혼동되는 어휘들이므로 잘 정리해 두자.

오답 (a) plunge 뛰어듦, 하락 – 아래로 풍덩 뛰어든다는 뜻이므로 빈칸 앞의 slight와 어울리지 않는다. plunge는 큰 폭으로 하락하거나
분석 곤두박질친다는 의미로 사용된다.
(b) slope 경사면, 비탈 – 기울어진 경사면이라는 의미가 있지만, 경제적 하락이라는 의미로 쓰이지 않는다.
(d) fall 낙하, 떨어짐, (온도나 물가의) 하락 – 물리적인 낙하를 의미할 때가 많으며, 판매량이 떨어진다는 의미로는 사용되지 않는다.

Answers:

1. (c) **2.** (b) **3.** (a) **4.** (b) **5.** (c)

TEPS 어휘 영역에 자주 출제되는 어휘와 어구를 익힘으로써
실전 문제에 완벽히 대비하자.

▶▶ 형태와 의미가 혼동되는 어휘 3

1. **perfect** — 완벽한

intact — 손상되지 않은, 원상태 그대로의, 완전한

2. **possible** — 가능한, 일어날 수 있는

capable — 유능한, 능력이 있는

3. **promise** — 약속

reservation — 예약

appointment — (사람과 만날) 약속, (병원 등의) 예약

4. **rent** — (일정한 금액을 내고 집[자동차] [비디오] 등을 빌리다, 빌려주다; 집세

lease — (비교적 오랜 기간) 임대하다, 임대

5. **respectable** — 존경할 만한, 훌륭한

respectful — 경의를 표하는, 예의 바른

respective — 각각의, 개개인의

6. **restore** — 되찾다, 복원하다

recover — 복구되다, 회복하다

7. **salary** — (기술 노동의) 월급, 급료

wage — (육체 노동에 대한) 임금

8. **secret** — 비밀

secrete — 분비, 분비물; 분비하다

9. **sensitive** — 예민한, 민감한

sensible — 지각력 있는, 분별력 있는 (n. sensibility 분별력)

10.	**stand**	판매대, 서다, 견디다
	status	지위, (사회적) 위치, 위상
	statue	조각상
11.	**sign**	기호, 표지판, 징후
	signal	신호
	signature	서명
12.	**sore**	따가운, 쓰라린
	soar	치솟다
13.	**tag**	꼬리표
	tab	계산서
	tap	수도꼭지; 톡톡 두드리다
14	**terrible**	끔찍한, 지독한, 심한
	terrific	멋진, 뛰어난, 대단한
15.	**variety**	다양성, 종류
	variation	변화, 변동
16.	**venerable**	존경할 만한, 훌륭한
	vulnerable	상처 입기 쉬운, 약점 있는

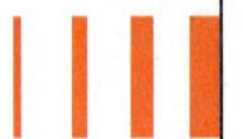

Build Up 

TEPS 어휘 영역의 실전 문제와 가장 가까운 유형과 난이도의
예상 문제를 통해 실력을 쌓자.

▶▶ **Part 1** Choose the most appropriate word or expression for the blank in the conversation.

1. A: Was there any rain mentioned in the weekend __________?
B: No, it looks like sunny skies ahead.

(a) fate
(b) forecast
(c) hindsight
(d) horoscope

2. A: Are you interested in checking out some live music tonight?
B: Definitely! I'll give you a ______ after work.

(a) ring
(b) telephone
(c) watch
(d) sound

3. A: Because of the lengthy flight delay, I am afraid we missed our _______ in Vancouver to Seattle.
B: This is why it is better to pay the additional cost for a direct flight!

(a) convey
(b) reservation
(c) purpose
(d) connection

4. A: We finally have a day off together tomorrow.
B: I know. What are you in the _______ to do?

(a) temper
(b) occasion
(c) outlook
(d) mood

5. A: If I send you a money order in Canadian currency, are you able to _______ it in Korea?
B: To be on the safe side, you should make the money order out in Korean won.

(a) accept
(b) transfer
(c) withdraw
(d) cash

6. As parents, it is our job to pay close attention and _________ a good example to our children.

(a) erect
(b) found
(c) set
(d) keep

7. The pianist __________ the audience, who stood for over five minutes, applauding the performance.

(a) inebriated
(b) depressed
(c) stunned
(d) controlled

8. People who live in cold weather climates are more __________ to lengthy bouts of depression than people who live in tropical areas.

(a) opposed
(b) impassive
(c) susceptible
(d) inflexible

9. The accused avoided being __________ to death after his lawyer pleaded temporary insanity.

(a) sentenced
(b) publicized
(c) convicted
(d) stoned

10. It is ironic that a COSTCO shopper can have the _________ to criticize my support of big corporations because I occasionally eat MacDonald's.

(a) apathy
(b) audacity
(c) disenchantment
(d) insinuation

정답: 232p

VOCABULARY
Week 2

Day 6
중요 어휘 3

1. hold

hold는 기본적으로 '유지하다, 붙들다, 잡다'의 뜻으로 쓰이는 동사로, "Hold the peppers."라고 하면 '후추는 빼 주세요.'가 되고 "Hold my calls."라고 하면 '전화를 연결하지 말아주세요.'가 된다.
또한 행사나 파티를 열고 개최한다는 의미로도 흔히 쓰인다.
ex) hold a meeting/party(회의 / 파티를 열다)

2. call ~ collect 수신인 요금부담으로 전화 걸다

흔히 우리가 콜렉트콜이라는 것을 알고 있으므로 쉽게 의미를 파악할 수 있을 것이다. collect call은 명사로 '수신인 부담 전화'로 쓰인다. 이의 동사형이 문제에 나오면 정답을 찾을 수 있도록 알아두자.

3. due to ~때문에

due는 '지불 기한인, 제출 기한인'이라는 뜻으로 due date는 '지불 기한, 제출 기한'의 의미가 된다. 또한 due에는 '마땅히 권리로 지불되어야 할'의 뜻이 있다.
due to는 '~때문에'라는 의미로, 독해 지문에서도 흔히 볼 수 있으므로 의미를 매끄럽게 파악하기 위해 반드시 알아두어야 한다.

4. dormant 잠자는, 잠복의, 휴지기의

dormant는 기본적으로 '잠자고 있는'의 의미를 갖는다. 여기에서 파생된 뜻이 '(병이) 잠복의, 동면의, 휴지기의'란 뜻이며, dormant volcano는 '휴화산'이 된다.
dormitory(기숙사)도 마찬가지로 '잠잔다'는 의미의 같은 어근을 가지고 있음을 떠올리면 쉽게 외울 수 있다.

5. allegation (증거 없는) 주장

동사 allege는 '(충분한 근거 없이) 주장하다, 단언하다'의 뜻이다.
따라서 그 명사형 allegation은 '(증거 없는) 주장, 단언'이 되며, 부사 allegedly는 '들리는 바에 의하면'의 뜻이 된다.

Catch Up

TEPS 어휘 영역에 출제되었던 문제를 풀어봄으로써 실전 문제
유형을 확실하게 파악해두자.

Part 1 Choose the most appropriate word or expression for the blank in the conversation.

1. A: What would you like on your sandwich?
B: I'll have roasted chicken with vegetables. _________ the hot peppers.

(a) Keep
(b) Hold
(c) Cancel
(d) Deny

2. A: Bye, mom. See you in a month or so.
B: Have a good trip. Be careful. Call me _________ at any time.

(a) surprise
(b) back
(c) collect
(d) charge

Part 2 Choose the most appropriate word or expression for the blank in the statement.

3. The arrival time for all flights has been delayed _______ to thick, low-lying fog in the area.

(a) due
(b) owing
(c) rightly
(d) subsequent

4. Given the lack of funding for the necessary materials, the project is _________ for the time being.

(a) acquiescent
(b) functional
(c) operational
(d) dormant

5. Despite advice from his lawyer not to speak publicly regarding the charges, the Chief Financial Officer is stubbornly denying the ___________ of fraud.

(a) declaration
(b) allegations
(c) stigmas
(d) alterations

TEPS 어휘 영역에 출제되었던 문제를 자세한 설명과 함께 완전히
이해하도록 하자.

1

> A: What would you like on your sandwich?
> B: I'll have roasted chicken with vegetables.
> ________ the hot peppers.
>
> (a) Keep　　　　　　(b) Hold
> (c) Cancel　　　　　(d) Deny

> A: 샌드위치에 무엇을 넣어 드릴까요?
> B: 구운 닭고기와 채소를 넣어주세요. 매운 고추
> 는 넣지 마시고요.

해설 hold는 '붙들다, 유지하다'의 뜻이지만, 이 문제에서와 같이 구어체로 쓰인다.
이 문제와 함께 'Hold my calls.(전화를 연결하지 말아주세요.)'도 함께 알아두자.

오답 분석 구어체로 굳어져 쓰이는 표현이므로, 다른 어휘들은 고려하지 말고 그대로 외우는 것이 좋다.

2

> A: Bye, mom. See you in a month or so.
> B: Have a good trip. Be careful. Call me ________
> at any time.
>
> (a) surprise　　　　(b) back
> (c) collect　　　　　(d) charge

> A: 엄마, 안녕. 한 달이나 그쯤 후에 뵈요.
> B: 여행 잘 다녀오거라. 조심하고 언제든 수신자
> 부담으로 전화 하렴.

해설 call ~ collect는 '수신인 요금 지불로 전화를 걸다'의 뜻이다.
collect call이 명사로 '수인인 부담 전화'로 우리나라에서도 쓰이고 있는 표현이므로 쉽게 기억할 수 있다.

오답 (a) surprise　예고 없는, 불의의
분석 (b) back　뒤의, 배후의 – "Call me back."은 '다시 전화 걸어줘.'의 뜻이 된다.
　　　　(d) charge　요금, 요금을 청구하다

3

> The arrival time for all flights has been delayed
> ________ to thick, low-lying fog in the area.
> (a) due　　　　　　(b) owing
> (c) rightly　　　　　(d) subsequent

> 이 지역의 두껍고 낮게 깔린 안개 때문에 모든 비
> 행기의 도착 시간은 연기되었다.

해설 due to는 '~때문에'의 뜻이다.

오답 (b) owing to　~에 기인한, ~로 돌려야 할
분석 (c) rightly　올바르게, 공정하게, 적절히
　　　　(d) subsequent　뒤의, 차후의

4

Given the lack of funding for the necessary materials, the project is _________ for the time being.

(a) acquiescent   (b) functional
(c) operational   (d) dormant

필요한 것들에 대한 자금 부족때문에, 그 프로젝트는 현재 중지 상태이다.

해설 dormant는 '잠자는 것 같은, 잠복 중인, 휴지 상태에 있는'의 뜻이므로 이 문제에서는 '중지 상태'라고 볼 수 있다.

오답 (a) acquiescent 잠자코 동의하는, 묵인하는, 순종하는
분석 (b) functional 기능의, 실용 위주의
(c) operational 조작상의, 운영중인

5

Despite advice from his lawyer not to speak publicly regarding the charges, the Chief Financial Officer is stubbornly denying the ___________ of fraud.

(a) declaration   (b) allegations
(c) stigmas   (d) alterations

혐의에 대해 공적으로 발언하지 말라는 변호사로부터의 충고에도 불구하고, 자금 관리 이사는 완강하게 혐의에 대한 주장을 부인하고 있다.

해설 allegation은 '(증거 없는) 주장, 진술, 단언'의 뜻이다. 동사형 allege가 '충분한 근거 없이 주장[단언]하다'의 뜻을 가지므로, allegation은 아직 충분히 확인되지 않은 사실을 주장하고 단언하는 것을 가리키는 명사임을 알 수 있다.

오답 (a) declaration 선언, 공표, 발표
분석 (c) stigma 치욕, 오명, 오점, 흠
(d) alteration 변경, 개조

Answers:

1. (b) 2. (c) 3. (a) 4. (d) 5. (b)

TEPS 어휘 영역에 자주 출제되는 어휘와 어구를 익힘으로써
실전 문제에 완벽히 대비하자.

▶▶ 반드시 외워야 할 필수 어휘·어구 3

1.	**vacant**	텅 빈, 공허한
2.	**warrant**	근거, 보증, 보증서
3.	**apathy**	무관심, 무감각
4.	**intermittent**	간헐적인
5.	**loquacious**	말 많은 (= talkative, garrulous)
6.	**precedent**	선례, 전례
7.	**odor**	냄새, 악취
8.	**motivation**	자극, 동기 부여
9.	**vessel**	용기, 그릇; 배; 혈관
10.	**plunge**	뛰어들다; 폭락하다
11.	**obedient**	고분고분한, 유순한
12.	**trivial**	하찮은, 사소한
13.	**elective**	선거의, 선택의
14.	**affluent**	풍부한, 부유한
15.	**venerable**	존경할 만한
16.	**vulnerable**	상처받기 쉬운, 취약한
17.	**susceptible**	영향 받기 쉬운, 민감한
18.	**urge**	재촉하다, 촉구하다; 충동
19.	**ponder**	숙고하다 (= brood)
20.	**curb**	막다, 억제하다
21.	**eligible**	자격이 있는
22.	**fluctuate**	오르내리다, 변동하다
23.	**perennially**	1년 내내, 계속해서
24.	**entitle**	권리[자격]을 부여하다; 부르다, 칭하다
25.	**obscure**	어두운, 모호한, 알려지지 않은
26.	**aesthetic**	미적인, 심미안의, 미학
27.	**synthetic**	인조의, 합성의
28.	**apprentice**	도제, 견습, 수습생; 초보자, 풋내기
29.	**ubiquitous**	편재하는, 도처에 있는

30.	**appalling**	소름 끼치는, 무서운 (= dreadful)
31.	**soothe**	달래다, 진정시키다
32.	**bump**	충돌(하다); 혹 (cf. goose bump 닭살)
33.	**idiosyncrasy**	개인의 특징, 개성 (= characteristic)
34.	**heinous**	극악무도한, 흉악한
35.	**mourn**	슬퍼하다
36.	**humiliate**	굴욕을 주다
37.	**yield**	양보하다, 굴복하다; 산출하다
38.	**dwarf**	난쟁이; 위축시키다, 작게 하다
39.	**turmoil**	소란, 소동, 혼란 (= commotion)
40.	**verdict**	판결, 평결
41.	**havoc**	대파괴, 황폐
42.	**illustrate**	실례를 들어 설명하다; 삽화를 넣다
43.	**sluggish**	활발치 못한, 동작이 느린, 게으른
44.	**rudimentary**	기본적인, 초보적인
45.	**adverse**	반대의, 적대적인
46.	**substantial**	(양, 크기가) 상당한; 실질적인, 실제적인
47.	**verge**	가장자리; 아슬아슬한 순간
48.	**unique**	독특한, 유일한
49.	**alleviate**	완화하다
50.	**sterile**	불모의, 척박한 (= barren, arid), (여성의) 불임의
51.	**antiquated**	구식의, 낡아빠진
52.	**hazard**	위험
53.	**pernicious**	유해한, 치명적인 (= fatal, lethal)
54.	**impromptu**	즉흥적인
55.	**improvise**	(연설 [연주] [노래] 등을) 즉석에서 하다

Build Up

TEPS 어휘 영역의 실전 문제와 가장 가까운 유형과 난이도의
예상 문제를 통해 실력을 쌓자.

Part 1 Choose the most appropriate word or expression for the blank in the conversation.

1. A: Did you get X=9 for the answer to the last problem on the test?
B: Yeah, I did. It took me over ten minutes to ___________.

(a) do it up
(b) work it out
(c) break it down
(d) set it up

2. A: Mr. Angel, I am sorry I am late. There was an accident on Columbus Drive.
B: Do you really expect me to ________ that excuse twice in one week?

(a) buy
(b) help
(c) accept
(d) listen

3. A: If I decide to take this apartment, when can I move in?
B: I have a few renovations to make but you can have ________ on November 1st.

(a) authorization
(b) residence
(c) occupancy
(d) accommodation

4. A: When should I be at the gate for _________?
B: Thirty minutes prior to the scheduled departure time.

(a) entering   (b) traveling
(c) seating   (d) boarding

5. A: You look confused. Are you ________?
B: Possibly so. Nothing here looks familiar to me.

(a) lost
(b) shocked
(c) incorrect
(d) absent

6. In the age of Shakespearean theatre, male actors cross-dressed and __________ women for the stage performance.

   (a) improvised
   (b) incarnated
   (c) intimidated
   (d) impersonated

7. Don't ________ your opportunity to see the band in concert. They may never come to this city again!

   (a) miss
   (b) overlook
   (c) wish
   (d) deny

8. Late payments to the National Student Loans Office are ________ to a $50 penalty fee.

   (a) punished
   (b) subject
   (c) concern
   (d) standard

9. During his personal record marathon, Shawn began to __________ and allegedly saw his own death.

   (a) suffocate
   (b) dehydrate
   (c) hallucinate
   (d) incarcerate

10. Jeannie was __________ to accept the promotion in New Orleans because it is so far away from her family in Manitoba.

   (a) professional
   (b) reluctant
   (c) disillusioned
   (d) easygoing

정답: 234p

Day 7
중요 어휘 4

1. prior 앞의, 전의, 사전의

prior는 '앞의, 사전의'의 뜻이다.
prior는 항상 뒤에 전치사 to를 수반하여 prior to~는 '~보다 앞선, ~보다 전에'의 의미가 된다.

2. cost 비용, 경비, 비용이 들다

cost는 명사로 '경비, 비용'의 뜻으로 cost reduction(원가 절감)이나 cost of living(생활비) 등과 같이 포괄적인 비용을 나타
낼 때 쓰인다.
동사 cost는 '비용이 들다'의 뜻으로 cost a lot of money는 '많은 돈이 들다'의 뜻이 된다.

3. fad 일시적 유행, 변덕

fad는 '(일시적인) 유행'을 나타내는 단어이다.
at the total mercy of fads는 '완벽히 최신 유행을 따르는'의 뜻이다.

4. witness 증인, 목격자

witness와 함께 법정에 등장하는 사람들을 정리해보자.
victim 희생자
defendant 피고
plaintiff 원고
juror 배심원 (cf. jury (집합) 배심원)
judge 판사, 재판관
prosecutor 기소자, 검찰관 (cf. public prosecutor 검사)
attorney 변호사

5. elevation 고도, 해발

elevate가 동사로 '올리다, 높이다'의 뜻이다. 건물의 엘리베이터를 떠올리면 쉽게 외울 수 있다. 명사형 elevation은 '높이,
고도, 해발'의 뜻이다.

Catch Up

TEPS 어휘 영역에 출제되었던 문제를 풀어봄으로써 실전 문제
유형을 확실하게 파악해두자.

Part 1 **Choose the most appropriate word or expression for the blank in the conversation.**

1. A: Mom, I can't believe that you once wore such loud clothes!
B: Well, I was at the total mercy of _______ when I was younger.

(a) fads
(b) recognition
(c) fate
(d) fortune

2. A: What do you think about hiring a limo for our graduation night?
B: Well, it will _______ a lot of money, but I guess it would be worth it.

(a) burn up
(b) disburse
(c) spend
(d) cost

Part 2 **Choose the most appropriate word or expression for the blank in the statement.**

3. It is unreasonable for your boss to change your schedule without giving you _______ notice.

(a) prior
(b) subsequent
(c) further
(d) warning

4. _________ to the crime could receive a monetary reward if their testimony leads to an arrest.

(a) Victims
(b) Prosecutors
(c) Pedestrians
(d) Witnesses

5. Some people consider Tibet the "Roof of the World" because it has an average _______ of 4,900 meters.

(a) surveillance
(b) industrialization
(c) elevation
(d) precipitation

Answers

TEPS 어휘 영역에 출제되었던 문제를 자세한 설명과 함께 완전히
이해하도록 하자.

1

A: Mom, I can't believe that you once wore such loud clothes!
B: Well, I was at the total mercy of ________ when I was younger.

(a) fads
(b) recognition
(c) fate
(d) fortune

A: 엄마가 한때 그렇게 화려한 옷을 입었다는 걸 믿을 수 없네요!
B: 내가 젊었을 때엔 최신 유행을 완벽하게 따랐었단다.

해설 fad는 '일시적 유행'의 뜻이다. at the mercy of~는 '~의 손에 달려 있는, ~의 처분에 달려 있는'의 뜻으로, 이 문장에서는 '최신 유행을 완벽히 따르는'으로 의역할 수 있다.

오답
분석
(b) recognition   인지, 승인, 허가
(c) fate   운명, 숙명
(d) fortune   운, 행운, 재산

2

A: What do you think about hiring a limo for our graduation night?
B: Well, it will ________ a lot of money, but I guess it would be worth it.

(a) burn up
(b) disburse
(c) spend
(d) cost

A: 졸업식 날 밤에 리무진을 부르는 게 어때?
B: 글쎄, 돈이 많이 들겠지만 그럴 가치가 있을 것 같다.

해설 cost는 '비용이 들다'의 뜻으로 정답이다.

오답
분석
(a) burn up   태워버리다, 다 타버리다
(b) disburse   (돈, 경비를) 지출하다, 쓰다, 분배하다
(c) spend – '돈을 쓰다, 낭비하다'의 뜻이므로 주어가 it일 때 호응이 이루어지지 않아 정답이 될 수 없다.

3

It is unreasonable for your boss to change your schedule without giving you _______ notice.

(a) prior   (b) subsequent

(c) further   (d) warning

너희 사장님이 사전 통지도 없이 스케줄을 바꼈다니 불합리하다.

해설 prior는 '전의, 앞선, 사전의'의 뜻이다.

오답 (b) subsequent 차후의 – 빈칸에 들어가면 '차후의 통지'가 되므로 문맥상 어울리지 않는다.

분석 (c) further 더 나아간 – 빈칸에 들어가면 '나중의 통지'가 되므로 문맥상 어울리지 않는다.

(d) warning 경고

4

_________ to the crime could receive a monetary reward if their testimony leads to an arrest.

(a) Victims   (b) Prosecutors

(c) Pedestrians   (d) Witnesses

그 범죄의 목격자들은 그들의 증언으로 인해 범인의 체포가 이루어진다면 금전적 보상을 받을 수 있다.

해설 문장의 뒷부분에서 testimony(증언)를 보면 정답이 witness(목격자)가 됨을 알 수 있다.

오답 (a) victim – '희생자'의 뜻이기 때문에 증언을 하고 금전적 보상을 받는 대상으로 적절하지 않다.

분석 (b) prosecutor 고발자, 검찰관

(c) pedestrian 보행자, 행인

어휘 monetary 화폐의, 금전(상)의 testimony 증언

5

Some people consider Tibet the "Roof of the World" because it has an average _______ of 4,900 meters.

(a) surveillance   (b) industrialization

(c) elevation   (d) precipitation

어떤 사람들은 티벳을 '세계의 지붕'으로 여긴다. 왜냐하면 평균 고도가 4,900킬로미터이기 때문이다.

해설 elevation은 '높이, 고도, 해발'의 뜻이다. 'Roof of the World'에서 정답을 유추할 수 있다.

오답 (a) surveillance 감시, 감독

분석 (b) industrialization 산업화

(d) precipitation 투하, 낙하, 강수량

Answers:

1. (a) **2.** (d) **3.** (a) **4.** (d) **5.** (c)

TEPS 어휘 영역에 자주 출제되는 어휘와 어구를 익힘으로써
실전 문제에 완벽히 대비하자.

▶▶ 반드시 외워야 할 필수 어휘 · 어구 4

1.	**feeble**	연약한
2.	**ornamental**	장식의
3.	**subsequent**	뒤의, 차후의
4.	**consequent**	결과의, 결과로서 일어나는
5.	**vague**	애매한 (= equivocal, ambiguous)
6.	**ardent**	열심인, 열렬한 (= eager)
7.	**predisposition**	경향, 성질
8.	**repulsive**	혐오감을 주는, 불쾌한
9.	**scheme**	계획
10.	**brilliant**	훌륭한, 찬란히 빛나는
11.	**inadvertent**	부주의한; 의도치 않은
12.	**milestone**	이정표; 획기적 사건
13.	**rehabilitate**	재건[복원]하다, 복직시키다
14.	**contagious**	전염성의
15.	**ostentatious**	과시하는, 허세 부리는
16.	**subtle**	미묘한, 포착하기 어려운
17.	**atrocities**	잔학행위
18.	**virtue**	미덕, 장점
19.	**fragment**	조각, 파편
20.	**avid**	탐욕스런; 열렬한
21.	**prompt**	재빠른; 재촉하다, 유발하다
22.	**arrogant**	거만한
23.	**excavation**	발굴
24.	**critical**	비판적인; 결정적인, 중대한 (= crucial)
25.	**articulate**	분명히 발음하다, 분명히 말하다
26.	**legislation**	입법
27.	**dormant**	잠자는 듯한, 움직임 없는, 잠복한
28.	**flamboyant**	화려한

29.	**intricate**	복잡한
30.	**lure**	매력; 유혹하다
31.	**hinder**	방해하다
32.	**acquainted**	~을 아는, 정통한
33.	**vigilant**	경계하는, 방심하지 않는
34.	**awkward**	서투른 (= clumsy, all thumbs)
35.	**exclusively**	배타적으로
36.	**decipher**	해독하다 (= decode)
37.	**incumbent**	재직 중인, 현직의
38.	**obstinate**	고집 센, 완고한 (= stubborn)
39.	**indiscriminate**	무차별적인, 무분별한
40.	**subsidy**	보조금
41.	**levy**	세금을 부과하다
42.	**epitome**	요약, 개요
43.	**intimate**	친밀한
44.	**emancipate**	해방하다
45.	**provoke**	화나게 하다, 유발하다
46.	**invaluable**	매우 귀중한
47.	**exceed**	초과하다
48.	**simultaneously**	동시에
49.	**equivalent**	동등한, 같은 값의
50.	**offensive**	불쾌한, 무례한
51.	**excretion**	배설
52.	**intrinsic**	본질적인, 고유한
53.	**squeeze**	쥐어짜다
54.	**emerge**	나타나다, 출현하다
55.	**exaggerate**	과장하다

Build Up

TEPS 어휘 영역의 실전 문제와 가장 가까운 유형과 난이도의
예상 문제를 통해 실력을 쌓자.

▶▶ Part 1 Choose the most appropriate word or expression for the blank in the conversation.

1. A: What is your new house like?
B: It's a nice three-________ with plenty of windows and a large backyard.

(a) floor
(b) story
(c) platform
(d) stage

2. A: I'm calling to inform you that your membership at New World Fitness is about to expire.
B: Oh, thanks for calling. I will ________ the next time I'm in.
(a) renew
(b) restart
(c) recount
(d) regenerate

3. A: Dorothy, I heard your son, Michael, was accepted to medical school.
B: Yes, I am so proud of him. He's really following in his father's ________.

(a) pathway
(b) trail
(c) memory
(d) footsteps

4. A: How was your day at school, honey?
B: Not very good, mom. The older boys were _____________ me again.

(a) picking on
(b) throwing up
(c) dealing with
(d) hitting on

5. A large _________ of toxic substances caused a state of emergency in the city of Hamilton.

   (a) mess
   (b) spill
   (c) pour
   (d) transfer

6. The country club wanted to ________ the ban on indoor smoking in order to accommodate the significant population of members who smoke.

   (a) turn
   (b) lift
   (c) raise
   (d) endorse

7. The novelist lived in Newfoundland to experience the culture before writing about it, and yet, despite the pursuit of ___________, the fiction contains significant cultural inaccuracies.

   (a) authority
   (b) objectivity
   (c) naturalness
   (d) authenticity

8. If the mayor is going to continue overspending, he is quite simply a(n) __________ to the people of this city.

   (a) injustice
   (b) liability
   (c) separation
   (d) annoyance

9. Many companies have a phone number to head office that employees can call if they would like to make a(n) __________ complaint about an issue in their workplace.

   (a) anonymous
   (b) astounded
   (c) formless
   (d) undulating

10. Medical scientists have made significant breakthroughs in ________ mice of certain injected diseases.

   (a) regenerating
   (b) cloning
   (c) curing
   (d) fixing

정답: 237p

VOCABULARY
Week 2

Day 8
동사구 1

1. bump into 우연히 마주치다

bump는 동사로 '부딪치다, 충돌하다'의 뜻이고 명사로는 '작은 혹'을 뜻한다.
bump into는 '~를 들이받다'의 뜻도 있지만, '우연히 누군가와 마주치다'의 뜻으로 많이 쓰인다.
bump가 명사로 쓰일 때에는 goose bump가 '닭살'을 의미한다는 것을 기억해두자.

2. come by 얻다, 입수하다

come by는 get, obtain 등과 동의어인데, 쉽게 외워지지 않아서 실전 시험에서 오답을 고르게 되는 경우가 많은 동사구이다.
이번 기회에 확실하게 외우자.

3. come up with 어떤 생각이 떠오르다

come up with는 '따라잡다, 다가가다'의 뜻도 있지만, '아이디어 등을 머릿속에 떠올리다'는 의미로 많이 쓰이는 빈출 동사구이다.
come down with는 '병에 걸리다'의 뜻이라는 것도 함께 외워두자.

4. abide by 고수하다, 지키다

abide는 '오래 지속하다, 머무르다'의 뜻을 가지므로 abide by는 계획이나 정책 등을 고수하고 지키거나, 규칙에 따른다는 의미로 쓰이는 동사구이다. stick to와 동의어이다.

5. be booked up 매진되다, 예약이 다 차다

book은 '책; 예약하다'의 뜻을 가지는 다의어이다.
"We're fully booked up."이라고 하면 '저희는 예약이 다 찼습니다.'의 뜻이 된다.
텝스 시험을 위해 한 가지 더 기억해야 할 book이 들어간 어구는 by the book으로 '원칙대로'라는 뜻이다.

Catch Up

TEPS 어휘 영역에 출제되었던 문제를 풀어봄으로써 실전 문제
유형을 확실하게 파악해두자.

Part 1 Choose the most appropriate word or expression for the blank in the conversation.

1. A: Wow, it's strange that we ___________ twice in the same day.
B: Yeah, it's a small world.

(a) pushed into
(b) fell into
(c) bumped into
(d) passed by

2. A: Sir, I don't have my homework done because I couldn't find a pencil.
B: George, are you telling me that is the best excuse you could ___________?

(a) be home by
(b) come up with
(c) hang on to
(d) step back from

3. A: I don't think it is fair that I must have the car home by 11:30 p.m. every night.
B: Well, as long as you live under my roof, you must ___________ my rules.

(a) abide by
(b) keep up
(c) attend to
(d) check out

4. A: I would like to reserve a double room for the last Saturday in May.
B: I'm sorry, but we're all ___________ for that weekend.

(a) sold out
(b) turned in
(c) booked up
(d) picked up

Part 2 Choose the most appropriate word or expression for the blank in the statement.

5. Due to the devastation caused by the hurricane down south, many fruits are expensive
and hard to ___________.

(a) come by
(b) pass up
(c) get through
(d) squeeze in

Answers 

TEPS 어휘 영역에 출제되었던 문제를 자세한 설명과 함께 완전히
이해하도록 하자.

1

A: Wow, it's strange that we ___________ twice in the same day.
B: Yeah, it's a small world.

(a) pushed into   (b) fell into
(c) bumped into   (d) passed by

A: 와, 하루에 두 번이나 마주치다니 신기하군.
B: 응, 정말 세상 좁다.

해설 bump into는 '~와 부딪치다, 우연히 마주치다'의 뜻이다. encounter, meet by chance와 동의어로 외우자.

오답 분석
(a) push into   ~에 부딪치게 하다 – '우연히 마주치다'의 뜻은 없다.
(b) fall into   ~에 빠지다, ~의 상태로 되다 – 문자 그대로의 뜻으로 외우면 된다.
(d) pass by   ~을 그냥 지나치다 – 못 본 척 지나친다는 의미이다.

2

A: Sir, I don't have my homework done because I couldn't find a pencil.
B: George, are you telling me that is the best excuse you could ________________?

(a) be home by   (b) come up with
(c) hang on to   (d) step back from

A: 선생님, 연필을 찾을 수 없어서 숙제를 못했어요.
B: 조지, 그게 네가 생각해 낼 수 있는 가장 좋은 변명거리니?

해설 come up with는 '따라잡다, 다가가다, 어떤 생각을 해내다, ~이 떠오르다'의 뜻이다.

오답 분석
(a) be home by(시간)   ~까지 집에 오다
(c) hang on to   ~을 꽉 잡다, 놓지 않다
(d) step back from   ~로부터 한발 물러나다, 거리를 두고 생각하다

3

A: I don't think it is fair that I must have the car home by 11:30 p.m. every night.
B: Well, as long as you live under my roof, you must __________ my rules.

(a) abide by　　(b) keep up
(c) attend to　　(d) check out

A: 매일 밤 11시 반까지 차를 집으로 가져와야 된 다는 건 공정하지 않은 것 같아요.
B: 네가 내 집에서 사는 한, 내 규칙에 따라야 한다.

해설 abide by는 '지키다, 고수하다, 규칙에 따르다'의 뜻이다.

오답 (b) keep up　유지하다, 추세에 뒤지지 않다
분석 (c) attend to　출석하다
　　(d) check out　값을 치르고 호텔에서 나오다; 도서관에서 책을 대출하다; 맡긴 물건을 되찾다

4

A: I would like to reserve a double room for the last Saturday in May.
B: I'm sorry, but we're all __________ for that weekend.

(a) sold out　　(b) turned in
(c) booked up　　(d) picked up

A: 5월 마지막 토요일에 더블 룸을 예약하고 싶은 데요.
B: 죄송합니다만, 그 주말엔 예약이 모두 찼습 니다.

해설 book이 동사로 '예약하다'의 뜻이 있으므로 all booked up은 '예약이 모두 찼다'는 뜻이 된다.

오답 (a) sold out　매진된, 품절의
분석 (b) turn in　건네다, 제출하다
　　(d) pick up　집어 들다; 차에 태우다

5

Due to the devastation caused by the hurricane down south, many fruits are expensive and hard to __________.

(a) come by　　(b) pass up
(c) get through　　(d) squeeze in

남쪽 지역이 허리케인 때문에 황폐화되어서, 많 은 과일들이 값이 비싸고 얻기 힘들게 되었다.

해설 come by는 '얻다, 입수하다'의 뜻이다. obtain, acquire와 동의어로 외우자.

오답 (b) pass up　오르다; (구어) 거절하다, 퇴짜 놓다
분석 (c) get through　전화를 연결해주다, 통과하다
　　(d) squeeze in　억지로 집어넣다, 끼워 넣다

Answers:

1. (c) **2.** (b) **3.** (a) **4.** (c) **5.** (a)

주요 동사로 이루어진 동사구

1. **apply for**   지원하다
   apply to   적용하다

2. **break away**   달아나다, 벗어나다
   break into   침입하다
   break out   갑자기 발생하다
   break up   해산시키다; 헤어지다

3. **call for**   요구하다
   call on   방문하다
   call off   취소하다
   call up   ~을 생각나게 하다; 불러내다; 소환하다 (= summon)

4. **come across**   우연히 마주치다, 우연히 발견하다
        (= run across, run into, bump into, meet by chance, encounter)
   come by   얻다, 획득하다 (= obtain)
   come up with   생각나다, 떠오르다

5. **get away**   도망치다; 떠나다
   get over   회복하다, 극복하다
   get rid of   제거하다, 없애다

6. **give away**   거저 주다, 나눠주다 (= distribute); 비밀을 누설하다
   give in   제출하다 (= submit); 굴복하다 (= surrender)
   give off   발산[방출]하다 (= emit, send out)
   give up   포기하다

7. **go off**   ① 폭발하다 ② 자명종이 울리다 ③ (일, 상황이) 되어가다, 진척되다
   go on   계속하다
   go over   자세히 조사하다
   go through   겪다, 경험하다

8.	**lay off**	(일시) 해고시키다
	lay out	배열하다, 배치하다
9.	**look around**	둘러보다 (= browse)
	look at	바라보다
	look for	찾다
	look into	들여다보다, 조사하다
	look over	조사하다, 검토하다
	look up	(사전 등으로) 찾아보다; 방문하다
	look up to	존경하다, 우러러보다
	look down on	멸시하다, 깔보다
10.	**make out**	이해하다, 작성하다
	make up	화해하다; (이야기를) 꾸며내다; 화장하다
11.	**pass away**	죽다 (= die)
	pass out	기절하다 (= faint)
12.	**turn down**	거절하다; 볼륨을 줄이다
	turn in	넘기다, 제출하다 (= submit)
	turn to	의지하다
	turn up	나타나다
	turn out	~로 판명되다, 드러나다

Build Up 

TEPS 어휘 영역의 실전 문제와 가장 가까운 유형과 난이도의
예상 문제를 통해 실력을 쌓자.

Part 1 Choose the most appropriate word or expression for the blank in the conversation.

1. A: It was great meeting you tonight.
B: The __________ was all mine.

(a) assembly
(b) pleasure
(c) interest
(d) satisfaction

2. A: Is there a shopping mall near here?
B: Make a right turn at the first light, _______ the end of that road and there you are.

(a) go up to
(b) go back to
(c) turn around
(d) go in

3. A: How do you like your math professor? He has a reputation for being the best.
B: He explains things in a way that everyone understands but he sure gives a lot of

__________.

(a) absentees
(b) assignments
(c) responsibilities
(d) errands

4. A: I am traveling to Japan in a couple of weeks.
B: You should convert some money to Japanese __________ at your bank before you leave.

(a) transfer
(b) trade
(c) currency
(d) exchange

5. A: You don't look yourself today. Are you feeling sick?
B: I have been working two jobs for a month now and am feeling very __________.

(a) fatigued
(b) wealthy
(c) spirited
(d) unwell

6. Another robbery __________ place at Marie's Mini Mart on Lime Street last night just before 2:00 a.m.

(a) took
(b) happened
(c) fell on
(d) held

7. The private golf course lowered its membership fees and as a result, __________ increased by 25%.

(a) enrollment
(b) guidelines
(c) attendance
(d) syllabus

8. I am not yet __________ that this deal will deliver long-term benefits for my company.

(a) anticipated
(b) doubtful
(c) apprehensive
(d) convinced

9. The speculation of greater forces outside the realm of science has been a(n) __________ enigma in the history of mankind.

(a) provisional
(b) straightforward
(c) perennial
(d) conditional

10. Tanya usually does not eat much, but she certainly has a healthy __________ for Italian food.

(a) appetite
(b) cavity
(c) aspiration
(d) aroma

정답: 239p

VOCABULARY
Week 2

Day 9
동사구 2

1. get along with ~와 어울리다

문자 그대로의 뜻을 조합하면 get along with가 '~와 함께 어울리다'의 뜻이 된다는 것을 알 수 있다.
hang out with(~와 교제하다, 친하게 지내다)도 관련하여 함께 외워두자.

2. dress up 정장하다, 옷을 갖추어 입다

dress 동사의 뒤에 강조의 up이 붙어서 dress up은 정장을 하거나 행사에 맞는 옷을 갖추어 입는다는 의미가 된다. 따라서
"You're dressed up."은 '잘 차려 입으셨네요.'의 뜻이다.
be dressed to kill은 '홀딱 반할 만한 옷차림을 하다'의 뜻이다.

3. track down 쫓다, 따라잡다, 찾아내다

범인 등을 추적하고 따라잡는다는 의미가 되기도 하고, 오류 등을 조회하여 찾아낸다는 의미로도 쓰인다.

4. pick up 집어들다, 차에 태우다

pick up은 문자 그대로 '집어들다'의 뜻이어서, "Pick up the phone.(전화 받아.)"이나 "Pick up some eggs when you
return home.(집에 돌아올 때 달걀 좀 사와.)"과 같이 쓰이기도 한다.
그리고 반드시 기억해야 하며 많이 쓰이는 의미는 "I'll pick up the kids today.(오늘은 내가 아이들을 태우러 갈게.)"와 같이
'차에 태우다'의 의미이다.

5. put / place ~ through 전화를 연결시켜 주다

원래 "I'll put you through the line. (전화 연결해 드릴게요.)"와 같이 put 동사를 쓰지만 같은 뜻으로 place를 쓰기도 한다.
get through는 '전화 연결이 되다'의 뜻이라는 것도 함께 알아두자.

Catch Up

1. A: How has my son been doing in school?
B: Daniel is a very smart boy, but he does have trouble ______________ others.

(a) getting along with
(b) coming up with
(c) setting up with
(d) standing out with

2. A: I need to go shopping before the party on Friday night.
B: It's a casual affair so there is no need to __________.

(a) make up
(b) shape up
(c) size up
(d) dress up

3. A: Are there any suspects in the Frankfurt murder case?
B: No, it appears the investigators will have a difficult time __________ the murderer.

(a) bringing forth
(b) settling on
(c) tracking down
(d) breaking down

4. A: I will be home right after I ________ a few groceries.
B: Ok, don't forget to get some milk.

(a) drop in
(b) put on
(c) pick up
(d) take up

5. A: Hello, this is Robert Jones from Channel Four News. I am calling to speak to the editor.
B: Yes, sir. Please hold and I'll _______ you through to Mrs. Norton.

(a) place
(b) pass
(c) position
(d) push

Answers

TEPS 어휘 영역에 출제되었던 문제를 자세한 설명과 함께 완전히
이해하도록 하자.

1

A: How has my son been doing in school?
B: Daniel is a very smart boy, but he does have
   trouble ____________ others.

(a) getting along with   (b) coming up with
(c) setting up with   (d) standing out with

A: 우리 아들이 학교에서 어떻게 하고 있나요?
B: 다니엘은 아주 똑똑한 아이이지만, 다른 아이들과 어울리는 데 문제가 좀 있어요.

해설   get along with는 '~와 어울리다, 일이 되어가다' 의 뜻이다.

오답   (b) come up with   따라잡다; 어떤 생각이 떠오르다
분석   (c) set up   세우다, 창설하다
    (d) stand out   눈에 띄다, 두드러지다

2

A: I need to go shopping before the party on
   Friday night.
B: It's a casual affair so there is no need to
   __________.

(a) make up   (b) shape up
(c) size up   (d) dress up

A: 금요일 밤의 파티 전에 쇼핑을 가야겠어.
B: 평범한 행사니까 옷을 차려 입을 필요는 없어.

해설   dress up은 '옷을 갖춰 입다, 차려 입다, 정장하다' 의 뜻이다.

오답   (a) make up   만들어내다, 보상하다, 화해하다
분석   (b) shape up   일정한 상태[형태]가 되다
    (c) size up   (인물 등을) 평가하다, 판단하다; (조건 등에) 맞다

3

A: Are there any suspects in the Frankfurt murder case?
B: No, it appears the investigators will have a difficult time __________ the murderer.

(a) bringing forth　　(b) settling on
(c) tracking down　　(d) breaking down

A: 프랑크푸르트 살인사건에 용의자가 있나요?
B: 아니요, 조사원들이 살인자를 추적하는 데 어려움을 겪고 있는 것 같아요.

해설 track down은 '쫓다, (범인 등을) 따라잡다'의 뜻이다.

오답 (a) bring forth　야기하다, 초래하다
분석 (b) settle on　~으로 결정하다, 동의하다
　　　 (d) break down　고장나다, 분석하다

4

A: I will be home right after I __________ a few groceries.
B: Ok, don't forget to get some milk.

(a) drop in　　(b) put on
(c) pick up　　(d) take up

A: 식료품을 좀 산 뒤에 바로 집으로 올게.
B: 좋아, 우유 사오는 것 잊지 마.

해설 pick up은 '집어 들다'의 뜻에서 '사람을 차에 태우다', '물건 등을 사다'의 뜻이다.

오답 (a) drop in　잠깐 들르다
분석 (b) put on　(옷, 모자, 안경 등을) 입다[쓰다]
　　　 (d) take up　착수하다; (시간, 장소 등을) 잡다 – 사전적으로 '집어올리다, 들어올리다'의 뜻이 있으나, 많이 쓰이지 않으며 이 문제의 상황에 어울리지 않는 표현이다.

5

A: Hello, this is Robert Jones from Channel Four News. I am calling to speak to the editor.
B: Yes, sir. Please hold and I'll __________ you through to Mrs. Norton.

(a) place　　(b) pass
(c) position　　(d) push

A: 안녕하세요, 채널 4 뉴스의 로버트 존스입니다. 편집장님과 얘기하려고 전화했는데요.
B: 예, 알겠습니다. 끊지 말고 계시면 노튼 씨께 연결시켜 드릴게요.

해설 '전화를 연결시켜 주다'의 뜻으로 put through를 보통 쓰지만, 이 문제에서처럼 place가 put과 같은 뜻으로 쓰이기도 한다.

오답 (b) pass through　통과하다, 지나가다
분석 (c) position　위치, 장소 – 동사로는 '적당한 장소에 놓다'의 뜻이지만 through와 결합하여 쓰이지 않는다.
　　　 (d) push　밀다, 밀어 붙이다

Answers:

1. (a)　2. (d)　3. (c)　4. (c)　5. (a)

TEPS 어휘 영역에 자주 출제되는 어휘와 어구를 익힘으로써
실전 문제에 완벽히 대비하자.

▶▶ 주요 전치사별 동사구

1.	**look after**	돌보다 (= take care of, care for)
2.	**take after**	닮다 (= resemble)
3.	**hang around**	배회하다, 빈둥거리다 (= fool around)
4.	**do away with**	폐지하다 (= abolish) ; 죽이다 (= kill)
5.	**stay away from**	~을 가까이 하지 않다, 물러서 있다
6.	**pay back**	① 빚을 갚다 ② 복수하다
7.	**drop by**	잠시 들르다 (= stop by)
8.	**stand by**	① 지지하다 ② 대기하다 ③ 방관하다
9.	**account for**	~을 설명하다, 책임을 지다, 차지하다
10.	**stand for**	① 대표하다, 상징하다 (= represent) ② 지지하다
11.	**cut in**	끼어들다 (= interrupt, break in)
12.	**take in**	① 섭취하다, 받아들이다 ② 속이다 ③ (옷 등을) 줄이다
13.	**put off**	미루다, 연기하다 (= delay, postpone)
14.	**take off**	① 옷을 벗다 ② 이륙하다 (↔ land, take on)
15.	**consist of**	~로 구성되다 (= be composed of, be made up of)
16.	**deprive A of B**	A에게서 B를 박탈하다

17.	**live on**	~을 주식으로 삼다
18.	**put on**	① 옷을 입다 ② 체중이 늘다, 증가하다
19.	**take on**	① (책임을) 떠맡다, 취하다 ② (특성, 성질, 색깔을) 띠다
20.	**carry out**	수행하다, 실행하다 (= perform)
21.	**check out**	① 호텔에서 나가다 ② 도서관에서 책을 대출하다
22.	**drop out**	학교를 그만두다, 자퇴하다
23.	**run out (of)**	바닥나다, 다 써버리다 (= run short of)
24.	**stand out**	두드러지다, 눈에 띄다
25.	**do over**	다시 하다
26.	**adhere to**	고수하다, 집착하다 (= stick to, cling to)
27.	**resort to**	~에 의지하다 (= turn to)
28.	**bring up**	① 꺼내다, 제기하다 ② 기르다, 양육하다 (= raise, rear)
29.	**dress up**	정장하다, 옷을 차려입다
30.	**keep up with**	따라잡다, 뒤떨어지지 않고 ~하다
31.	**pick up**	집어올리다; 차에 태우다
32.	**stay up**	밤새우다, 밤늦게까지 안자다
33.	**cope with**	대처하다

Build Up 

TEPS 어휘 영역의 실전 문제와 가장 가까운 유형과 난이도의
예상 문제를 통해 실력을 쌓자.

▶▶ **Part 1** Choose the most appropriate word or expression for the blank in the conversation.

1. A: There is never this much traffic on the streets downtown.
B: There must be something __________ on in the area.

(a) existing
(b) going
(c) staying
(d) hanging

2. A: Mr. Greenlee, I have a ________ question about the reading.
B: Sure. Fire away.

(a) short
(b) hurried
(c) trim
(d) quick

3. A: You should never take your frustrations out on your brother. He doesn't _________ it.
B: You're right. I'll apologize to him for snapping at him.

(a) create
(b) deserve
(c) manifest
(d) contract

4. A: Do you think you can give me _________ to the airport?
B: Not a problem. Here is a brochure with a map to the airport on the back.

(a) access
(b) transportation
(c) directions
(d) indications

5. Municipal security will be __________ in New York for the up-coming New Year's Eve celebrations.

(a) restricted
(b) lifted
(c) tightened
(d) stiffened

6. In 2001, NASA's Mars Odyssey flight team effectively sent a spacecraft into an 18-hour looping _______ around Mars.

(a) compass
(b) boundary
(c) orbit
(d) frontier

7. I am generally a punctual person but I am always _________ in making my dental appointments.

(a) keen
(b) aimless
(c) quick
(d) tardy

8. All internet purchases will be immediately processed and items will be _______ within 3~5 business days.

(a) carried
(b) shipped
(c) prepared
(d) equipped

9. A constantly negative attitude is __________ to one's personal happiness.

(a) superb
(b) reasonable
(c) agreeable
(d) detrimental

10. Economists predict the Canadian dollar will remain ________ above the American dollar for a period of several months.

(a) permanent
(b) proficient
(c) unhinged
(d) stable

정답: 241p

VOCABULARY
Week 2

Day 10
Idiom 1

1. not sleep a wink 한숨도 못 자다

wink가 눈을 깜빡이고 윙크를 한다는 뜻이므로, not sleep a wink는 말 그대로 눈 한번 깜빡 할 만큼도 못 잤다는 의미가 된다. idiom은 구어적인 표현이 굳어져 쓰이는 것이므로 기본적인 뉘앙스를 떠올리면 그 의미를 쉽게 기억할 수 있다.

2. be dead set against 결사반대하다

문자 그대로, 죽어라 반대한다는 뜻으로 be dead set against를 쓴다.
비슷하게 결사반대를 표현하는 idiom으로 "Over my dead body."라고 하면, 우리나라에서 흔히 쓰는 '내 눈에 흙이 들어가기 전까진 안 된다.' 정도의 뜻이 된다.

3. be in the same boat 같은 처지에 있다

우리나라 속담에서도 '한 배를 타고 있다'고 하면 같은 처지에 처해 있거나 같은 운명을 나누고 있다는 뜻이 된다. 이 속담과 문자 그대로 같은 뜻이라고 생각하면 쉽게 외울 수 있다.

4. on the tip of one's tongue 말이 혀끝에 맴도는, 기억이 날듯 말듯 한

우리나라에서도 말이 입안에 맴돈다는 표현을 쓴다. 기억이 날듯 말듯 하거나 입 밖으로 말이 딱 떨어지지 않을 때 쓰는 표현이다.
이와 같은 뜻의 idiom이 문자 그대로 on the tip of one's tongue이다.

5. You've got me (there). 나도 모르는 거야.

상대방이 내가 모르는 것을 물었을 때 대답으로 쓸 수 있는 표현이 바로 You've got me.이다. 아래의 예를 통해 쉽게 익혀두자.

A: Where is the capital of Uzbekistan? 우즈베키스탄의 수도가 어디지?
B: You've got me there. Where is it? 나도 모르는데. 어딜까?

Catch Up

Part 1 Choose the most appropriate word or expression for the blank in the conversation.

1. A: Angie, you look really tired today.
    B: I drank a coffee before bed and I didn't sleep a _________.

    (a) wink
    (b) slumber
    (c) blink
    (d) glimmer

2. A: What do you think about the state making abortion illegal?
    B: I'm _________________ it! I feel that a woman should have the right to choose.

    (a) up in arms about
    (b) dead set against
    (c) knocked up on
    (d) beat out about

3. A: I highly doubt that I will have chapter nine read before today's lecture.
    B: I am in the same_________.

    (a) boat
    (b) pot
    (c) box
    (d) space

4. A: What's the name of the resort you and Dan vacationed in last summer?
    B: Oh, it's on the _________ of my tongue.

    (a) tip
    (b) front
    (c) back
    (d) side

5. A: Excuse me, do you know where I can find a post office?
    B: You've _____ me. I'm not from around here.

    (a) lost
    (b) beat
    (c) got
    (d) stuck

Answers

TEPS 어휘 영역에 출제되었던 문제를 자세한 설명과 함께 완전히
이해하도록 하자.

1

A: Angie, you look really tired today.
B: I drank a coffee before bed and I didn't sleep a
________.

(a) wink   (b) slumber
(c) blink   (d) glimmer

A: 앤지, 오늘 정말 피곤해 보이는구나.
B: 자기 전에 커피를 마셔서 한숨도 못 잤어.

해설 not sleep a wink는 '한숨도 못 자다'의 뜻의 idiom이다. wink가 눈을 깜빡이는 것을 의미하므로, 아주 잠깐 동안도 잠을 못 잤다는 의미를 쉽게 기억할 수 있다.

**오답
분석** (b) slumber   잠, 선잠 – 의미상 정답이 되는 것으로 보일 수 있으나, idiom은 항상 정해진 대로 쓰이는 표현이므로 정답이 될 수 없다.
(c) blink   눈을 깜빡임 – (b)와 같은 이유로 정답이 될 수 없다.
(d) glimmer   희미한 빛 – 의미상 어울리지 않는다.

2

A: What do you think about the state making
abortion illegal?
B: I'm ________________ it! I feel that a woman
should have the right to choose.

(a) up in arms about   (b) dead set against
(c) knocked up on   (d) beat out about

A: 낙태를 불법으로 만들려는 언급에 대해 어떻게
생각하십니까?
B: 저는 절대 반대예요! 여성이 선택할 권리를 가
져야 한다고 생각해요.

해설 be dead set against는 말 그대로 '죽어라 반대하다', 즉 '결사반대하다'의 뜻이다.

**오답
분석** (a) up in arms about   노하여, 분개하여 – arms는 '무기, 무력'이라는 뜻이다. 화가 나서 무력을 쓸 채비까지 하고 있다는 의미로 기억하면 외우기 쉽다.
(c) knocked up on   ~에 지친, 녹초가 된
(d) beat out about   ~에 대해 녹초가 된, 지친

3

A: I highly doubt that I will have chapter nine read before today's lecture.
B: I am in the same________.

(a) boat   (b) pot
(c) box   (d) space

A: 오늘 수업 전에 9강을 읽을 수 있을지 정말 모르겠어.
B: 나도 너와 같은 처지야.

해설 우리나라 속담에도 '한 배를 타고 있다'는 것은 같은 처지에 처해 있거나 같은 목표를 향해 간다는 의미로 쓰인다. 이와 비슷한 idiom이라고 생각하면 외우기 쉽다.

오답 (b) pot 항아리, 단지
분석 (c) box 상자
     (d) space 공간, 우주공간

4

A: What's the name of the resort you and Dan vacationed in last summer?
B: Oh, it's on the _________ of my tongue.

(a) tip   (b) front
(c) back   (d) side

A: 너와 댄이 지난 여름 휴가를 보낸 리조트의 이름이 뭐지?
B: 아, 기억이 날듯 말듯 해.

해설 on the tip of one's tongue은 '말이 입안에 맴돌다, 기억이 날듯 말듯 하다'의 뜻이다.
우리나라 말에도 비슷한 표현이 있어 기억하기 쉽다.

오답 다른 오답 보기들은 모두 방향을 나타내므로 의미상 어울리지 않는다.
분석 (b) front 앞, 정면
     (c) back 뒤
     (d) side 측면

5

A: Excuse me, do you know where I can find a post office?
B: You've _____ me. I'm not from around here.

(a) lost   (b) beat
(c) got   (d) stuck

A: 실례합니다, 우체국이 어디 있는지 아세요?
B: 저도 모르겠네요. 이곳 출신이 아니라서요.

해설 "You've got me."는 '나도 모르는 것을 네가 묻는구나'라는 의미의 구어체 표현이다.
구어체 표현들은 미리 알아두지 않으면 답을 전혀 유추할 수 없는 경우가 많으므로 빈출 문제들을 통해 꼭 익혀두어야 한다.

오답 (a) lose 잊다; 잃어버리다; (경기 등에) 지다
분석 (b) beat 치다, 두드리다; 이기다; (심장이) 뛰다
     (d) stick 막대기; 찌르다; 붙이다; 곤란을 느끼다

Answers:

1. (a) 2. (b) 3. (a) 4. (a) 5. (c)

Extension

TEPS 어휘 영역에 자주 출제되는 어휘와 어구를 익힘으로써
실전 문제에 완벽히 대비하자.

▶▶ 빈출 Idiom 1

1.	**a fish out of water**	주눅 든 사람, 상황에 적응 못하는 사람
2.	**a piece of cake**	식은 죽 먹기, 아주 쉬운 일 (= duck soup)
3.	**a rip-off**	바가지 (cf. rip off 바가지 씌우다)
4.	**all thumbs**	서투른, 솜씨 없는 (= clumsy, awkward) (↔ skillful, dexterous, adroit, adept, deft, versatile)
5.	**at the mercy of**	~의 손에 달린
6.	**at the moment**	지금, 당장
7.	**be all ears**	경청하다, 들을 준비가 되어 있다
8.	**be born with a silver spoon in one's mouth**	부유한 집안에 태어나다
9.	**be fed up with**	질린, 싫증난
10.	**behind bars**	감옥에 갇혀 있는
11.	**bite off more than one can chew**	능력 밖의 일을 하려 하다
12.	**bury the hatchet**	화해하다
13.	**call a spade a spade**	있는 그대로 말하다
14.	**call (bad / rude) names**	욕하다

15.	**come to nothing**	수포로 돌아가다
16.	**cost an arm and a leg**	큰 비용이 들다
17.	**end up -ing**	결국 ~하게 되다
18.	**feel under the weather**	몸이 안 좋은
19.	**foot the bill**	비용을 대다
20.	**for nothing**	공짜로, 헛되이
21.	**from scratch**	처음부터
22.	**get the picture**	이해하다
23.	**give a hand**	도와주다
24.	**go Dutch**	각자 부담하다 (= split the bill)
25.	**have a finger in every pie**	관여하다, 간섭하다
26.	**have a green thumb**	화초를 잘 가꾸는, 정원 일을 잘하는
27.	**hit the nail on the head**	정곡을 찌르다
28.	**hit the roof / ceiling**	노발대발 화내다

Build Up

TEPS 어휘 영역의 실전 문제와 가장 가까운 유형과 난이도의
예상 문제를 통해 실력을 쌓자.

▶▶ Part 1 Choose the most appropriate word or expression for the blank in the conversation.

1. A: I can see a hotel sign up ahead.
B: Good, I hope they have a(n) __________.

(a) empty
(b) vacancy
(c) possibility
(d) convenience

2. A: Dad, I want to be a carpenter just like you.
B: First, you should consider the ________ to your body that you will endure from a
career in manual labour.

(a) spoil
(b) fail
(c) cost
(d) crack

3. A: How was the job interview?
B: Not the best, I'm __________. I was too nervous.

(a) thinking
(b) wondering
(c) afraid
(d) assured

4. A: You are never very friendly towards Khai. Is there any reason for it?
B: He is the type of person that talks behind your __________.

(a) hearing
(b) face
(c) ears
(d) back

5. A: Teacher, will we be having a ________ quiz tomorrow?
B: I can't tell you that because if I did, it wouldn't be a surprise.

(a) hard
(b) prompt
(c) burst
(d) pop

6. When I get off work today, I plan on _________ my appetite for sweets at the nearest ice cream shop.

   (a) fulfilling
   (b) releasing
   (c) indulging
   (d) welcoming

7. The school principal just _______ an announcement that the school will be closed for the remainder of the day due to impending storm.

   (a) said
   (b) prepared
   (c) advised
   (d) made

8. His sudden disappearance is a(n) _________ that has given rise to much speculation.

   (a) riddle
   (b) question
   (c) inquiry
   (d) enigma

9. I'll push the car and when it starts to ________, you put it in first gear and turn the key.

   (a) jump
   (b) spin
   (c) run
   (d) roll

10. Our teachers are well-educated, and _________ to the learning of the students.

    (a) anxious
    (b) dedicated
    (c) experienced
    (d) doubtful

정답: 243p

VOCABULARY Week 3

Day 11
Idiom 2

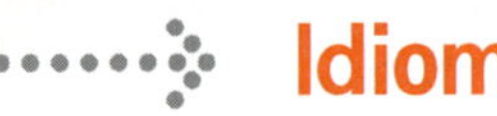

1. long face 우울하거나 슬픈 얼굴 표정

long face는 낙담하거나 슬프거나 우울한 얼굴 표정에 쓰는 표현이다.
텝스 청해와 어휘 영역에서 시험을 망쳤거나 회사에서 해고되었을 경우 등에 많이 쓰이는 빈출 idiom이다.

2. the last person to 결코 ~하지 않을 사람

the last person to~의 문자 그대로의 뜻은 '~할 마지막 사람'이 된다. 즉, '결코 ~하지 않을 사람'의 의미가 된다.

She is the last person to tell a lie. 그녀는 결코 거짓말을 하지 않을 사람이다.

3. be on the speaking terms with ~와 교류[왕래]를 하는 사이이다

term은 '용어, 기간, 학기'의 뜻이며, 주로 복수형으로 '조건, 관계' 등의 뜻도 가지는 다의어이다. "I'm on good terms with my boss. (나는 사장님과 좋은 관계에 있다.)"와 같이 쓰인다.
be on the speaking terms with는 문자 그대로의 뜻은 '~와 말하는 관계에 있다'이므로 '왕래나 교류를 하는 사이이다'의 뜻이 된다는 것을 유추할 수 있다.

4. by the book 원칙대로

book은 '책, 예약하다'의 뜻을 가지는 다의어이다.
by the book은 문자상의 뜻이 '책대로'의 뜻이므로 '원칙대로'의 뜻이 된다는 것을 쉽게 기억할 수 있다.

5. from scratch 처음부터

from scratch는 문자 그대로의 뜻을 생각해보면 '가장 처음이고 기본이 되는 부분을 긁는(scratch) 것부터'의 뜻이다. 그래서 '처음부터, 아무것도 없이'의 뜻이 된다.

Catch Up

TEPS 어휘 영역에 출제되었던 문제를 풀어봄으로써 실전 문제
유형을 확실하게 파악해두자.

Part 1 Choose the most appropriate word or expression for the blank in the conversation.

1. A: William, why do you have such a(n) _______ face this morning?
B: I had a huge fight with my girlfriend last night.

(a) alarmed
(b) tall
(c) long
(d) small

2. A: I have studied all night for this exam and still feel as though I am going to fail!
B: That's ridiculous! You would be the _______ person to fail.

(a) worst
(b) remotest
(c) least
(d) last

3. A: How are your parents doing these days?
B: My mother is doing great, but I'm not on _______ terms with my father.

(a) delightful
(b) touching
(c) speaking
(d) engaging

4. A: How are things working out with your new business partner?
B: Well, let's just say that he believes in doing business by the _______.

(a) window
(b) transaction
(c) book
(d) order

Part 2 Choose the most appropriate word or expression for the blank in the statement.

5. My grandfather and his two brothers built this house from _______.

(a) origin
(b) launch
(c) scratch
(d) beginning

TEPS 어휘 영역에 출제되었던 문제를 자세한 설명과 함께 완전히
이해하도록 하자.

1

A: William, why do you have such a(n) _______
   face this morning?
B: I had a huge fight with my girlfriend last night.

(a) alarmed   (b) tall
(c) long   (d) small

A: 윌리엄, 오늘 아침에 왜 그렇게 우울한 얼굴
   이니?
B: 어젯밤에 여자 친구와 크게 싸웠거든.

해설 long face는 '우울한 표정, 슬픈 표정'의 뜻이다.

오답 (a) alarmed 놀란, 경악한
분석 (b) tall 키가 큰
(d) small 작은

2

A: I have studied all night for this exam and still
   feel as though I am going to fail!
B: That's ridiculous! You would be the _______
   person to fail.

(a) worst   (b) remotest
(c) least   (d) last

A: 이 시험 때문에 밤새 공부했는데 떨어질 것만
   같아!
B: 말도 안돼! 넌 절대 떨어지지 않을 거야.

해설 be the last person to~ 는 '~할 가장 마지막 사람', 즉 '결코 ~하지 않을 사람'의 뜻이다.
자주 쓰이는 표현이므로 꼭 알아두자.

오답 오답 보기들은 모두 최상급을 나타내는 어휘들이지만 의미상 어울리지 않으며, idiom은 항상 정해진 대로 쓰이는 표현이므로 헷갈리지
분석 않도록 하자.
(a) worst 가장 나쁜, 최악의
(b) remotest 가장 먼, 가장 멀리 떨어진 (remote의 최상급)
(c) least 가장 적은, 최소의

3

A: How are your parents doing these days?
B: My mother is doing great, but I'm not on
___________ terms with my father.

(a) delightful   (b) touching
(c) speaking   (d) engaging

A: 요즘 너희 부모님은 어떻게 지내시니?
B: 어머니는 잘 지내시지만, 아버지와는 요즘 왕래를 하지 않아.

해설 be on speaking terms with~ 는 '~와 왕래하는[말을 건네는] [좋은] 사이이다' 라는 뜻이다.
문자 그대로의 뜻이 '~와 말하는 사이이다' 이므로 쉽게 기억할 수 있다.

오답 (a) delightful 기쁨을 주는, 유쾌한, 즐거운
분석 (b) touching 감동시키는, 마음에 와 닿는
(d) engaging 매력적인, 애교 있는, 기분 좋은

4

A: How are things working out with your new business partner?
B: Well, let's just say that he believes in doing business by the ___________.

(a) window   (b) transaction
(c) book   (d) order

A: 새 사업 파트너와 어떻게 되어가고 있어?
B: 음, 그는 사업을 원칙대로 하는 것에 신념을 가진 사람이라고 말해두지.

해설 by the book은 '원칙대로, 규칙대로' 의 뜻이다.
나머지 오답 보기들은 의미상 정답이 될 수 없다. by the book이라는 idiom을 알면 쉽게 맞출 수 있으나 모르면 틀릴 수 있는 문제이다.

오답 (a) window 창, 창문
분석 (b) transaction 업무, 거래
(d) order 명령, 질서

5

My grandfather and his two brothers built this house from ___________.

(a) origin   (b) launch
(c) scratch   (d) beginning

나의 할아버지와 할아버지의 두 형제들께서 이 집을 처음부터 다 지으셨다.

해설 from scratch는 '처음부터, 아무것도 없이' 의 뜻이다.

오답 (a) origin 근원, 기원, 출처, 유래 – 어떤 것이 처음 발생한 원인이나 처음 시작한 사람 등의 의미이다.
분석 (b) launch (배의) 진수, 발사; 개시, 개업 – 어떤 것을 처음 시작한다는 의미로 쓰이기는 하지만 사업의 개시나 비행기, 배 등을 처음 띄울 때 쓰는 단어이다.
(d) beginning 시초, 시작, 발단 – 어떤 일의 맨 처음을 나타내므로 이 문제에서처럼 어떤 일을 아무것도 없는 상태로부터 해낸다는 의미가 아니다. 또, from the beginning이 '처음부터' 의 뜻이다.

Answers:

1. (c) **2.** (d) **3.** (c) **4.** (c) **5.** (c)

Extension 

TEPS 어휘 영역에 자주 출제되는 어휘와 어구를 익힘으로써
실전 문제에 완벽히 대비하자.

빈출 Idiom 2

1.	**in person**	몸소, 직접
2.	**in someone else's shoes**	다른 사람의 입장이 되어 보다
3.	**jump the gun**	성급하게 굴다
4.	**keep an eye on**	주시하다, 지키다, 돌보다
5.	**keep one's shirt on**	화를 참다
6.	**kill time**	시간 때우다
7.	**let someone down**	실망시키다
8.	**make (both) ends meet**	수입과 지출을 맞추다, 근근이 먹고 살다
9.	**not sleep a wink**	한숨도 못 자다
10.	**on the tip of one's tongue**	말이 혀끝에 맴도는
11.	**once in a blue moon**	아주 가끔
12.	**on pins and needles**	매우 불안[초조]해하는
13.	**on the verge of**	~하기 직전의
14.	**out of the blue**	갑자기 (= all of a sudden, suddenly)
15.	**pain in the neck**	골치 아픈 일[사람]

| 16. | **pull one's leg** | 놀리다 (= make a fool of, make fun of, ridicule), 속이다 |

| 17. | **scratch the surface** | 수박 겉핥기 하다 |

| 18. | **sell like hot cakes** | 날개 돋친 듯 팔리다 |

| 19. | **skeleton in the closet** | 집안의 비밀, 숨기고 싶은 과거지사 |

| 20. | **sit on the fence** | 형세를 관망하다, 중립을 지키다, 애매한 태도를 취하다 (= take a back seat) |

| 21. | **sleep on it** | (하룻밤 자면서) 시간 여유를 두고 생각하다 |

| 22. | **stay in shape** | 건강한 몸 상태를 유지하다 (= stay fit) |

| 23. | **step on one's toes** | 발을 밟다, 의도치 않게 방해하다 |

| 24. | **rack one's brains** | 머리를 쥐어짜다, 골똘히 생각하다 |

| 25. | **rain cats and dogs** | 비가 억수로 쏟아 붓다 |

| 26. | **rain check** | 우천 교환권, 후일의 약속 |

| 27. | **thumbs up** | 동의, 만족의 표현 |

| 28. | **white lie** | 선의의 거짓말 (cf. downright lie 새빨간 거짓말) |

TEPS 어휘 영역의 실전 문제와 가장 가까운 유형과 난이도의
예상 문제를 통해 실력을 쌓자.

▶▶ Part 1 Choose the most appropriate word or expression for the blank in the conversation.

1. A: You paid too much money for that shirt.
B: I tried to bargain but the saleswoman was _________ about not reducing the price.

(a) hard
(b) cold
(c) sticky
(d) firm

2. A: Do you plan on traveling the country by train?
B: As a matter of fact, I have an international driver's license, so I plan to _________ a
vehicle.

(a) lend
(b) mortgage
(c) rent
(d) permit

3. A: I need a copy of my birth certificate in order to _______ my identification for my
passport.
B: Wow, I don't think I even have a birth certificate.

(a) emphasize
(b) maintain
(c) verify
(d) appraise

4. A: Now that you quit your job, how do you plan on paying your rent?
B: I haven't actually __________ that out yet.

(a) flattened
(b) set
(c) made
(d) worked

5. A: I still don't understand the ending of that movie.
B: Me either. It is a very _________ film.

(a) bizarre
(b) uneasy
(c) suspicious
(d) shady

6. As soon as he stepped off the plane in his hometown, he __________ the smell of the ocean air.
(a) recognized
(b) understood
(c) predicted
(d) connected

7. The budget is not yet finalized and is still open to _________.

(a) summit
(b) discussion
(c) disapproval
(d) intervention

8. The National Postal Service has advised the public to have out-going mail ________ by December 3rd to ensure its arrival before Christmas.

(a) abandoned
(b) postmarked
(c) acknowledged
(d) postdated

9. As the oldest child, you are perhaps unaware of how ________ your example is to your younger siblings.

(a) influential
(b) attractive
(c) invincible
(d) logical

10. This house has all the ________ I want, including a fire place and swimming pool.

(a) discrepancies
(b) amenities
(c) nuisances
(d) capacities

정답: 245p

VOCABULARY
Week 3

Day 12
중요 어휘 5

1. at the moment 지금은, 당장은

구어적으로 '지금은, 당장은' 이라는 뜻으로 at the moment를 쓴다.
'지금은 시간이 없네요.' 라고 하려면 "I'm not available at the moment."가 된다.

2. picky 까다로운

picky는 구어에서 쓰이는 단어로, '까다로운' 의 뜻이다.
"Don't be so picky."는 '그렇게 까다롭게 굴지 마.' 의 뜻이 된다.

3. The chance is slim 가능성이 적다

가능성이 희박하다는 의미를 나타낼 때 slim을 쓴다.
그러나 fat chance도 '희박한 가능성, 승산이 거의 없음' 을 나타내는 명사형이므로 함께 알아두자.

4. collapse 무너지다, 붕괴하다

collapse는 '무너지다, 붕괴하다' 의 뜻으로, 물리적으로 건물이나 다리가 무너지는 경우에도 쓰이고, 사상이나 체제, 경제가 붕괴
한다는 형이상학적인 의미로도 쓰인다.

5. threshold 문지방

threshold는 '문지방, 입구, 발단' 의 뜻에서 심리학, 생물학에서 '자극에 대해 반응이 시작되는 분계점' 이라는 뜻을 나타내는
단어이다.

Catch Up

TEPS 어휘 영역에 출제되었던 문제를 풀어봄으로써 실전 문제
유형을 확실하게 파악해두자.

Part 1 Choose the most appropriate word or expression for the blank in the conversation.

1. A: Hello, I am here to see Mrs. Watson.
B: She is busy at the __________, but you may have a seat if you wish to wait.

(a) present
(b) current
(c) moment
(d) recent

2. A: I don't want to try the sushi.
B: You really should not be so ________. You have no idea what you are missing!

(a) prudent
(b) contrary
(c) logical
(d) picky

3. A: It feels like it is going to rain this evening.
B: According to the weather forecast, the chance of rain is __________.

(a) thin
(b) rare
(c) slim
(d) miniature

Part 2 Choose the most appropriate word or expression for the blank in the statement.

4. Overspending during war years has nearly caused economic __________.

(a) collapse
(b) anxiety
(c) derivation
(d) bang

5. He has a high __________ for pain and thus did not realize that he had serious internal
injuries as a result of the collision.

(a) realm
(b) margin
(c) limit
(d) threshold

Answers 

TEPS 어휘 영역에 출제되었던 문제를 자세한 설명과 함께
완전히 이해하도록 하자.

1

A: Hello, I am here to see Mrs. Watson.
B: She is busy at the _________, but you may have
   a seat if you wish to wait.

(a) present   (b) current
(c) moment   (d) recent

A: 안녕하세요 왓슨 부인을 만나러 왔습니다.
B: 지금은 바쁘신데, 기다려도 좋으시다면 앉으
   세요.

해설 at the moment는 '지금, 당장은' 이라는 뜻이다.

오답 present 현재의, 오늘날의 ex) at the present day 오늘날에는
분석 current 지금의, 현재의 ex) the current events 시사
　　　 recent 최근의, 근래의 ex) in recent years 근년에

2

A: I don't want to try the sushi.
B: You really should not be so _______. You have
   no idea what you are missing!

(a) prudent   (b) contrary
(c) logical   (d) picky

A: 스시를 먹어보고 싶지 않아.
B: 그렇게 까다롭게 굴지 마. 네가 놓치고 있는 게
   얼마나 좋은 건지 몰라서 그래.

해설 picky는 '까다로운' 의 뜻이다. 선택지에 나온 단어들의 뜻을 알아야 맞출 수 있는 문제이다.

오답 (a) prudent 신중한, 조심성 있는, 세심한
분석 (b) contrary 반대의, 역의; 적합하지 않은
　　　 (c) logical 논리적인

3

A: It feels like it is going to rain this evening.
B: According to the weather forecast, the chance
   of rain is __________.

(a) thin   (b) rare
(c) slim   (d) miniature

A: 오늘 밤에 비가 올 것 같은데.
B: 날씨 예보에 따르면 비가 올 가능성은 적대.

해설 The chance is slim. 은 '가능성이 적다.' 의 뜻이다.
나머지 오답 보기들은 chance와 어울려 쓰이지 않는다.

오답 (a) thin 얇은, 가는, 조밀하지 않은, 희박한 – chance와 어울려 쓰이지 않으므로 정답이 될 수 없다.
분석 (b) rare 드문, 진기한, 거의 없는 – (a)와 같은 이유로 정답이 될 수 없다.
     (d) miniature 모형, 축소형

4

Overspending during war years has nearly caused
economic __________.

(a) collapse   (b) anxiety
(c) derivation   (d) bang

전쟁이 있던 해들 동안에 과소비를 한 것이 거의
경제적 붕괴를 일으켰다.

해설 collapse는 '무너짐, 붕괴'의 뜻으로 물리적 무너짐과 체제나 경제적 붕괴에 두루 쓰이는 단어이다.

오답 (b) anxiety 걱정, 근심; 열망
분석 (c) derivation 유래, 파생(물)
     (d) bang 강타, 타격, 쿵 하는 소리

5

He has a high __________ for pain and thus did not
realize that he had serious internal injuries as a
result of the collision.

(a) realm   (b) margin
(c) limit   (d) threshold

그는 고통에 대한 역치(閾値)가 매우 높아서 충돌
의 결과 심한 내상을 입었다는 것을 깨닫지 못했
다.

해설 threshold는 '문지방, 입구, 발단'의 뜻에서 심리학, 생물학에서 '자극에 대해 반응이 시작되는 분계점'이라는 뜻의 역치(閾値)를 나타
내는 단어이다.

오답 (a) realm 왕국; 범위, 영역
분석 (b) margin 가장자리; 판매 수익
     (c) limit 한계, 한도, 극한

Answers:

1. (c) 2. (d) 3. (c) 4. (a) 5. (d)

▶▶ **반드시 외워야 할 필수 어휘 · 어구 5**

1.	**strenuously**	격렬하게, 정열적으로 (= vigorously)
2.	**lofty**	고상한
3.	**discrepancy**	불일치, 차이
4.	**endemic**	풍토성의
5.	**dissolve**	~로 분해되다, 용해되다
6.	**audacious**	대담한, 뻔뻔스러운
7.	**fertile**	비옥한
8.	**inept**	부적당한; 무능한
9.	**devastate**	황폐화하다, 당혹하게 만들다
10.	**auspicious**	길조의, 상서로운
11.	**pollen**	꽃가루 (v. pollinate 수분시키다)
12.	**expectant**	임신한 (= pregnant)
13.	**nasal**	코의
14.	**elastic**	탄력적인, 유연한
15.	**repel**	쫓아내다
16.	**disperse**	(씨를) 흩뿌리다 (= scatter)
17.	**assassinate**	암살하다
18.	**engrave**	새기다 (= carve)
19.	**artisan**	장인, 숙련공
20.	**parasite**	기생충
21.	**erode**	침식하다
22.	**autonomous**	자치의
23.	**extraneous**	관계없는
24.	**fetus**	태아 (a. fetal)
25.	**disseminate**	(씨를) 흩뿌리다, (사상, 주장을) 널리 퍼뜨리다
26.	**equity**	공평, 공정
27.	**insinuate**	넌지시 말하다, 암시하다
28.	**fabricate**	위조하다
29.	**avaricious**	탐욕스러운

30.	**saturated**	포화된 (cf. saturated fat 포화지방산)
31.	**clog**	막다
32.	**artery**	동맥
33.	**vein**	정맥
34.	**frigid**	매우 추운, 혹한의
35.	**assiduous**	부지런한, 근면한
36.	**hamper**	방해하다
37.	**illuminate**	빛을 비추다, 계몽하다
38.	**analogy**	유추
39.	**germinate**	싹트다, 발아하다
40.	**rectify**	고치다
41.	**capricious**	변덕스러운
42.	**expire**	만료되다, 끝나다
43.	**ambiguous**	애매한
44.	**sheer**	순수한, 섞인 것이 없는; 얇은
45.	**tacit**	암묵적인, 묵시적인 (cf. taciturn 과묵한)
46.	**criteria**	기준, 표준 (criterion의 복수형)
47.	**punctual**	시간을 잘 지키는
48.	**thrive**	번영하다, 번성하다
49.	**eerie**	무시무시한
50.	**quarterly**	1년에 4번의, 계간지
51.	**overdue**	지불기한이 지난
52.	**connoisseur**	감식가, 전문가
53.	**feasible**	실행 가능성 있는
54.	**resume**	다시 시작하다
55.	**kidnap**	유괴하다

Build Up

TEPS 어휘 영역의 실전 문제와 가장 가까운 유형과 난이도의
예상 문제를 통해 실력을 쌓자.

▶▶ **Part 1** Choose the most appropriate word or expression for the blank in the conversation.

1. A: Will it really be necessary to _______ this suitcase?
B: Yes, absolutely. I am afraid that both the weight and dimensions of this bag
exceed the carry on limits.

(a) pack up
(b) check in
(c) leave out
(d) enter into

2. A: Good afternoon. Kenmount Medical Clinic, may I help you?
B: Hello, this is Ryan Goldsmith. I am _________ your call from earlier today.

(a) replying
(b) taking
(c) returning
(d) countering

3. A: I am very nervous about this job interview.
B: Don't be. Just relax and you will do fine. The woman interviewing you is quite
_________.

(a) conventional
(b) formidable
(c) surmountable
(d) impressionable

4. A: Does the YMCA have any daycare programs?
B: Yes, they _______ various types of programs, including basketball and swimming
camp.

(a) handle
(b) run
(c) take
(d) accomplish

▶▶ **Part 2** Choose the most appropriate word or expression for the blank in the statement.

5. Advancements in satellite technology have made it possible to __________ the weather with more precision and accuracy than ever before.

   (a) enlighten
   (b) predict
   (c) recommend
   (d) prescribe

6. A good way to prevent jet ______ is to set your watch to the destination time before departure.

   (a) nap
   (b) flow
   (c) strap
   (d) lag

7. Tatemae is a main _______ of Japanese culture which refers to the role one is supposed to play in public that corresponds to his/her social status or position.

   (a) heart
   (b) class
   (c) status
   (d) facet

8. The artist paints mostly dark, war-torn, urban representations each containing a subtle, yet visible white dove within, ___________ peace.

   (a) revealing
   (b) signifying
   (c) professing
   (d) reflecting

9. As a professional mediator, it is essential to maintain neutrality and not ________ with either party at the negotiating table.

   (a) side
   (b) amend
   (c) focus
   (d) part

10. Simone de Beauvoir's controversial book, The Second Sex, offered a(n) _______ into the treatment of women throughout history.

   (a) insight
   (b) argument
   (c) assertion
   (d) proclamation

정답: 247p

VOCABULARY
Week 3

Day 13
중요 어휘 6

1. launch 시작, 개시

launch는 동사로 '(배를) 진수시키다'의 의미에서 '(로켓 등을) 발사하다'의 뜻이 나오며, '시작하다, 착수하다'의 뜻으로도 파생되어 쓰인다.
따라서 launch가 명사로 쓰이는 경우 '시작, 개시, 착수'의 뜻이 된다.

2. afford   ~할 여유가 있다

금전적 여유뿐 아니라 시간적인 여유가 있다는 의미로도 쓰인다.

3. vulnerable 상처 입기 쉬운, 약점이 있는, 취약한

vulnerable은 약점이 있고 따라서 상처에 취약하다는 의미이다.
susceptible도 '영향 받기 쉬운'의 뜻이 있으므로 질병 등에 취약하다는 의미로 쓰여 동의어가 될 수 있다.

4. subliminal 잠재의식의

subliminal은 심리학에서 의식에 오르지 않는 부분, 즉 '잠재의식의'의 뜻으로 쓰인다.

5. malicious 악의 있는, 심술궂은

malicious는 '악의를 품은'의 뜻으로 사람이 악의를 품고 있거나 심술궂다는 의미로 쓰인다.
malignant는 '악의 있는, (의학) 악성의'의 뜻으로 동의어가 되기도 하나, 의학적으로 '악성 종양'을 나타낼 때에는 malignant tumor라고 쓰는 것이 옳은 표현이다.

Catch Up

TEPS 어휘 영역에 출제되었던 문제를 풀어봄으로써 실전 문제
유형을 확실하게 파악해두자.

Part 1 Choose the most appropriate word or expression for the blank in the conversation.

1. A: A bunch of us are heading to a jazz bar tonight. Come join us if you are interested.
    B: That sounds great, but I just cannot _______ the time this weekend.

    (a) reconcile
    (b) direct
    (c) suspend
    (d) afford

Part 2 Choose the most appropriate word or expression for the blank in the statement.

2. James Oliver will be available for book signing at the _______ of his highly anticipated
    third book of poetry this Friday.

    (a) open
    (b) launch
    (c) plunge
    (d) establish

3. A country without an adequate navy or army is very _________ to attack.

    (a) delicate
    (b) insufficient
    (c) vulnerable
    (d) fragile

4. The Republican Party has been accused of running campaign ads laden with _________
    messages.

    (a) unintentional
    (b) preposterous
    (c) inadvertent
    (d) subliminal

5. Jealousy and personal insecurity are often the cause for people spreading _________
    gossip about others.

    (a) incredulous
    (b) malicious
    (c) cynical
    (d) defensive

TEPS 어휘 영역에 출제되었던 문제를 자세한 설명과 함께
완전히 이해하도록 하자.

1

A: A bunch of us are heading to a jazz bar tonight.
   Come join us if you are interested.
B: That sounds great, but I just cannot ________
   the time this weekend.

(a) reconcile   (b) direct
(c) suspend   (d) afford

A: 우리 오늘 밤에 재즈 바에 갈 건데, 관심 있으면 같이 가자.
B: 재미있겠다. 하지만 이번 주말엔 그럴 시간 여유가 없을 것 같아.

해설 afford는 '~할 여유가 있다'의 뜻이다. 금전 여유 뿐 아니라 시간적 여유에도 쓰인다는 것을 이 문제를 통해 알아두자.

오답 (a) reconcile 화해시키다, 조화시키다
분석 (b) direct 방향을 가리키다; 지시하다, 감독하다
(c) suspend 매달다; (일시) 중지하다

2

James Oliver will be available for book signing at
the ________ of his highly anticipated third book of
poetry this Friday.

(a) open   (b) launch
(c) plunge   (d) establish

제임스 올리버는 이번 주 금요일 그의 매우 기대되는 세 번째 시집 출간회에서 사인회를 할 시간이 있을 것이다.

해설 launch는 '(배의) 진수, (미사일) 발사, (판매의) 개시, 개업'의 뜻으로 쓰인다.

오답 (a) open 열다, 개척하다, 공개하다
분석 (c) plunge 던져 넣다, 뛰어들다; 갑자기 폭락하다
(d) establish 설립하다, (제도, 법률 등을) 제정하다

3

A country without an adequate navy or army is
very ________ to attack.

(a) delicate   (b) insufficient
(c) vulnerable   (d) fragile

적절한 해군이나 육군이 없는 국가는 공격에 매우 취약하다.

해설 vulnerable은 '취약한, 상처 입기 쉬운, 공격받기 쉬운'의 뜻으로 이 문제의 정답이다.

오답 (a) delicate 섬세한, 우아한
분석 (b) insufficient 불충분한, 부족한
(d) fragile 깨지기 쉬운, 연약한

4

The Republican Party has been accused of running campaign ads laden with __________ messages.

(a) unintentional
(b) preposterous
(c) inadvertent
(d) subliminal

공화당은 잠재적 메시지를 많이 띄고 있는 선거 광고를 했다고 비난 받고 있다.

해설 subliminal은 '의식되지 않는, 잠재의식의'의 뜻을 가지며, subliminal ad는 사람의 잠재의식에 남도록 되풀이해서 하는 광고를 의미한다.

오답 (a) unintentional   고의가 아닌, 무심코 한
분석 (b) preposterous   앞뒤가 바뀐; 비상식적인, 터무니없는
(c) inadvertent   고의가 아닌, 우연의

어휘 laden   짐을 실은; ~을 많이 가진

5

Jealousy and personal insecurity are often the cause for people spreading __________ gossip about others.

(a) incredulous
(b) malicious
(c) cynical
(d) defensive

질투와 개인적 불안은 다른 사람들에 대한 악의에 찬 가십을 퍼트리는 원인이 되곤 한다.

해설 malicious는 '악의 있는, 심술궂은'의 뜻으로 gossip과 어울려 쓰일 수 있다.

오답 (a) incredulous   의심 많은, 쉽사리 믿지 않는
분석 (c) cynical   빈정대는, 냉소적인
(d) defensive   방어적인

Answers:

1. (d) 2. (b) 3. (c) 4. (d) 5. (b)

TEPS 어휘 영역에 자주 출제되는 어휘와 어구를 익힘으로써
실전 문제에 완벽히 대비하자.

▶▶ 반드시 외워야 할 필수 어휘·어구 6

1.	**curse**	저주
2.	**versatile**	다재다능한, 재주가 많은
3.	**adept**	능숙한 (= skillful, dexterous, adroit, deft)
4.	**volunteer**	지원자, 지원해서 하다
5.	**imminent**	임박한, 곧 닥쳐올 (= impending)
6.	**optimum**	최적의, 가장 알맞은
7.	**haste**	서두르다, 서두름
8.	**hesitate**	주저하다, 망설이다
9.	**perpetrate**	죄를 범하다
10.	**spontaneous**	자발적인, 자연적인
11.	**exacerbate**	악화시키다 (= aggravate)
12.	**grasp**	①붙잡다, 꽉 쥐다 (= grip) ②이해(하다) (= understand)
13.	**compulsory**	의무적인, 강제적인 (= mandatory, obligatory)
14.	**vegetarian**	채식주의자
15.	**distraction**	기분전환, 오락; 주의 산만
16.	**opulent**	부유한, 풍부한
17.	**warfare**	싸움, 전쟁
18.	**poignant**	찌르는 듯한, 통렬한
19.	**sophisticated**	세련된, 복잡한, 정교한
20.	**apprehend**	체포하다; 이해하다; 염려하다
21.	**inherent**	고유의, 타고난, 내재적인
22.	**unorthodox**	정통이 아닌
23.	**embryo**	배아, 태아, 싹
24.	**deteriorate**	악화시키다, 타락시키다 (= aggravate)
25.	**frivolous**	경박한, 천박한
26.	**itinerary**	여행 일정
27.	**mundane**	세속적인 (= secular); 평범한, 흔한 (= common)
28.	**refrain**	삼가다, 그만두다
29.	**indigenous**	토착의; 타고난, 고유의

30.	**intact**	손상되지 않은, 완전한
31.	**enormous**	거대한, 엄청난
32.	**rebuke**	야단치다 (= reprimand, scold)
33.	**authorities**	당국
34.	**substitution**	대체, 대리
35.	**tenant**	세입자, 소작인
36.	**nagging**	잔소리 심한
37.	**secular**	세속적인
38.	**eccentric**	기이한, 괴상한 (= bizarre, queer)
39.	**lunatic**	미친 (= insane)
40.	**benevolent**	관대한, 자비로운
41.	**dose**	1회 복용량
42.	**outstanding**	뛰어난, 두드러진
43.	**counterfeit**	가짜의, 모조품, 위조하다
44.	**plausible**	그럴듯한
45.	**perplex**	당황하게 하다
46.	**allocate**	할당하다, 배분하다
47.	**reluctant**	꺼리는, 내키지 않아 하는
48.	**merge**	통합[합병]하다
49.	**instill**	(사상이나 감정을) 주입하다, 불어넣다
50.	**libel**	명예훼손, 중상, 비방
51.	**absurd**	터무니없는, 부조리한
52.	**deride**	비웃다, 조롱하다 (= ridicule)
53.	**monotonous**	단조로운, 변화 없는
54.	**fancy**	공상, 상상; 화려한, 고급의, 일류의
55.	**unanimity**	만장일치

Build Up 

TEPS 어휘 영역의 실전 문제와 가장 가까운 유형과 난이도의
예상 문제를 통해 실력을 쌓자.

▶▶ **Part 1** Choose the most appropriate word or expression for the blank in the conversation.

1. A: I would love to go out with friends on Sunday night, but I am completely __________.
 B: Me too, I have $5 left in my bank account until I get paid again.

 (a) withdrawn
 (b) broke
 (c) reduced
 (d) ruined

2. A: I can't thank you enough for your generous __________ this weekend.
 B: The pleasure was all mine. You are welcome to stay any time.

 (a) hospitality
 (b) clarification
 (c) intermittence
 (d) diversion

3. A: Are there any possible __________ to taking this medicine?
 B: With this form of antibiotic, there is always a possibility of feeling nauseous and/or
    vomiting.

 (a) symptoms
 (b) deficiencies
 (c) side effects
 (d) obstacles

4. A: The tree-planting job was way harder work than I had anticipated.
 B: Well, I _______ you so.

 (a) talked
 (b) told
 (c) meant
 (d) hoped

5. A: Rachael, you forgot to buy some potatoes.
 B: I am sorry, Mom. The grocery list got wet and I couldn't __________.

 (a) make it out
 (b) get it on
 (c) bring it back
 (d) make it up

6. Despite the injuries that our team has suffered lately, we are still __________ of finishing the season with a good record.

   (a) available
   (b) capable
   (c) unable
   (d) possible

7. The general manager played a significant __________ in the rebuilding of the football team.

   (a) effort
   (b) assignment
   (c) duty
   (d) role

8. The police investigators are having a hard time __________ a murder charge because the murderer was careful not to leave behind any evidence.

   (a) vacillating
   (b) brandishing
   (c) circumventing
   (d) substantiating

9. North Korea's persistence in testing long-range missiles over the East Sea has _____ international panic.

   (a) prompted
   (b) assembled
   (c) segregated
   (d) underwent

10. Karl is very introverted and he has always found it difficult to take the _______ in making new friends.

   (a) initiative
   (b) alternative
   (c) delay
   (d) hesitation

정답: 249p

VOCABULARY
Week 3

Day 14
다의어 1

1. fine 벌금; 벌금을 부과하다

fine은 날씨가 화창하거나 기분이 좋을 때 "It's fine today.", "I'm fine." 등으로 흔히 쓰는 어휘이다. fine에는 이에서 파생된 '정교한, 섬세한, 고급의'의 뜻도 있다.
또, 완전히 별개의 뜻으로 '벌금, 벌금을 부과하다'의 뜻이 있다는 것도 반드시 기억하자.

2. due 지급 기일이 된

due는 '지급 기일이 된, 마땅히 권리로 지급받아야 할'의 뜻이다. 다른 챕터에서도 여러 번 다루었으므로 remind하고 pass~!!

3. count 세다; 중요성을 지니다; ~라고 여기다

count는 '세다'의 뜻으로만 알고 있는 경우가 많다. 하지만 '중요성을 지니다, 중요하게 여겨지다'의 뜻과 '~라고 여기다, 생각하다'의 뜻도 있어 텝스 어휘 영역에 출제되면 쉬운 단어임에도 불구하고 틀릴 수 있는 어휘이다. 다음의 예문으로 의미를 기억해두자.

ex) I count that he will come. 나는 그가 올 것이라고 생각한다.
    Happiness counts more than material wealth. 행복이 물질적 부보다 더 중요하다.

4. issue 화제거리; 발행본, 발행호, 발행하다

hot issue(핵심 쟁점) 등의 쓰임새로 일상생활에 많이 쓰이지만, issue는 '(잡지 등의) 발행호'라는 뜻으로 쓰이며 그 동사로도 쓰인다. 텝스 어휘 문제에는 물론 독해 지문에도 이 뜻으로 많이 등장하고 있으니 반드시 알아두자.

5. do (잘) 되어가다, (잘) 지내다; 충분하다

do는 기본적으로 '하다'의 뜻이며, 조동사와 대동사의 기능이 있다는 것은 모두 알고 있다. 그러나 아주 기본적인 회화에서 "How are you doing?"은 '어떻게 지내?'의 뜻이며 따라서 do에 '(잘) 되어가다, (형편이) ~하다', '지내다'의 뜻도 있다는 것은 잘 연결시키지 못하는 경향이 있다. 또, do에 '충분하다'의 뜻이 있어, "Another 20 dollars will do.(20달러 더 있으면 되겠다.)"와 같이 쓰인다는 것도 정리해두자.

Catch Up

Part 1 Choose the most appropriate word or expression for the blank in the conversation.

1. A: When is the political science assignment _________?
B: Next Tuesday.

(a) fitting
(b) due
(c) owed
(d) date

2. A: Dad, I am so sorry that I crashed your car.
B: Brian, what _________ most is that you are okay.

(a) adds
(b) concerns
(c) totals
(d) counts

3. A: Here you go. That will be $10 please.
B: I'm sorry, all I have is $8. Will that _______?

(a) buy
(b) do
(c) be
(d) make

Part 2 Choose the most appropriate word or expression for the blank in the statement.

4. A free DVD comes with this month's _________ of *World Music* magazine.

(a) number
(b) issue
(c) book
(d) order

5. Jonathan had to pay a $40 _______ for parking his car in the wrong section of the school parking lot.

(a) fine
(b) charge
(c) expense
(d) check

Answers 

TEPS 어휘 영역에 출제되었던 문제를 자세한 설명과 함께
완전히 이해하도록 하자.

1

> A: When is the political science assignment _______?
> B: Next Tuesday.
>
> (a) fitting   (b) due
> (c) owed   (d) date
>
> A: 정치 과학 과제 언제까지 제출해야 하지?
> B: 다음 화요일.

해설   due는 '지급 기일이 된'의 뜻이므로 제출 기한이나 마감을 물을 때 쓸 수 있다.
또한 '마땅히 권리로 지급받아야 할'의 뜻으로, '마땅히 받아야 할 것, 지급금'의 명사로도 쓰인다.
ex) This money is due to you. 이것은 네가 받을 돈이다.

오답 분석
(a) fit   꼭 맞는, 건강이 좋은; ~에 적합하다
(c) owe   빚지고 있다, ~의 은혜를 입고 있다
(d) date   날짜 – 단순한 연/월/일의 날짜를 말하므로 정답이 될 수 없다.

2

> A: Dad, I am so sorry that I crashed your car.
> B: Brian, what ________ most is that you are okay.
>
> (a) adds   (b) concerns
> (c) totals   (d) counts
>
> A: 아빠, 차를 고장 내서 죄송해요.
> B: 브라이언, 가장 중요한 건 네가 괜찮다는 것이란다.

해설   count는 '세다'의 뜻 외에도 '중요하다, ~라고 생각[추측]하다'의 뜻으로도 쓰인다는 것을 알아야 맞출 수 있는 문제이다.

오답 분석
(a) add   더하다, 덧붙이다
(b) concern   관계하다, 관심을 갖다; 염려하다
(c) total   합계하다, 합계가 ~가 되다

A: Here you go. That will be $10 please.
B: I'm sorry, all I have is $8. Will that _______?

(a) buy　　　　　(b) do
(c) be　　　　　(d) make

A: 여기 있습니다. 10달러예요.
B: 죄송하지만, 8달러밖에 없네요. 이거면 될까요?

해설 do는 가장 기본적인 '하다' 의 뜻과 조동사의 쓰임새를 많이들 알고 있지만, '지내다, 충분하다, 도움이 되다' 등의 뜻이 있다는 것도 함께 알아두자. 이 문제에서는 '충분하다' 의 뜻으로 쓰였다.

오답 (a) buy　사다 – 값을 치르고 무언가를 구매한다는 뜻이므로 의미상 어울리지 않는다.
분석 (c) be　~이다, ~되다 – 의미상 어울리지 않는다.
　　　 (d) make　만들다 – make는 여러 가지 의미로 쓰이기 때문에 항상 유력한 오답 함정이 된다. 정확한 쓰임새와 의미를 알아두자.

4

A free DVD comes with this month's _________ of
World Music magazine.

(a) number　　　　　(b) issue
(c) book　　　　　(d) order

월드 뮤직 잡지의 이번 달 호에 무료 DVD가 함께 나온다.

해설 issue는 우리가 흔히 알고 있는 '화제거리, 논쟁점' 의 뜻 외에 동사로는 '(어음을) 발행하다, (출판물을) 발간하다' 이고 명사로는 '발행, 발행본, 발행호' 이라는 의미도 갖는다.

오답 (a) number　수, 번호; 세다
분석 (c) book　책; 예약하다
　　　 (d) order　명령(하다), 주문(하다); 순서, 질서

Jonathan had to pay a $40 _______ for parking
his car in the wrong section of the school parking
lot.

(a) fine　　　　　(b) charge
(c) expense　　　　　(d) check

조나단은 학교 주차장의 잘못된 구역에 차를 주차하여 40달러의 벌금을 지불해야 했다.

해설 fine은 '훌륭한, 날씨가 맑은' 의 뜻에서 '정교한, 고급의, 미세한, 가느다란' 의 뜻으로 파생되어 쓰인다. 또한 '벌금; ~에게 벌금을 부과하다' 의 뜻으로 쓰인다는 것을 반드시 기억해 두자.

오답 (b) charge　충전하다, 책임지게 하다, 청구하다, 고발하다; 책임, 청구된 요금
분석 　– 여러 의미를 갖는 다의어이지만, charge는 '청구되어 지불해야 할 요금' 이라는 뜻으로 쓰이며 '벌금' 이라는 뜻은 없다.
　　　 (c) expense　지출, 비용 – 지출하는 비용, 쓰는 돈이라는 뜻으로 '벌금' 의 뜻은 없다.
　　　 (d) check　점검, 수표

Answers:

1. (b)　**2.** (d)　**3.** (b)　**4.** (b)　**5.** (a)

TEPS 어휘 영역에 자주 출제되는 어휘와 어구를 익힘으로써
실전 문제에 완벽히 대비하자.

▶▶ 필수 다의어 1

1. **account** ① 예금 계좌 ② ~라고 생각하다, 설명하다, 원인이 되다 ③ 계산, 고려, 평

2. **address** ① 주소 ② 연설(하다), ~에게 말 걸다 ③ 다루다, 처리하다

3. **allowance** ① 용돈, 수당 ② 참작, 감안, 고려 ③ 허락, 허가

4. **asleep** ① 잠든 ② 손발이 저린

5. **assume** ① 떠맡다, 책임지다 ② 가정하다, 추측하다 ③ 가장하다, ~인 체하다

6. **bill** ① 지폐 ② 계산서, 청구서 ③ 법안

7. **break** ① 깨뜨리다, 부수다, (법을) 어기다 ② 중단, 휴식

8. **capital** ① 가장 주요한, 큰 ② 수도 ③ 대문자의 ④ 자본

9. **character** ① 특징, 특성 ② 인격, 성격 ③ 등장인물 ④ 문자

10. **charge** ① 짐을 싣다, 담다; 충전하다 ② 책임; (책임, 의무를) 지우다 ③ (요금을) 청구하다
④ (죄를) ~에게 돌리다; 고발하다, 기소하다

11. **company** ① 친구, 동료 ② 회사 ③ 동반, 동행

12. **condemn** ① 비난하다, 책망하다 ② 유죄 판결하다, 형을 선고하다

13. **cover** ① 덮다, 가리다, 뚜껑, 덮개 ② 보도하다, 취재하다 ③ 비용을 충당하다
④ 일을 잠시 보아주다

14. **credit** ① 신용 (대출), 신뢰(하다) ② 명성, 명예, 공적, 공로 ③ 학점

15. **deal** ① (~ with) 처리하다, 다루다, 대처하다 ② (~ in) 거래(하다) ③ 양

16. **degree** ① 정도, 범위, 단계 ② 눈금 ③ 학위

17. **deliberate** ① 심사숙고하다 ② 주의 깊은 ③ 의도적인, 고의적인

18. **draw** ① 끌다 ② 그리다

19. **even** ① 고른, 평평한 ② 짝수의 ③ ~조차, 심지어

20. **figure** ① 형태 ② 숫자, 수치 ③ 인물 ④ (~ out) 밝혀내다, 이해하다

21. **fine** ① 날씨가 맑은, 화창한 ② 섬세한, 정교한 ③ 가느다란 ④ 벌금; 벌금을 부과하다

22. **fit** ① 꼭 맞다 ② 건강한, 몸 상태가 좋은 ③ 발작

23. **grasp** ① 꽉 쥐다 ② 이해하다, 파악하다

Build Up 

TEPS 어휘 영역의 실전 문제와 가장 가까운 유형과 난이도의
예상 문제를 통해 실력을 쌓자.

▶▶ **Part 1** Choose the most appropriate word or expression for the blank in the conversation.

1. A: I trust you will not tell anyone what I just told you.
   B: Of course! I understand that it is ___________.

   (a) anonymous
   (b) unidentified
   (c) mysterious
   (d) confidential

2. A: Hello. This is Kristin. I am calling to ________ you the job at DFO Enterprise.
   B: Great! I'll gladly accept the position.

   (a) facilitate
   (b) offer
   (c) acquire
   (d) suggest

3. A: Did you win your soccer game on Sunday?
   B: The game was _________ on account of the heavy rain.

   (a) called off
   (b) left out
   (c) signed off
   (d) given up

4. A: I am positive that with my education and experience, I would be an asset to this
      company. Are there any positions _________?
   B: In fact, we are currently hiring. Come back for an interview on Monday morning at
      9:15 a.m.

   (a) blank
   (b) available
   (c) clear
   (d) possible

5. A: Excuse me for a second please. Can I wheel this cart through?
   B: Sure thing, let me get out of your _______.

   (a) way
   (b) surface
   (c) sight
   (d) course

6. Your job starts Monday at 9:00 a.m. and you should wear clothing _________ for hard labor.

   (a) careful
   (b) disturbed
   (c) suitable
   (d) attractive

7. Others in the restaurant stared at Paul with _________ when he was making a fuss about the food.

   (a) reproach
   (b) endorsement
   (c) commendation
   (d) reverence

8. Salmon _________ know the way back to the river they came from and return there each year to spawn.

   (a) literally
   (b) figuratively
   (c) instinctively
   (d) regretfully

9. The team is not giving any information about the star player's injury so at this point we can only _________ as to when he might return.

   (a) determine
   (b) conclude
   (c) speculate
   (d) prospect

10. Despite the opposition's lobbying to _________ the president, his good political reputation was enough to suppress the accusations of scandal.

    (a) rally
    (b) fire
    (c) impeach
    (d) terminate

정답: 252p

VOCABULARY Week 3

 **Day 11** ▶▶ Idiom 2
Catch Up – 시험에 자주 나오는 Idiom 실전 문제
Extension – 빈출 Idiom 정리

Day 12 ▶▶ 중요 어휘 5
Catch Up – 중요 어휘와 표현으로 이루어진 실전 문제
Extension – 반드시 외워야 할 필수 어휘·어구 정리

Day 13 ▶▶ 중요 어휘 6
Catch Up – 중요 어휘와 표현으로 이루어진 실전 문제
Extension – 반드시 외워야 할 필수 어휘·어구 정리

Day 14 ▶▶ 다의어 1
Catch Up – 쉬운 단어에 숨은 뜻이 있는 다의어 실전 문제
Extension – 필수 다의어 정리

 **Day 15** ▶▶ 다의어 2
Catch Up – 쉬운 단어에 숨은 뜻이 있는 다의어 실전 문제
Extension – 필수 다의어 정리

Day 15
다의어 2

1. extension 확장, 연장; 내선번호

동사 extend(뻗다, 기한[길이]를 연장하다)의 명사형이므로 '연장, 확장'의 뜻이 된다.
그러나 텝스에 자주 출제되는 가장 중요한 의미는 '전화 내선'이라는 뜻이다.

2. complication 복잡성, 복잡한 상황; 합병증

complicated가 '복잡한, 까다로운'의 뜻이 있으므로 complication은 그 명사로 '복잡'의 뜻이 된다는 것을 알 수 있다.
의학에서는 complication이 '합병증'으로 쓰인다.

3. tell 말하다; 구별하다, 식별하다

tell에는 '구별[식별]하다'의 뜻이 있어, distinguish와 동의어가 되며, tell apart는 '구별하다, 분간하다'의 뜻이다.

4. occur 발생하다, 일어나다; 머릿속에 어떤 생각이 떠오르다

occur는 어떤 일이 생긴다는 의미로 흔히 쓰이는 단어로, happen이나 take place 등과 동의어이다. 그러나 occur는 happen과 take place에는 없는 의미인 '생각 등이 떠오르다'의 의미를 갖는다는 것을 기억해두자.

ex) It never occurred to me. 그런 생각이 전혀 들지 않았다.

5. expect 기대하다, 예상하다; 아기를 출산할 예정이다

expect는 기본적인 단어이므로 익숙하게 알고 있지만, 텝스에서 반드시 알아두어야 할 것은 '아기를 출산할 예정이다'라는 뜻이다. 따라서 "I'm expecting (a baby)."는 '저는 곧 엄마가 됩니다. [곧 아기를 나을 예정입니다.]'가 된다.
또한 "The boss is expecting you."는 '사장님이 (당신이 오실 것을 예상하고) 기다리고 계세요.'의 뜻이 된다.

Catch Up

TEPS 어휘 영역에 출제되었던 문제를 풀어봄으로써 실전 문제
유형을 확실하게 파악해두자.

Part 1 Choose the most appropriate word or expression for the blank in the conversation.

1. A: What is the best way to reach you on Monday afternoon?
B: You can call me at work. The telephone number is 364-5532, __________ 112.

(a) union
(b) expansion
(c) addition
(d) extension

2. A: Doctor, have you ever had a patient suffer a(n) ____________ as a result of laser eye surgery?
B: No, but with this type of procedure there is always a low possibility of inflammation of the eye or visual loss.

(a) disadvantage
(b) insufficiency
(c) annoyance
(d) complication

3. A: It's been a long time, Helen! What's new?
B: Well, I am ___________ my second child. I am five months pregnant.

(a) squeezing
(b) bringing
(c) expecting
(d) supporting

Part 2 Choose the most appropriate word or expression for the blank in the statement.

4. It never _________ to me at the time that anyone would get hurt as a result of my actions.

(a) imagined
(b) reflected
(c) occurred
(d) realized

5. My best friends are identical twins and though most people have trouble determining who is who, I can always ________ them apart.

(a) pull
(b) tell
(c) choose
(d) notify

TEPS 어휘 영역에 출제되었던 문제를 자세한 설명과 함께
완전히 이해하도록 하자.

1

A: What is the best way to reach you on Monday afternoon?
B: You can call me at work. The telephone number is 364-5532, __________ 112.

(a) union
(b) expansion
(c) addition
(d) extension

A: 월요일 오후에 너에게 연락하려면 어떻게 하는 게 가장 좋은 방법이지?
B: 직장으로 전화하면 돼. 전화번호는 364-5532 이고, 내선번호 112번이야.

해설 extension은 '연장, 확장'의 뜻 외에 '내선 번호'라는 뜻으로 자주 출제된다.

오답 (a) union 결합, 조합
분석 (b) expansion 팽창, 확장 – extension은 길이나 기간 연장에 쓸 수 있는 반면, expansion은 주로 부피나 넓이가 늘어나는 것에 쓴다.
(c) addition 추가, 덧셈

2

A: Doctor, have you ever had a patient suffer a(n) __________ as a result of laser eye surgery?
B: No, but with this type of procedure there is always a low possibility of inflammation of the eye or visual loss.

(a) disadvantage
(b) insufficiency
(c) annoyance
(d) complication

A: 의사 선생님, 레이저 눈 수술의 결과로 합병증을 겪은 환자를 본 적이 있으세요?
B: 아니요, 그렇지만 이런 종류의 과정에서는 안구의 염증이나 시력 손상의 가능성이 매우 낮습니다.

해설 complication은 '복잡, 혼란'의 뜻이지만 의학적으로 '합병증'의 뜻으로 쓰인다.

오답 다른 보기 모두 부정적인 의미의 단어이기는 하지만, 의학적으로 쓰이는 뜻을 가지지 않는다.
분석 (a) disadvantage 불이익, 손해
(b) insufficiency 불충분, 부족
(c) annoyance 성가심, 불쾌감; 골칫거리

3

A: It's been a long time, Helen! What's new?
B: Well, I am __________ my second child. I am five months pregnant.

(a) squeezing   (b) bringing
(c) expecting   (d) supporting

A: 헬렌, 오랜만이다. 어떻게 지내?
B: 둘째 아이를 임신 중이야. 임신 5개월째거든.

해설 expecting은 '예상하다, 기대하다'의 진행형이기도 하지만 '임신 중인, 출산 예정인'의 뜻으로 많이 쓰인다.

오답 (a) squeeze 쥐어짜다, 압착하다
분석 (b) bring 가져오다, 초래하다
(d) support 부양하다, 지탱하다

4

It never __________ to me at the time that anyone would get hurt as a result of my actions.

(a) imagined   (b) reflected
(c) occurred   (d) realized

그때에는 내 행동의 결과로 누군가가 다칠 수도 있다는 생각이 떠오르지 않았다.

해설 occur는 happen이나 take place와 같이 '어떤 일이 일어나다, 발생하다'의 뜻이지만, occur는 happen과 take place에 없는 뜻인 '생각 등이 떠오르다'의 의미를 가진다.

오답 (a) imagine 상상하다 – 머릿속에 어떤 상황을 떠올리고 상상한다는 의미이므로 어울리지 않는다.
분석 (b) reflect 반사하다 – '반사[반영]하고 비추다'의 뜻이다.
(d) realize 깨닫다 – 자각한다는 의미이므로 정답이 될 수 없다.

5

My best friends are identical twins and though most people have trouble determining who is who, I can always ________ them apart.

(a) pull   (b) tell
(c) choose   (d) notify

내 가장 친한 친구들은 일란성 쌍둥이이다. 그래서 많은 사람들이 누가 누구인지 구별하는 데 어려움을 겪는 반면 나는 그들을 구별할 수 있다.

해설 tell은 '말하다'라는 뜻 외에 '구별하다, 식별하다'의 뜻이 있다.
tell apart는 '구별하다, 분간하다'의 뜻이다.

오답 (a) pull 당기다
분석 (c) choose 고르다, 선택하다
(d) notify 통지하다, 알리다

Answers:

1. (d) 2. (d) 3. (c) 4. (c) 5. (b)

TEPS 어휘 영역에 자주 출제되는 어휘와 어구를 익힘으로써
실전 문제에 완벽히 대비하자.

▶▶ 필수 다의어 2

1.	**interest**	① 관심, 흥미 관심을 갖게 하다, 흥미를 끌다 ② 이익, 이해관계, 이자
2.	**issue**	① 화제, 논제 ② 발행하다; 발행본, 호(號)
3.	**mean**	① 의미하다 ② 인색한, 비열한 ③ (-s) 수단, 방법
4.	**measure**	① 측정하다, 재다 ② 기준, 척도 ③ (pl.) 조치 ④ 법안
5.	**odd**	① 짝이 안 맞는, 홀수의 ② 이상한 ③ (pl.) 가능성, 승산
6.	**operate**	① 운영하다, 작동하다 ② 수술하다
7.	**peer**	① 또래, 동료 ② 쳐다보다, 응시하다
8.	**press**	① 누르다 ② 강요하다 ③ 언론, 출판
9.	**raise**	① 올리다, 제기하다 ② 양육하다, 키우다 ③ 모금하다
10.	**rear**	① 뒤쪽의, 후방의 ② 양육하다, 기르다
11.	**right**	① 올바른 ② 오른쪽 ③ 권리
12.	**rule**	① 규칙 ② 통치하다 ③ 판결 내리다, 규정하다
13.	**sentence**	① 문장 ② 형벌; 판결 내리다, 선고하다
14.	**state**	① 국가 ② 상태 ③ 언급하다, 진술하다
15.	**steep**	① 가파른 ② 터무니없이 비싼

16. stick ① 막대기 ② 찌르다; 고정시키다, 붙이다 ③ 고수하다; ~에 집착하다

17. stock ① 재고, 비축(하다) ② 주식

18. strike ① 때리다, 타격을 주다 ② 파업

19. subject ① 주제, 과목 ② ~의 지배를 받는; 백성, 신민, 피실험자 ③ ~하기 쉬운 (be subject to)

20. suit ① 어울리다, 적합하다 ② 정장, 옷 한 벌 ③ 소송

21. tear ① 눈물 ② 찢다

22. term ① 기간, 학기 ② 용어, 말 ③ (pl.) 조건, 관계

23. wear ① 옷 입다 ② 닳게 하다, 지치게 하다

24. yield ① 생산, 산출(하다) ② 양보하다 ③ 굴복하다

Build Up

▶▶ Part 1 Choose the most appropriate word or expression for the blank in the conversation.

1. A: I can't __________ why people enjoy listening to heavy metal music.
B: I guess it just comes down to personal preference.

(a) find out
(b) figure out
(c) make out
(d) catch up

2. A: I am having trouble with downloads on my computer. Can you help?
B: I'm sorry. I wish I could but I am computer __________.

(a) illiterate
(b) insufficient
(c) hopeless
(d) uneducated

3. A: Good afternoon. This is Danny Williams, returning a call from Mr. Harper.
B: Yes, Mr. Williams, please __________ on the line and I will notify him of your call.

(a) grasp
(b) delay
(c) hold
(d) linger

4. A: You are not allowed to borrow my car without asking permission! Is that ______?
B: Absolutely. I'm sorry, it's just that I was in a hurry.

(a) clear
(b) set
(c) heard
(d) implicit

5. A: I recognize that face. What's on your mind?
B: I have this strange __________ that I will be asked to work on my day off tomorrow.

(a) hunch
(b) assessment
(c) viewpoint
(d) estimate

6. If you purchase a coffee from Morning Glory Cafe next Friday, half of the price __________ will be donated to the Breast Cancer Foundation.

   (a) due
   (b) profit
   (c) paid
   (d) purchased

7. Non-smokers are considerably less __________ to death from heart disease than people that smoke.

   (a) close
   (b) prone
   (c) immune
   (d) hazardous

8. Grade averages are significantly higher among male students who attend boys only private institutions as compared to those who attend __________ schools.

   (a) combined
   (b) segregated
   (c) mixed
   (d) coed

9. Samantha has always been fascinated with animals so it is no surprise that she decided to become a __________.

   (a) botanist
   (b) conservationist
   (c) pessimist
   (d) veterinarian

10. Before traveling to Thailand, it is recommended that you receive a(n) __________ for Hepatitis A.

    (a) obligation
    (b) inoculation
    (c) prognosis
    (d) seclusion

정답: 254p

VOCABULARY
Week 4

Day 16 ▶▶ 중요 어휘 7
Catch Up – 중요 어휘와 표현으로 이루어진 실전 문제
Extension – 반드시 외워야 할 필수 어휘·어구 정리

Day 17 ▶▶ 중요 어휘 8
Catch Up – 중요 어휘와 표현으로 이루어진 실전 문제
Extension – 반드시 외워야 할 필수 어휘·어구 정리

Day 18 ▶▶ Collocation 1
Catch Up – 시험에 자주 나오는 Collocation 실전 문제
Extension – 주요 동사로 이루어진 Collocation 정리

Day 19 ▶▶ Collocation 2
Catch Up – 시험에 자주 나오는 Collocation 실전 문제
Extension – 빈출 Collocation 정리

Day 20 ▶▶ Collocation 3
Catch Up – 시험에 자주 나오는 Collocation 실전 문제
Extension – 빈출 Collocation 정리

Day 16
중요 어휘 7

1. join 가담하다, 합류하다

join은 '가담하다'의 뜻으로 join a popular campaign은 '인기 있는 선거 유세단에 가담하다'가 된다. 또한 구어적으로 join은 '합류하다'로 많이 쓰여, "Can I join, too?"는 '나도 같이 해도[가도] 될까?'의 뜻이 된다.

2. Cheer up 기운 내!

"Cheer up."은 '기운 내라, 그렇게 주눅 들지 말고 힘 내렴.'의 의미이다.
같은 의미로 "Keep your chin up."도 '그렇게 우울한 표정 (long face) 짓지 말고 (턱 들고 있어라) 기운 내라.'의 의미이다.
"Cheers!"는 '건배!'의 뜻이며, 뒤에 up이 붙지 않고 up이 붙었을 때와는 전혀 다른 뜻이다.

3. lease (건물, 토지 등을) 임대하다

lease는 비교적 장기간 동안 건물이나 사무실, 토지 등을 임대한다는 뜻이다.
이와 비교할 때 rent는 비교적 단기간 동안 일정한 금액을 내고 빌린다는 의미로, 자동차나 DVD 등을 빌릴 때 쓰인다. 또, 2주일이나 한 달 단위로 짧게 집세를 내고 집을 빌리는 것에도 rent를 쓴다.
요즈음 car lease를 흔히 들어볼 수 있는데, 이것은 자동차를 장기간 임대한다는 의미이다.

4. offhand 즉석에서, 준비 없이, 그 자리에서

offhand는 '아무런 준비 없이 즉석에서'의 뜻이므로 "I can't remember his cell phone number offhand."는 '지금 당장 그의 휴대전화 번호가 생각나지 않는다.'의 뜻이다.

5. mar 손상시키다, 훼손하다, 망쳐놓다

mar는 자주 출제되는 어휘는 아니지만 보기로 꾸준히 등장하고 정답이 되는 경우도 종종 있기 때문에 텝스 어휘의 고득점을 위해서는 알아두어야 하는 어휘이다.

Catch Up

Part 1 **Choose the most appropriate word or expression for the blank in the conversation.**

1. A: I have started a recreational football league on Sunday afternoons.
   B: That's awesome! Can I _______ as well?

   (a) do
   (b) perform
   (c) join
   (d) make it

2. A: Things are so depressing in my life lately!
   B: ___________! At least you are in good health!

   (a) Stop it
   (b) Cheer up
   (c) Quiet down
   (d) Back off

3. A: When did Tolstoy write his novel, *War and Peace?*
   B: I can't remember __________. I'll find out tonight and tell you tomorrow.

   (a) offhand
   (b) afterward
   (c) steadfastly
   (d) beforehand

Part 2 **Choose the most appropriate word or expression for the blank in the statement.**

4. Mark __________ a new vehicle instead of purchasing a used one to avoid car
   maintenance expenses.

   (a) leased
   (b) loaned
   (c) inspected
   (d) imparted

5. Residents of the east downtown area are displeased with the _________ view from their
   houses since the construction of the new high-rise hotel.

   (a) marred
   (b) unnecessary
   (c) faulty
   (d) defective

Answers 

TEPS 어휘 영역에 출제되었던 문제를 자세한 설명과 함께 완전히
이해하도록 하자.

1

A: I have started a recreational football league on
Sunday afternoons.
B: That's awesome! Can I _______ as well?

(a) do
(b) perform
(c) join
(d) make it

A: 일요일 오후에 즐길 수 있는 축구 리그를 시작
했어.
B: 멋진걸! 나도 같이 할 수 있을까?

해설 join은 '참가하다, 가담하다, 합류하다'의 뜻으로, '함께하다'의 뜻이다.

오답 (a) do 하다; 효과가 있다; 충분하다; 지내다
분석 (b) perform 실행하다, 이행하다; 공연하다
(d) make it 해내다; 시간 맞춰 가다, 참석하다

2

A: Things are so depressing in my life lately!
B: __________! At least you are in good health.

(a) Stop it
(b) Cheer up
(c) Quiet down
(d) Back off

A: 요즘 내 인생이 너무 우울해!
B: 기운 내! 적어도 건강하긴 하잖아.

해설 cheer up은 '기운 내'라는 뜻으로 아주 흔히 쓰이는 빈출 구문이다.

오답 (a) stop it (하던 일을) 멈추다
분석 (c) quiet down 고요해지다, 가라앉다
(d) back off 물러서다, 취소하다, 철회하다, 손을 떼다

3

A: When did Tolstoy write his novel, *War and
Peace?*
B: I can't remember __________. I'll find out
tonight and tell you tomorrow.

(a) offhand
(b) afterward
(c) steadfastly
(d) beforehand

A: 톨스토이가 〈전쟁과 평화〉를 언제 썼지?
B: 지금 당장은 기억이 안 나는걸. 오늘 밤에 알아
보고 내일 말해줄게.

해설 offhand는 '즉석에서, 그 자리에서, 준비 없이'의 뜻이다.

오답 (b) afterward 뒤에, 그 후
분석 (c) steadfastly 고정되어, 부동으로
(d) beforehand 미리, 사전에

4

Mark __________ a new vehicle instead of purchasing a used one to avoid car maintenance expenses.

(a) leased   (b) loaned
(c) inspected   (d) imparted

마크는 차 유지 비용을 내지 않기 위해 중고차를 사는 대신 새 차를 빌렸다.

해설 lease는 '(비교적 장기로) 임대하다'의 뜻으로 보통 건물이나 사무실 등에 쓰는데, 이 문제에서처럼 자동차를 장기 임대하는 데에도 lease를 쓴다.

오답 (b) loan 빌려주다, 대부하다 – 주로 돈을 빌려준다는 의미로 쓰인다.

분석 (c) inspect 조사하다, 검사하다
(d) impart 전하다, 나누어주다

5

Residents of the east downtown area are displeased with the __________ view from their houses since the construction of the new high-rise hotel.

(a) marred   (b) unnecessary
(c) faulty   (d) defective

시내 동부 지역의 거주자들은 고층 호텔 건물이 새로 건설됨으로써 집에서 보는 경치가 손상되어 불쾌감을 느꼈다.

해설 mar는 '손상시키다, 훼손하다, 망쳐놓다'의 뜻으로 view(경관, 경치, 시야, 견해)가 손상되었다는 의미로 쓰여 정답이 된다.

오답 (b) unnecessary 불필요한, 쓸데없는, 무익한

분석 (c) faulty 과실 있는, 불완전한, 결점이 있는 – 원래부터의 상태에 손상이나 결함이 있다는 것이므로 이 문장에 적절하지 않다.
(d) defective 결함 있는, 불완전한 – (c)와 같은 맥락으로 정답이 될 수 없다.

어휘 displease 불쾌하게 하다, 노하게 하다 high-rise 고층의

Answers:

1. (c) 2. (b) 3. (a) 4. (a) 5. (a)

Extension 

TEPS 어휘 영역에 자주 출제되는 어휘와 어구를 익힘으로써
실전 문제에 완벽히 대비하자.

▶▶ 반드시 외워야 할 필수 어휘 · 어구 7

1.	**inevitable**	피할 수 없는
2.	**despise**	경멸하다, 멸시하다
3.	**exhaustive**	고갈시키는, 철저한 (= thorough)
4.	**ingenious**	독창적인, 영리한
5.	**sporadic**	산발적인
6.	**hilarious**	즐거운, 재미있는
7.	**stealthy**	은밀한, 비밀의
8.	**boost**	밀어 올리다, 인상하다
9.	**embargo**	수출 금지, 제한, 억제
10.	**crude**	가공하지 않은, 투박한
11.	**abstract**	추상적인; 개요, 요약
12.	**homogeneous**	동종의, 동질적인 (↔ heterogeneous)
13.	**bias**	선입관, 편견; 비스듬한
14.	**acquit**	석방하다, 무죄 방면하다
15.	**lucid**	투명한, 맑은, 명료한
16.	**prominent**	두드러진, 유명한, 주요한
17.	**reprimand**	꾸짖다, 질책하다
18.	**tangible**	유형의, 만질 수 있는, 파악되는, 명백한
19.	**zealous**	열렬한, 열광적인
20.	**misdemeanor**	경범죄, 비행 (↔ felony 중죄)
21.	**valid**	유효한, 타당한
22.	**anonymous**	익명의
23.	**autocracy**	전제, 독재정치 (cf. autocrat 독재자, 전제군주)
24.	**tyranny**	독재 (정치)
25.	**novice**	초심자, 풋내기
26.	**obesity**	비만
27.	**shrewd**	예리한, 영리한, 빈틈없는
28.	**celebrity**	유명인사
29.	**stubborn**	고집 센, 완고한

30.	**formidable**	무시무시한, 굉장한, 만만치 않은
31.	**exploit**	착취하다; 개발하다
32.	**indulge**	빠지다, 탐닉하다; 버릇없이 키우다
33.	**fluorescent**	형광성의, 빛나는
34.	**exotic**	이국적인, 색다른
35.	**lucrative**	수지가 맞는
36.	**prolific**	다산의, 비옥한, 다작의
37.	**realm**	범위, 영역
38.	**succinct**	간결한 (= concise)
39.	**temperate**	절제하는, 삼가는; 온화한, 적당한
40.	**frenzied**	열광한, 광포한
41.	**evacuate**	대피시키다
42.	**pseudonym**	필명, 가명
43.	**inundation**	범람
44.	**denounce**	비난하다
45.	**exacerbate**	악화시키다
46.	**impulse**	충동, 일시적 감정
47.	**supervise**	감독하다, 관리하다
48.	**hospitable**	호의적인
49.	**hostile**	적대적인, 적의 있는
50.	**fragment**	단편, 조각, 파편
51.	**frugal**	검소한, 절약하는 (↔ extravagant, lavish)
52.	**obsolete**	구식의, 낡은
53.	**compatible**	양립 가능한, 조화되는, 호환이 되는
54.	**resolute**	결심이 굳은, 단호한
55.	**oblivion**	망각

Build Up

TEPS 어휘 영역의 실전 문제와 가장 가까운 유형과 난이도의
예상 문제를 통해 실력을 쌓자.

Part 1 Choose the most appropriate word or expression for the blank in the conversation.

1. A: The revolutionist showed how __________ she is by giving that speech against the
dictator.
B: I know. She is the type of leader this country needs.

(a) acceptable
(b) offensive
(c) contagious
(d) courageous

2. A: I'm afraid I __________ this lasagna recipe; I forgot to add the cottage cheese.
B: That's ok, I am sure it will still be delicious.

(a) knocked up
(b) messed up
(c) broke up
(d) passed away

3. A: Hey Jeannie, nice shirt. Listen, can I __________ you in the hall for a minute?
B: Absolutely. Is everything okay with you?

(a) watch
(b) see
(c) peep
(d) look

4. A: I am required to submit two letters of __________ with my application.
B: You should ask Professor Thompson to write one for you.

(a) consultation
(b) inclination
(c) reference
(d) fondness

5. A: Sorry, I missed conversation class last Thursday, but I was in Beijing.
B: Not a problem. Were you there for business or __________?

(a) participation
(b) meditation
(c) pleasure
(d) entertainment

6. Ian's trip to Nepal was ruined after he __________ Malaria on his second day there.

   (a) subjected
   (b) found
   (c) infected
   (d) contracted

7. It may take years to __________ the damage that your infidelity has caused your marriage.

   (a) adjust
   (b) repair
   (c) modify
   (d) support

8. To be discriminated against by an employer because of one's age is a(n) __________ of one's fundamental rights and freedoms in most western countries.

   (a) salutation
   (b) retribution
   (c) infringement
   (d) embezzlement

9. Unfortunately for Brad, on the night that the professional scout was watching his game, he had a(n) __________ performance.

   (a) isolated
   (b) lackluster
   (c) acclaimed
   (d) delectable

10. The nation's reputation for safety has been credited to the __________ learned during compulsory military service.

    (a) sincerity
    (b) apathy
    (c) compassion
    (d) discipline

정답: 256p

VOCABULARY
Week 4

Day 17
중요 어휘 8

1. refugee 피난자, 난민, 망명자

refugee는 정치적인 이유나 전쟁 때문에 해외로 피난하거나 망명한 사람들을 가리킨다.
refuge는 '피난, 피난소, 은신처'를 나타낸다.

2. particular 특정한

particular는 '특정한, 특히 그'의 뜻이다.
따라서 "Is there any particular item in your mind?"라고 한다면 '마음속에 특히 뭔가 생각해 둔 물건 있어?'와 같이 쓰인다.

3. outgrow ~보다 커지다, 성장하여 ~에서 벗어나다

outgrow는 문자 그대로 사람이 성장하여 옷보다 덩치가 커지거나, 가족이나 단체의 규모가 커져서 더 이상 작은 집에서 살기엔 복잡한 상태 등의 경우에 쓰인다.

4. nominate (후보자로) 지명하다, 임명하다

nominate는 후보로 지명한다는 의미의 단어이다.
파생된 명사 nominee는 '지명된 사람, 임명된 사람, 후보자'의 뜻이다.

5. hypothetical 가설의, 가정의

hypothetic/hypothetical은 명사 'hypothesis 가정, 가설'의 형용사형 파생어이다.

Catch Up

Part 1 Choose the most appropriate word or expression for the blank in the conversation.

1. A: I want to book a trip to Indonesia this summer.
   B: Is there any __________ islands that you had in mind?

   (a) habitual
   (b) routine
   (c) particular
   (d) meticulous

Part 2 Choose the most appropriate word or expression for the blank in the statement.

2. The post-war president has reached out to the thousands of __________ that left when the conflict began.

   (a) patriots
   (b) refugees
   (c) tourists
   (d) indigenous

3. Maria is in need of a new wardrobe as she has __________ all of her clothes.

   (a) surpassed
   (b) topped
   (c) exceeded
   (d) outgrown

4. Mahatma Gandhi was __________ for the Nobel Peace Prize five times between 1937 and 1948 but never did win.
   (a) expected
   (b) designated
   (c) selected
   (d) nominated

5. The army general refused to discuss __________ situations with the reporters at the news conference.

   (a) lingering
   (b) decorative
   (c) artificial
   (d) hypothetical

Answers 

TEPS 어휘 영역에 출제되었던 문제를 자세한 설명과 함께 완전히
이해하도록 하자.

1

A: I want to book a trip to Indonesia this summer.
B: Is there any _________ islands that you had in
mind?

(a) habitual　　　　　(b) routine
(c) particular　　　　(d) meticulous

A: 이번 여름에 인도네시아 여행을 예약하고 싶은
데요.
B: 생각해 두신 특정한 섬이 있으신가요?

해설 particular는 '특정한, 특별한, 상세한'의 뜻이다. 특히 정해 놓은 곳이 있냐고 묻고 있으므로 정답이 된다.

오답 (a) habitual　습관적인, 평소의
분석 (b) routine　일상의, 판에 박힌
　　　(d) meticulous　세심한, 신중한

2

The post-war president has reached out to the
thousands of _________ that left when the conflict
began.

(a) patriots　　　　　(b) refugees
(c) tourists　　　　　(d) indigenous

전쟁 후의 대통령은 분쟁이 시작되었을 때 떠난
몇 천 명의 난민들을 도우려 애썼다.

해설 reach out to~ 는 '~에 손을 내밀다'의 뜻에서 '~를 도우려고 애쓰다'의 뜻이 된다.
전쟁 중에 망명한 사람을 나타내는 단어는 (b) refugee(피난자, 망명자)이다.

오답 (a) patriot　애국자
분석 (c) tourist　관광객, 여행자
　　　(d) indigenous　토착의, 원산의, 그 고장의 고유한

3

Maria is in need of a new wardrobe as she has
________ all of her clothes.

(a) surpassed　　　　(b) topped
(c) exceeded　　　　(d) outgrown

마리아는 가지고 있는 옷들이 작아져서 새 옷들
이 필요하다.

해설 outgrow는 문자 그대로 '~보다 커지다'의 뜻으로, '몸이 커져서 옷을 입지 못하게 되다, 성장하여 ~에서 벗어나다'의 의미이다.

오답 (a) surpass　능가하다, 뛰어나다
분석 (b) top　씌우다, 덮다; ~을 능가하다, 넘다
　　　(c) exceed　(수량, 정도, 한도를) 넘다, 초과하다; ~보다 뛰어나다

어휘 wardrobe　옷장, (집합적) 의류

4

Mahatma Gandhi was __________ for the Nobel
Peace Prize five times between 1937 and 1948
but never did win.

(a) expected   (b) designated
(c) selected   (d) nominated

마하트마 간디는 1937년에서 1948년 사이에 노벨 평화상 후보로 5번 지명되었지만 한 번도 상을 타지는 못했다.

해설 nominate는 '지명하다, 임명하다'의 뜻이다.
win은 상을 탄다는 의미로 쓰인다. (cf. win a prize 상을 타다)

오답 분석
(a) expect 기대하다, 예상하다
(b) designate 가리키다, 지시하다
(c) select 선택하다, 선발하다, 고르다 – '고르다'의 뜻이므로 '(후보로) 지명하다'의 의미로는 적절하지 않다.

5

The army general refused to discuss __________
situations with the reporters at the news
conference.

(a) lingering   (b) decorative
(c) artificial   (d) hypothetical

육군 장군은 기자 회견에서 기자들과 가정된 상황에 대해 토론하기를 거절했다.

해설 hypothetical은 '가정의, 가설의'의 뜻이다.

오답 분석
(a) lingering 오래 끄는, 망설이는
(b) decorative 장식의, 장식적인
(c) artificial 인공의, 인위적인

Answers:

1. (c) 2. (b) 3. (d) 4. (d) 5. (d)

TEPS 어휘 영역에 자주 출제되는 어휘와 어구를 익힘으로써
실전 문제에 완벽히 대비하자.

▶▶ 반드시 외워야 할 필수 어휘·어구 8

1.	household chores	가사 일
2.	generation gap	세대 차이
3.	heavy traffic	교통 체증
4.	public transport	대중교통
5.	public opinion	여론
6.	welfare system	복지 제도
7.	current affairs	시사 문제
8.	sexual harassment	성희롱
9.	child abuse	아동 학대
10.	juvenile delinquency	청소년 비행
11.	population explosion	인구 폭발
12.	birth control	산아 제한
13.	multi-talented person	다재다능한 사람
14.	real figure	실재 인물
15.	touching scene	감동적 장면
16.	strict discipline	엄격한 규율
17.	physical punishment	체벌
18.	optional subject (course) / elective course	선택 과목
19.	required subject (course)	필수 과목
20.	liberal arts	자유교양 과목
21.	imminent exam	임박한 시험
22.	lifelong education	평생 교육
23.	distance learning	원격 학습
24.	illiteracy rate	문맹률
25.	Chinese character	한자
26.	religious persecution	종교적 박해
27.	language barrier	언어 장벽
28.	home electronics	가전 제품

29.	**furnished room**	가구가 딸린 방
30.	**free ticket**	공짜 표
31.	**dramatic change**	극적인 변화
32.	**racial discrimination**	인종 차별
33.	**ethnic minority**	소수 인종
34.	**human dignity**	인간 존엄성
35.	**bubble economy**	거품 경제
36.	**economic imbalance**	경제적 불균형
37.	**productivity enhancement**	생산성 향상
38.	**developing country**	개발도상국
39.	**developed country**	선진국
40.	**trade deficit / surplus**	무역 적자 / 흑자
41.	**trade liberalization**	무역 자유화
42.	**night shift / day shift**	밤 근무 / 낮 근무
43.	**labor union**	노동조합
44.	**food shortage**	식량 부족
45.	**yield rate**	수익률
46.	**exchange rate**	환율
47.	**foreign debt**	외채
48.	**manipulation of statistics**	통계 조작
49.	**privileged class**	특권층
50.	**common sense**	상식
51.	**ambiguous attitude**	모호한 태도
52.	**ambivalent attitude**	상반되는 태도
53.	**reckless act**	무분별한 행동
54.	**long-term plan**	장기 계획
55.	**healthy diet**	건강식

▶▶ Part 1 Choose the most appropriate word or expression for the blank in the conversation.

1. A: Hi, I am looking for a memory card that is __________ with my digital camera.
   B: Well, you came to the right place. We have a large selection of digital camera accessories.

   (a) dependable
   (b) compatible
   (c) reliable
   (d) coherent

2. A: I will be home right after I ________ a few groceries.
   B: Ok, don't forget to get some milk.

   (a) drop in
   (b) put on
   (c) pick up
   (d) take up

3. A: Would you like to go to a movie with me this afternoon?
   B: I would love to, but I have a few errands to ________ before I go to work this evening.

   (a) perform
   (b) achieve
   (c) embrace
   (d) run

4. A: You are not old enough to be wandering the streets late at night by yourself.
   B: Dad, I am ______ 19. I think I'll be fine!

   (a) going on
   (b) turning up
   (c) passing into
   (d) backing into

5. The region dividing the two countries is a heavily forested area, ___________ in wildlife.

    (a) abundant
    (b) elaborate
    (c) lacking
    (d) prevalent

6. Several people from head office, including the Chief Financial Officer, were arrested this morning on charges of ___________ corporate capital.

    (a) obtruding
    (b) encroaching
    (c) promulgating
    (d) misappropriating

7. Many countries around the world are calling out in a _________ voice for peace in the Middle East.

    (a) latent
    (b) reticent
    (c) strident
    (d) clandestine

8. In many European and Asian countries, it is ___________ that males serve a term in the military.

    (a) revolting
    (b) neurotic
    (c) mandatory
    (d) irrational

9. Veronica started with the company as a part-time telephone agent but through hard work and _______ determination, she worked her way up to an executive position.

    (a) sheer
    (b) broad
    (c) all
    (d) direct

10. Shipping costs will be increased by 5% on orders of "___________" merchandise, due to the additional protection required to ensure safe delivery.

    (a) agile
    (b) fragile
    (c) frail
    (d) disconnected

정답: 258p

VOCABULARY
Week 4

Day 18
Collocation 1

1. flat tire 펑크 난 타이어

flat은 '납작한'의 뜻이기 때문에, 펑크가 나서 납작해진 타이어를 나타낼 때 flat tire를 쓴다.
flat에는 '(맥주 등의) 김이 빠진'의 뜻도 있다.

2. deliver a speech 연설하다

연설을 한다는 표현으로 동사 deliver를 써서 deliver a speech를 쓴다.
이와 관련하여 deliver a lecture(강연하다), deliver a baby(아기 낳다)도 함께 외워두자.

3. meet the deadline 마감을 맞추다

meet는 기본 의미인 '만나다'의 뜻 외에 '충족시키다, 맞추다'의 뜻이 있다.
따라서 meet the deadline은 '마감을 맞추다'의 뜻이 되며, 이때 meet 대신 make를 쓰기도 한다.
meet가 들어간 흔히 쓰이는 collocation으로 meet the demand/need(수요 / 필요를 맞추다)도 함께 알아두자.

4. ruling party 여당

rule은 '규칙'이라는 뜻 외에, '통치하다, 지배하다'의 뜻이 있다. 따라서 ruling party는 통치하고 있는 당, 즉 '여당'의 뜻이 된다. 야당은 opposition party이다.

5. sick leave 병가 (病暇)

아파서 직장에 결근하는 것을 sick leave라고 쓴다.
아파서(sick) 직장에서 떠나 있는 것(leave)이라고 생각하면 쉽게 외울 수 있다.
병가와 관련된 표현으로 "I'm calling in sick."은 '아파서 오늘 결근한다고 전화 드리는 겁니다.'의 뜻이다.

Catch Up

TEPS 어휘 영역에 출제되었던 문제를 풀어봄으로써 실전 문제
유형을 확실하게 파악해두자.

Part 1 Choose the most appropriate word or expression for the blank in the conversation.

1. A: Good Afternoon, Fred's Auto Shop. Can I help you?
   B: I am going to need you to send a tow truck. I have a _________ tire.

   (a) broken
   (b) collapsed
   (c) spare
   (d) flat

2. A: The president _________ his speech last night. Did you see it on television?
   B: Yes, I was watching. I like his five-year plan for the economy.

   (a) cleared
   (b) allocated
   (c) delivered
   (d) transmitted

Part 2 Choose the most appropriate word or expression for the blank in the statement.

3. The student failed to _________ the deadline for her philosophy term paper.

   (a) submit
   (b) respect
   (c) fulfill
   (d) meet

4. The new _______ political party will have a very difficult time passing bills with the opposition party.

   (a) master
   (b) major
   (c) power
   (d) ruling

5. Some North American companies offer a special bonus for employees that do not take any sick _________ during the year.

   (a) absence
   (b) holiday
   (c) leave
   (d) vacation

# Answers 

TEPS 어휘 영역에 출제되었던 문제를 자세한 설명과 함께 완전히
이해하도록 하자.

1

> A: Good Afternoon, Fred's Auto Shop. Can I help you?
> B: I am going to need you to send a tow truck. I have a ________ tire.
>
> (a) broken   (b) collapsed
> (c) spare   **(d) flat**
>
> A: 안녕하십니까, 프레드 정비소입니다. 무엇을 도와드릴까요?
> B: 견인 트럭을 좀 보내주세요. 타이어가 펑크 나서요.

해설 '펑크 난 타이어'라고 할 때에는 flat tire를 쓴다. 펑크가 나서 바람이 빠져 납작해진 타이어라고 생각하면 외우기 쉽다.

오답 (a) broken 부러진, 깨진 – 물건이 부서지거나 고장이 났을 때 쓰인다.

분석 (b) collapsed – 동사 collapse는 '붕괴되다, 무너지다'의 뜻으로, 물리적으로 건물 등이 무너지거나 체제가 붕괴되었을 때 쓰지만, 타이어에는 어울리지 않는 표현이다.

(c) spare 여분의 – '여분의 타이어'라는 표현이 가능하기는 하지만, 이 문제에서 앞뒤 맥락을 보았을 때 정답이 될 수는 없다.

2

> A: The president ________ his speech last night. Did you see it on television?
> B: Yes, I was watching. I like his five-year plan for the economy.
>
> (a) cleared   (b) allocated
> **(c) delivered**   (d) transmitted
>
> A: 대통령이 어젯밤 연설을 했는데 TV에서 보았니?
> B: 응, 봤어. 경제 5년 계획이 마음에 들던걸.

해설 '연설하다'라는 의미의 collocation은 deliver a speech 혹은 give a speech이다. 이 문제에서는 transmit이 유력한 오답함정이다.

오답 (a) clear 명료하게 하다, 치우다 – 맑고 깨끗하고 명료하게 한다는 의미의 동사이므로 정답이 될 수 없다.

분석 (b) allocate 할당하다 – 업무나 위치를 할당하고 정한다는 뜻이므로 정답이 될 수 없다.

(d) transmit 보내다, 발송하다, 병을 옮기다 – 전파한다는 의미를 가지는 단어이지만, 연설을 한다는 의미로는 사용되지 않고 '빛이나 열, 화물 등을 보내고 전파한다'는 의미로 쓰인다. 또한 '병을 옮기다, 전염시키다'의 뜻으로 쓰인다는 것도 기억해 두어야 한다.

3

The student failed to ________ the deadline for her philosophy term paper.

(a) submit   (b) respect
(c) fulfill   (d) meet

그 학생은 철학 수업의 학기말 리포트의 기한을 맞추지 못했다.

해설 term paper는 학기말에 제출하는 보고서를 의미한다.
기한을 맞춘다는 collocation으로 meet the deadline 혹은 make the deadline을 쓴다.

오답 (a) submit 제출하다 – 숙제를 제출하는 것이지, 마감 기한(deadline)을 제출한다고 하면 문장 호응이 이루어지지 않는다.
분석 (b) respect 존중[존경]하다 – 사람의 인격 등을 존경한다는 의미로 쓰이므로 deadline과 호응이 이루어지지 않는다.
(c) fulfill 이행하다, 충족시키다, 기한을 만료하다 – 기한을 마친다는 의미이므로, 빈칸에 들어갔을 때 직역하면 '마감을 마친다'는 의미가 되므로 호응이 이루어지지 않는다.

4

The new ________ political party will have a very difficult time passing bills with the opposition party.

(a) master   (b) major
(c) power   (d) ruling

새로운 정치 여당은 야당과 함께 법안을 통과시키는 데 힘든 시간을 보내게 될 것이다.

해설 rule은 '통치하다, 지배하다'라는 동사의 의미를 갖는다. ruling party는 '통치하고 있는 당' 즉 '여당'이다. opposition party는 '야당'이다. 오답 보기가 모두 정답으로 생각될 여지가 있지만, ruling party가 '여당'으로 정해져 쓰이는 표현이므로 헷갈리지 말고 정확하게 외워두자.

오답 (a) master 주인, 대가 – master에 '대가, 장(長)'의 뜻이 있지만, 정당에 쓰이는 표현은 아니다.
분석 (b) major 주요한, 과반수의 – 정답으로 보일 수 있지만, 여당이라는 의미로 쓰이지 않는다.
(c) power 힘 – 권력을 쥐고 있는 정당이라고 생각할 수 있겠지만, 의미상 부족하다.

5

Some North American companies offer a special bonus for employees that do not take any sick ________ during the year.

(a) absence   (b) holiday
(c) leave   (d) vacation

몇몇 북미 회사들은 연중 병가를 쓰지 않는 직원들에게 특별 보너스를 제공한다.

해설 sick leave는 아파서 회사에 결근하는 '병가(病暇)'의 뜻이다.

오답 (a) absence 결석, 부재 – absence 자체로 결석, 결근을 뜻한다. sick과 결합하여 '병가(病暇)'의 뜻으로는 쓰이지 않는다.
분석 (b) holiday 휴일, 휴가 – 휴가의 뜻이므로 아파서 결근하는 상황에는 알맞지 않다.
(d) vacation 휴가, 방학 – 역시 아파서 결근한다는 표현에 어울리지 않는다.

Answers:

1. (d) 2. (c) 3. (d) 4. (d) 5. (c)

Extension 

TEPS 어휘 영역에 자주 출제되는 어휘와 어구를 익힘으로써
실전 문제에 완벽히 대비하자.

▶▶ 주요 동사로 이루어진 Collocation

break

break the habit	버릇을 고치다
break the ice	썰렁한 분위기를 깨다
break the law	법을 어기다
break the silence	침묵을 깨다
break the record	기록을 갱신하다

deliver

deliver a baby	아기를 낳다
deliver / give a speech	연설하다
deliver a verdict	평결을 내리다

do

do good	도움이 되다
do harm / damage	해를 주다
do the dishes	설거지하다

fill

fill out a form	서류 양식을 작성하다
fill the order	주문을 이행하다
fill the prescription	처방전대로 조제하다

hold

hold a meeting / party	회의 / 파티를 열다
hold one's breath	숨죽이다
hold / keep one's temper	화를 참다 (↔ lose one's temper 화를 내다)
hold one's tongue	아무 말 않고 가만히 있다

keep

keep early hours   일찍 자고 일찍 일어나다

keep house   집안 살림을 하다

keep one's word   약속을 지키다

lose

lose a game   경기에서 지다 (↔ win a game 경기에서 이기다)

lose the election   선거에서 지다 (↔ win the election 선거에서 이기다)

lose weight   살이 빠지다 (↔ gain weight 살이 찌다)

make

make a decision   결정을 내리다

make a fool of   놀리다 (= make fun of)

make the deadline   마감날짜를 맞추다

run

run a business / company 사업을 운영하다

run a risk   위험을 무릅쓰다

run for the election   선거에 출마하다

run in one's family   가계에 내려오다, 집안 내력이다

take

take a break   휴식을 취하다

take action / measures / steps 조치를 취하다

take medicine   약을 복용하다

take a bus   버스를 타다

take the freeway   고속도로를 타다

take a lesson / course 수업을 듣다

Build Up 

TEPS 어휘 영역의 실전 문제와 가장 가까운 유형과 난이도의
예상 문제를 통해 실력을 쌓자.

▶▶ Part 1 Choose the most appropriate word or expression for the blank in the conversation.

1. A: Hurry! Hurry! You need to be faster than this!
B: Please stop _______ me. I can not go any faster!

(a) pulling
(b) driving
(c) pushing
(d) blowing

2. A: My guitar case is too large for the overhead _________. Is there another place I can
store it?
B: Yes, we have a small storage closet near the front of the plane.

(a) shelf
(b) platform
(c) compartment
(d) box

3. A: My daughter, Nicole won Student of the Year and Athlete of the Year in her graduating
class.
B: Wow, she is the real ______________! You must be so proud!

(a) take it or leave it
(b) icing on the cake
(c) cream of the crop
(d) par for the course

4. A: I _________ my account number and password online but access to my internet
banking was declined.
B: I apologize for that, sir. We are having some technical difficulties at the moment.
Please try again soon.

(a) presented
(b) submitted
(c) entered
(d) confirmed

5. We should get together and __________ our vacation plans for this summer.

(a) control
(b) discuss
(c) recommend
(d) bother

6. Please be advised that you are _________ for paying any outstanding late fees before renting privileges are resumed.

(a) responsible
(b) mature
(c) competent
(d) answerable

7. Ski Heaven is offering special weekend packages this season that _______ from $209 to $499, depending on the choice of accommodations.

(a) range
(b) group
(c) class
(d) set

8. People always want the newest technology because despite how innovative and attractive a previous model, its _________ wears off after a period of ownership.

(a) novelty
(b) precedence
(c) reputation
(d) superiority

9. Justin's mother brings him to school daily so she was surprised to hear about his __________ attendance in English class.

(a) persistent
(b) sporadic
(c) interrupted
(d) constant

10. Mr. Lee earns a(n) _________ livelihood as a small business owner under the state control of a communist dictatorship.

(a) affluent
(b) insubordinate
(c) precarious
(d) plummeted

정답: 260p

VOCABULARY
Week 4

Day 16　▶▶ 중요 어휘 7

Catch Up – 중요 어휘와 표현으로 이루어진 실전 문제
Extension – 반드시 외워야 할 필수 어휘 · 어구 정리

Day 17　▶▶ 중요 어휘 8

Catch Up – 중요 어휘와 표현으로 이루어진 실전 문제
Extension – 반드시 외워야 할 필수 어휘 · 어구 정리

Day 18　▶▶ Collocation 1

Catch Up – 시험에 자주 나오는 Collocation 실전 문제
Extension – 주요 동사로 이루어진 Collocation 정리

Day 19　▶▶ Collocation 2

Catch Up – 시험에 자주 나오는 Collocation 실전 문제
Extension – 빈출 Collocation 정리

Day 20　▶▶ Collocation 3

Catch Up – 시험에 자주 나오는 Collocation 실전 문제
Extension – 빈출 Collocation 정리

Day 19
Collocation 2

1. run 경영하다, 운행하다, 집안 내력이다

run은 다양한 쓰임새를 갖는 단어이며 따라서 run이 만드는 여러 가지 collocation을 알아두어야 한다. 다음의 쉬운 예문들을 통해 익혀보자.

ex) She runs a business for herself. 그녀는 혼자 힘으로 사업을 경영한다.
This bus runs every one hour. 이 버스는 한 시간마다 운행됩니다.
Artistic gift runs in his family. 예술적 재능이 그의 집안 내력이다.

2. lose weight 살 빠지다

살이 빠진다는 표현으로 lose동사를 쓴다. '살이 찌다'는 gain weight이다.
관련하여, "I'm on a diet now." 는 '저는 지금 다이어트 중이에요.'가 된다.

3. pass a bill 법안을 통과시키다

pass는 '통과하다, (시험 등을) 합격하다; 넘겨주다, 건네주다'의 다양한 의미로 사용되는 단어이다. bill은 '지폐, 계산서' 외에도 '법안'의 뜻이 있으므로 pass a bill은 '법안을 통과시키다'의 뜻이 된다.
pass와 bill의 쓰임새를 알면 쉽게 알 수 있지만, 알지 못할 때에는 쉬운 단어로 이루어진 collocation임에도 불구하고 의미를 파악할 수 없을 수도 있으므로, 쉬운 어휘부터 다양한 용례를 꼼꼼히 챙겨보는 것이 중요하다.

4. fill the prescription 처방전대로 조제하다

fill이 '채우다'의 뜻이라서 fill the prescription을 '처방전을 쓰다'의 뜻으로 오해하는 경우가 많으므로 헷갈리지 않게 잘 정리해 두어야 한다.
prescription medication은 '처방전으로 조제한 약'을 뜻하며, 처방전 없이 살 수 있는 약은 over-the-counter drug이다.

5. price range 가격대

'가격대'는 문자 그대로 price range이며, 물건을 살 때 어느 정도 가격대를 찾는지를 묻는 표현은 "What price range are you looking for?"이다.

Catch Up

TEPS 어휘 영역에 출제되었던 문제를 풀어봄으로써 실전 문제
유형을 확실하게 파악해두자.

Part 1 Choose the most appropriate word or expression for the blank in the conversation.

1. A: What made you decide to go to medical school?
B: I guess I was influenced by my parents. They _________ a pharmacy together for thirty years.

(a) planned
(b) ran
(c) held
(d) organized

2. A: Are you serious about this cabbage soup diet?
B: Yes! My wedding is in less than a month and I desperately need to _________ some weight.

(a) release
(b) lose
(c) omit
(d) lighten

3. A: Good afternoon. How may I assist you?
B: I came down with a cold. I need this prescription _________.

(a) produced
(b) made
(c) filled
(d) delivered

4. A: I like this guitar a lot but I just can't afford it.
B: Well, we have a large selection. What price _________ are you looking for?

(a) scale
(b) size
(c) range
(d) variety

Part 2 Choose the most appropriate word or expression for the blank in the statement.

5. The government has _________ a new healthcare bill which eliminates the hospital fee for giving childbirth.

(a) decided
(b) spent
(c) passed
(d) declared

Answers

1

A: What made you decide to go to medical school?
B: I guess I was influenced by my parents. They _________ a pharmacy together for thirty years.

(a) planned
(b) ran
(c) held
(d) organized

A: 어떤 이유로 의학부에 가기로 결정하게 되었나요?
B: 부모님의 영향을 받은 것 같아요. 부모님이 함께 30년간 약국을 운영하셨거든요.

해설 run a business/company는 '사업을 운영하다'의 뜻이다. 이 문제에서도 약국을 운영한다는 뜻으로 run 동사가 쓰였다.

오답 분석
(a) plan 계획하다 – 약국과 호응이 이루어지지 않는다.
(c) hold 붙잡다, 개최하다 – '(회의나 파티, 행사 등을) 열다, 개최하다'의 뜻으로 쓰이지만, 사업이나 약국을 운영한다고 할 때는 쓰이지 않는다.
(d) organize 조직하다 – '단체나 회사를 구성하다, 창립하다'의 뜻으로는 쓰이지만, 회사나 상점을 운영한다는 의미로는 쓰이지 않는다.

2

A: Are you serious about this cabbage soup diet?
B: Yes! My wedding is in less than a month and I desperately need to _________ some weight.

(a) release
(b) lose
(c) omit
(d) lighten

A: 이 양배추 수프 다이어트를 정말 할 생각이니?
B: 응! 결혼식이 한 달도 안 남아서 필사적으로 살을 빼야 해.

해설 '살이 빠지다'의 뜻으로 lose weight, '살이 찌다'는 gain weight를 쓴다.

오답 분석
(a) release 풀어놓다, 방출하다 – 영화나 음반을 출시하거나 해방시킨다는 의미로 쓰이지만, 살을 뺀다는 의미로 쓰이지 않는다.
(c) omit 생략하다, 빼먹다 – 의미상 어울리지 않는다.
(d) lighten 밝게 하다, 가벼워지다 – 짐이 가벼워지거나 마음이 가벼워진다는 뜻으로 쓰인다. 몸무게가 줄어서 가벼워진다는 의미로는 쓰이지 않는다.

3

A: Good afternoon. How may I assist you?
B: I came down with a cold. I need this
   prescription __________.

(a) produced　　　(b) made
(c) filled　　　　(d) delivered

A: 안녕하세요. 어떻게 도와드릴까요?
B: 감기에 걸려서요. 이 처방전대로 조제해
　 주세요.

해설 come down with는 '병에 걸리다'의 뜻이다. 빈출 표현이므로 기억해두자.

fill the prescription은 '처방전대로 조제하다'의 뜻이다. '처방전을 쓰다'의 의미가 아니라는 것을 주의하자.

오답 (a) produce　생산하다 – 처방전을 생산한다는 것은 의미상 어울리지 않는다.

분석 (b) make　만들다 – 의미상 어울리지 않는다.

(d) deliver　배달하다 – 처방전을 배달한다는 것도 의미상 어울리지 않는다.

4

A: I like this guitar a lot but I just can't afford it.
B: Well, we have a large selection. What price
   __________ are you looking for?

(a) scale　　　　(b) size
(c) range　　　　(d) variety

A: 이 기타가 너무 마음에 들지만, 살 만한 여유가
　 없어요.
B: 저희 가게는 선택의 범위가 넓답니다. 어느 정
　 도 가격대를 찾고 계세요?

해설 가격대를 이야기 할 때 price range를 쓴다. 오답 보기에 주의하자.

오답 (a) scale　규모 – '가격의 규모'는 어울리지 않는 표현이다.

분석 (b) size　크기 – '가격의 크기' 역시 어울리지 않는 표현이다.

(d) variety　다양성, 종류 – '가격의 종류' 또한 어울리지 않는 표현이다.

5

The government has __________ a new healthcare
bill which eliminates the hospital fee for giving
childbirth.

(a) decided　　　(b) spent
(c) passed　　　　(d) declared

정부는 아기를 낳는 것에 대한 병원비를 없애는
새로운 건강관리 법안을 통과시켰다.

해설 bill은 '지폐, 계산서' 외에 '법안'의 뜻으로도 쓰이는 다의어이다.

법안을 통과시킨다는 뜻으로 pass를 쓴다. 문자 그대로의 의미를 생각하면 쉽게 외울 수 있다.

오답 (a) decide　결정하다 – 빈칸에 decide를 넣으면 '법안을 결정한다'라는 뜻이 되므로 문장 호응이 이루어지지 않는다.

분석 (b) spend　보내다, 쓰다 – 시간이나 돈을 쓴다는 의미이므로 알맞지 않다.

(d) declare　선언하다, 세관 신고하다 – 분명히 밝히고 선언한다는 뜻의 단어이므로 빈칸에 어울리지 않는 단어이다.

Answers:

1. (b) **2.** (b) **3.** (c) **4.** (c) **5.** (c)

TEPS 어휘 영역에 자주 출제되는 어휘와 어구를 익힘으로써
실전 문제에 완벽히 대비하자.

▶▶ 빈출 Collocation 1

1.	**bear fruit**	결실을 맺다
2.	**big day**	큰 행사가 있는 날, 중요한 날
3.	**blank face**	무표정한 얼굴, 멍한 얼굴
4.	**capital punishment**	사형 (= death penalty)
5.	**cast a ballot**	투표를 하다
6.	**catch a cold**	감기 걸리다
7.	**catch fire**	불붙다
8.	**civil war**	내전
9.	**clear one's throat**	목을 가다듬다, 헛기침하다
10.	**close call**	위기일발
11.	**commit a crime**	죄를 짓다
12.	**commit suicide**	자살하다
13.	**common sense**	상식
14.	**common use**	상용
15.	**complimentary ticket**	우대권, 초대권
16.	**conduct a poll**	여론 조사를 하다
17.	**crude oil**	원유

18.	**dead end**	막다른 끝
20.	**draft dodger**	징집 기피자 (= draft evader)
21.	**draw a map**	지도를 그리다
22.	**file a (law) suit**	소송을 제기하다
23.	**fiscal year**	회계 연도
24.	**flat broke**	완전히 빈털터리인
25.	**flat tire**	펑크 난 타이어
26.	**for good**	영원히
27.	**food shortage**	식량난
28.	**for want of**	~가 결핍되어, 부족하여 (= for lack of)
29.	**generation gap**	세대 차이
30.	**go on a diet**	다이어트를 하다
31.	**heavy rain / heavy snow**	폭우 / 폭설
32.	**heavy traffic**	교통 체증 (= traffic jam, traffic congestion)
33.	**in private**	개인적으로
34.	**in public**	공공연하게
35.	**installment sale**	할부 판매
36.	**jet lag**	시차로 인한 피로

Build Up

TEPS 어휘 영역의 실전 문제와 가장 가까운 유형과 난이도의
예상 문제를 통해 실력을 쌓자.

▶▶ Part 1 Choose the most appropriate word or expression for the blank in the conversation.

1. A: Hi, I know this is late notice, but can I still make a reservation for tonight?
B: I am terribly sorry, but we are _______ solid.

(a) charged
(b) claimed
(c) booked
(d) reserved

2. A: You are a very __________ person.
B: I take after my mother. She is really easy-going.

(a) congenial
(b) arrogant
(c) obnoxious
(d) taciturn

3. A: I don't know why I am bothering to write this book. Nobody will buy it even if it does get published!
B: Don't be so ________ on yourself! You are an excellent writer, with wonderful ideas.

(a) irritated
(b) tricky
(c) mean
(d) hard

4. A: Is that your stomach __________?
B: It is. Are you interested in getting a bite to eat?

(a) howling
(b) growling
(c) indigestion
(d) digesting

5. The director has received critical __________ for her unique style of filmmaking.

  (a) acclaim
  (b) approval
  (c) applause
  (d) appreciation

6. Many critics ________ the author after it was disclosed that he had lied about many experiences he wrote about in his memoir.

  (a) respected
  (b) esteemed
  (c) commended
  (d) rebuked

7. Honesty and respect are the basic foundation for a good ______________.

  (a) association
  (b) relationship
  (c) unification
  (d) correlation

8. The scarce amount of rainfall over the past several months has produced a ________, resulting in devastating economic losses for the farmers of the region.

  (a) hurricane
  (b) typhoon
  (c) drought
  (d) downpour

9. After a long day of negotiating an agreement in vain, both sides decided to ________ talks in the morning.

  (a) set
  (b) observe
  (c) resume
  (d) execute

10. A medical doctor must have a very ________ mind in order to remember the details of human anatomy.

  (a) retentive
  (b) mediocre
  (c) restraining
  (d) memorable

정답: 263p

Day 20
Collocation 3

1. hold a meeting 회의를 열다

hold에 '행사 등을 열다, 개최하다'의 뜻이 있다는 것을 반드시 기억해야 한다.
hold a meeting은 '회의를 열다'의 뜻이 된다.

2. out of stock 재고가 없는

stock은 '재고'의 뜻 외에 '주식'의 뜻도 있다.
따라서 out of stock은 '재고가 없는'의 뜻이고, stock market은 '주식 시장'의 뜻이다.
둘 다 매우 자주 쓰이는 어구이니 반드시 알아두도록 하자.

3. pay respect to ~에게 경의를 표하다

pay attention to가 '~에 주의를 기울이다'의 뜻이므로 이와 같은 맥락으로 pay respect to는 '경의를 표하다, 존경하다'의 의미가 된다는 것을 유추할 수 있을 것이다.
pay a visit은 '방문하다'의 의미가 된다. 이렇게 pay 동사를 활용하는 용례들을 익혀두자.

4. second opinion (의학) 다른 의사의 의견

second opinion은 문자 그대로 해석하면 '두 번째 의견'의 뜻이다. 큰 수술 등을 결정할 때에는 다른 의사에게서도 의견을 구해보기 마련이므로 second opinion은 주로 의학 쪽에서 '다른 전문가의 의견'이라는 뜻으로 쓰인다.

5. night shift 밤 근무 / day shift 낮 근무

shift는 '변동, 추이' 등의 뜻도 있지만, 이에서 파생된 '근무의 교체, 교대(시간)'의 뜻도 있다.
shift는 '근무 스케줄'의 의미라고 쉽게 생각하면 된다.
따라서 night shift는 '밤 근무', day shift는 '낮 근무'를 의미한다.

TEPS 어휘 영역에 출제되었던 문제를 풀어봄으로써 실전 문제
유형을 확실하게 파악해두자.

Part 1 Choose the most appropriate word or expression for the blank in the conversation.

1. A: Do you have this shoe in size 10?
B: No, I am sorry, we don't. We are out of _________ at the moment.

(a) stock
(b) any
(c) inventory
(d) storage

Part 2 Choose the most appropriate word or expression for the blank in the statement.

2. Overtime pay was one of the main concerns addressed during the staff meeting
___________ on Friday afternoon.

(a) held
(b) fixed
(c) reserved
(d) carried

3. When the former prime minister died, thousands of people came to _________ their
respect.

(a) pay
(b) say
(c) pass
(d) perform

4. The real estate agent gave us an estimated value of $500,000 for our house but we are
going to get a(n) _________ opinion.

(a) accurate
(b) second
(c) popular
(d) sincere

5. My brother sleeps all day because he works night _________ in the bakery at the local
supermarket.

(a) time
(b) rotation
(c) work
(d) shift

Answers

TEPS 어휘 영역에 출제되었던 문제를 자세한 설명과 함께 완전히
이해하도록 하자.

1

A: 이 신발 사이즈 10짜리 있습니까?
B: 죄송하지만 없네요. 지금 재고가 없어요.

해설 stock은 '주식'이라는 뜻과 '재고'의 뜻을 가지는 다의어이다. out of stock은 '재고가 없는'이라는 뜻이다.

오답 (b) any 무엇이든, 어느 것이라도 – "We don't have any."를 써야 문장 호응이 이루어진다.
분석 (c) inventory 재고, 재고 목록 – '재고품 목록, 물품 명세서'로 주로 쓰이므로 이 문장에 정확하게 어울리는 단어는 아니다.
(d) storage 저장, 보관 – 동사 store는 '저장하다, 창고에 보관하다'의 뜻으로, storage는 '보관'의 뜻이다.

2

초과근무 수당이 금요일 오후에 열린 직원 회의
에서 다루어진 주요 관심사 중 하나였다.

해설 hold는 '붙들다, 잡다'의 뜻 외에도 '(회의, 파티, 행사 등을) 열다, 개최하다'의 뜻으로 쓰인다.
hold a meeting은 '회의를 열다'의 뜻인데, 능동으로 쓰인 것이 아니라 p.p. 형태로 뒤에서 수식해주고 있는 것을 볼 수 있어야 한다.
address에 '주소'의 뜻 말고도 '다루다, 처리하다', '말 걸다, 연설하다' 등의 뜻이 있다는 것도 함께 기억해두자.

오답 (b) fix 고치다, 고정시키다 – 의미상 어울리지 않는다.
분석 (c) reserve 비축하다, 아껴두다; 예약하다 – 의미상 전혀 어울리지 않는다.
(d) carry 운반하다, 취급하다 – 옮기고 운반한다는 뜻 외에 상점에서 어떤 물건을 취급한다는 의미로도 쓰이지만, 이 문장에 어울리는
의미는 아니다.

3

<table>
<tr><td>

When the former prime minister died, thousands of people came to _________ their respect.

(a) pay   (b) say

(c) pass   (d) perform

</td><td>

전 수상이 죽었을 때, 몇 천 명의 사람들이 경의를 표하러 왔다.

</td></tr>
</table>

해설 pay respect는 '존경하다, 경의를 표하다'의 뜻이다. pay attention(주의하다)과 함께 외워두면 기억하기 쉽다.

오답 (b) say 말하다 – say respect는 '존중을 말하다'의 뜻이므로 어색한 표현이 된다.

분석 (c) pass 지나다, 넘다, 합격하다 – respect와 어울려 쓰이지 않는다.

(d) perform 수행하다, 공연하다 – respect와 어울려 쓰이지 않는다.

4

<table>
<tr><td>

The real estate agent gave us an estimated value of $500,000 for our house but we are going to get a(n) _________ opinion.

(a) accurate   (b) second

(c) popular   (d) sincere

</td><td>

부동산에서는 우리 집을 대략 50만 달러의 가치로 평가하였지만 우리는 다른 전문가의 의견도 구해보려 한다.

</td></tr>
</table>

해설 second opinion은 '다른 전문가의 의견, 다른 의사의 의견' 등의 뜻이다.

오답 (a) accurate 정확한, 정밀한 – 문맥상 이미 의견을 한번 구해보고, 다른 의견을 구한다고 하였으므로 정답이 될 수 없다.

분석 (c) popular 인기 있는, 대중적인 – 의미상 적절치 않다.

(d) sincere 성실한, 진실한 – (a)와 같은 이유로 정답이 될 수 없다.

5

<table>
<tr><td>

My brother sleeps all day because he works night _________ in the bakery at the local supermarket.

(a) time   (b) rotation

(c) work   (d) shift

</td><td>

나의 오빠는 동네 슈퍼마켓의 빵 가게에서 밤 시간 근무를 하기 때문에 낮 시간 내내 잔다.

</td></tr>
</table>

해설 보기가 전부 다 정답으로 보일 수 있는 문제이므로 오답 분석을 정확히 해두자.

shift가 '근무의 교체, 교대(시간)'이라는 뜻이므로 '낮 근무'는 day shift, '밤 근무'는 night shift라고 한다.

빈출어구이므로 꼭 외워두어야 한다.

오답 (a) time 시간 – 시간이라는 추상적 개념을 가리키는 단어이다.

분석 (b) rotation 회전, 순환, 지구의 자전 – 근무 교대에는 쓰지 않는다.

(c) work 일, 일자리, 직업 – 일자리나 직업 전체를 가리키는 단어이므로 근무시간에는 어울리지 않는다.

Answers:

1. (a) 2. (a) 3. (a) 4. (b) 5. (d)

▶▶ 빈출 Collocation 2

1.	**junk mail**	광고 우편물
2.	**libel suit**	명예훼손 소송
3.	**life sentence**	종신형
4.	**life span**	수명
5.	**lip service**	입에 발린 말
6.	**meet the demand / need**	수요[필요]를 충족시키다
7.	**narrow escape**	구사일생, 가까스로 모면
8.	**nuclear family**	핵가족
9.	**extended (large) family**	대가족
10.	**on purpose**	의도적으로 (= deliberately)
11.	**open an account**	계좌를 개설하다
12.	**close an account**	계좌를 닫다
13.	**play a part / role**	역할을 하다
14.	**price tag**	가격표
15.	**pros and cons**	찬성과 반대; 이점과 단점
16.	**public opinion**	여론
17.	**raw material**	원재료
18.	**return one's call**	나중에 답신 전화를 하다
19.	**ruling party**	여당
20.	**opposition party**	야당

21.	runny nose	코 흘림
22.	stuffy nose	코 막힘
23.	second thought	재고
24.	second opinion	다른 사람의 의견
25.	set limit / standards	한계 / 기준을 세우다
26.	set the table	식탁을 차리다
27.	clear the table	식탁을 치우다
28.	side effect	부작용
29.	sore throat	목 따끔거림
30.	sound asleep	깊이 잠든
31.	stand in line	줄을 서서 기다리다
32.	cut in line	새치기하다
33.	thorny issue	매우 까다로운 문제
34.	through thick and thin	어떠한 상황에서도 시종일관, 온갖 고난을 무릅쓰고
35.	to and fro	앞뒤로 (= back and forth)
36.	undergo surgery	수술 받다
37.	utility rates	(전기, 수도, 가스 등의) 공과금
38.	well-off	유복한
39.	badly-off	궁핍한
40.	wield arms	무력을 휘두르다

 # Build Up 

TEPS 어휘 영역의 실전 문제와 가장 가까운 유형과 난이도의
예상 문제를 통해 실력을 쌓자.

▶▶ **Part 1** Choose the most appropriate word or expression for the blank in the conversation.

1. A: Did you inherit your mother's skill with a needle and thread?
B: Not in the least! I think I am all _________ at needlework.

(a) backwards
(b) elbows
(c) cheeky
(d) thumbs

2. A: Good afternoon, Waterford Dental Clinic.
B: Yes, I would like to make an appointment for a(n) _________ and a cleaning please.

(a) review
(b) appraisal
(c) judgment
(d) checkup

3. A: How do I get to Young Street?
B: Go straight and _______ your fourth right. You can't miss it!

(a) take
(b) position
(c) put
(d) enter

4. A: Are you Italian?
B: No, I have been living here for three years so I am an Italian citizen, but my _________ is Spanish.

(a) nationality
(b) patriotism
(c) nationalism
(d) indigenous

5. Some companies __________ that their employees carry a cell phone with them at all times.

(a) claim
(b) dispute
(c) involve
(d) demand

6. Susan was having some personal problems so the professor granted her a(n) __________ on her assignment.

(a) addition
(b) extension
(c) permission
(d) continuation

7. The social activist is the right woman to __________ courage into the oppressed population.
(a) improve
(b) impose
(c) introduce
(d) inspire

8. He made a very __________ argument for being insured on the car, but in the end, his parents decided the expense was not worth the convenience.

(a) consistent
(b) arbitrary
(c) classic
(d) persuasive

9. I like shopping at the family grocery store because it is conveniently close and the prices are very __________.

(a) instinctive
(b) considerable
(c) divisible
(d) reasonable

10. The department store has __________ the prices on all 2007 inventory in order to make room for the 2008 merchandise.

(a) carved
(b) slashed
(c) severed
(d) divided

정답: 265p

FINAL CHECK

VOCABULARY

DIRECTIONS

The part of the exam tests your vocabulary skills. You will have 15 minutes to complete the 50 questions. Be sure to follow the directions given by the proctor.

Choose the most appropriate word or expression for the blank in the conversation.

1. A: Do you _______ what time it is?
   B: Yes, it is 4:35 p.m.

   (a) watch   (b) have
   (c) know   (d) tell

2. A: Do you want to go on a boat tour of
      the Thames River with me sometime?
   B: Sure. How much does it cost per
      _________?

   (a) single   (b) body
   (c) person   (d) individual

3. A: I know you are busy so please don't
      feel _________ to come to my party.
   B: I am very busy, but I'll gladly make
      time for it.

   (a) ominous   (b) opaque
   (c) obliged   (d) oblivious

4. A: I wish I could stay and visit with you
      longer but I have a plane to
      _________.

   B: Well, it was great seeing you again.
      Send my love to your family.

   (a) make   (b) fly
   (c) reserve   (d) catch

5. A: How could you have handled the
      situation differently?
   B: It's hard to say because it all
      happened in a _________ second.

   (a) long   (b) split
   (c) single   (d) half

6. A: How are you finding this chapter on
      Sigmund Freud?
   B: At first it was hard to understand but
      I am beginning to _____________.

   (a) find out   (b) add up
   (c) catch on   (d) believe in

7. A: Good evening, may I take your order?
   B: Actually, we could use a couple of
      more minutes to _________ the menu.
   Thanks.

   (a) engage   (b) choose
   (c) study   (d) discover

8. A: ___________, Andrea. There is a car
      approaching behind you.
   B: Oh, sure, thanks very much.

   (a) Cut in   (b) Sit tight
   (c) Pull over   (d) Step aside

9. A: Your son is a very good student but
    he has some trouble with public
    speaking.
    B: That does not surprise me. He has
    been __________ since he was a child.

    (a) taciturn   (b) extroverted
    (c) garrulous   (d) boisterous

10. A: I am now going to ask the best man,
    Tom, to come to the microphone.
    B: First of all, I would like to make a
    __________: to lifelong health and
    happiness for the newlyweds.

    (a) toast   (b) salutation
    (c) cheer   (d) salute

11. A: I tried to watch my favorite television
    drama last night but the TV couldn't
    __________ the signal.
    B: Really? My television signal was
    coming through fine.

    (a) receive   (b) detect
    (c) observe   (d) monitor

12. A: Can you direct me toward Terra Nova
    Golf Course?
    B: __________ on this main street until you
    reach Logy Bay Road, and the golf
    course is on the right.

    (a) Take   (b) Stay
    (c) Keep   (d) Hold

13. A: So now that Bill Parsons has won the
    election, when will he take over as
    mayor?
    B: He will be officially __________
    during a ceremony on Thursday
    morning.

    (a) brought in   (b) established
    (c) sworn in   (d) accepted

14. A: You are late again, Tanya. This is
    starting to become a habit.
    B: It wasn't my __________ this morning
    because my alarm clock didn't go off.

    (a) fault   (b) inaccuracy
    (c) guilt   (d) ambiguity

15. A: So how did the trial go?
    B: The jury delivered a non-guilty
    verdict that __________ the accused.

    (a) vindicated   (b) vandalized
    (c) denied   (d) devaluated

16. A: Your son must be very upset when he
    couldn't participate in the summer
    camp.
    B: Despite my son's disappointment, I
    remain __________ about my
    decision because he was too weak for
    the camp environment.

    (a) disconcerted   (b) compliant
    (c) adamant   (d) vacillating

17. A: Excuse me, can you tell me where to
   find the pasta sauce?

   B: Half way down _______ # 8, on the
   top shelf.

   (a) hall   (b) path
   (c) aisle   (d) corridor

18. A: Has Kelly made a choice about
   which university to attend?

   B: No, she has narrowed her decision,
   but is still on the _______.

   (a) border   (b) rail
   (c) fence   (d) decision

19. A: Does the computer bag _________
   with the laptop for that price?

   B: Not normally, but I will throw it in as
   a special price.

   (a) piece   (b) fit
   (c) come   (d) accompany

20. A: Could you please return this movie
   rental for me sometime before 6:00
   p.m.

   B: Not a problem, I'm _________ that
   way right now.

   (a) aimed   (b) headed
   (c) intended   (d) targeted

21. A: What's up? You look good these days.

   B: No, I feel I'm getting fat. So I recently
   joined a gym in an effort to lose some

   _________.

   (a) weight   (b) heaviness
   (c) size   (d) displeasure

22. A: I would like to check out these books
   please.

   B: Not a problem, but this is the reserve
   desk. You must go to the _________
   desk.

   (a) catalogue   (b) information
   (c) circulation   (d) microfilm

23. A: What do you say to go ride in a
   sleigh?

   B: Well, let me consider since I hate to
   _______ the sled back up the hill.

   (a) get   (b) clutch
   (c) pull   (d) lift

24. A: Tell me about your opinion about
   stem cell research.

   B: I think it should be carefully
   _________ and properly
   conducted.

   (a) invented   (b) charged
   (c) directed   (d) expected

25. A: I will exercise three hours a day to
   get in shape.

   B: You'd better keep in mind too much
   of anything can have negative
   _______ on one's lifestyle.

   (a) effects   (b) sources
   (c) indications   (d) surroundings

Choose the most appropriate word or expression for the blank in the statement.

---

26. The ticket box office at the concert venue will _________ all major credit cards, debit, or cash, but no personal checks.

(a) proceed   (b) operate

(c) accept   (d) utilize

27. Fashion magazines ________ unrealistic depictions of how typical men and women should look in society.

(a) imagine   (b) project

(c) scatter   (d) install

28. When Kevin was diagnosed with a terminal disease, he took the necessary financial steps to ________ his family's future.

(a) secure   (b) develop

(c) control   (d) liberate

29. Singing songs in class usually ________ a young student's interest toward the language lesson.

(a) sways   (b) swipes

(c) schemes   (d) pressures

30. The lead guitarist played a beautiful classical __________ between the first and second half of the band's two-hour set.

(a) prelude   (b) interlude

(c) repartee   (d) periphery

31. You can help to ________ the environment by making an effort at home to segregate your compost and recyclables from normal household waste.

(a) guard   (b) defend

(c) annihilate   (d) preserve

32. The jury discussed the evidence presented in the case for hours but could not agree on a _________.

(a) verdict   (b) sentence

(c) result   (d) testimony

33. Albert Einstein had a profound ________ on the innovation of modern physics.

(a) power   (b) blow

(c) impact   (d) command

34. Ryan's dog did not eat for three days so he took it to the __________.

(a) veterinarian (b) pediatrician
(c) anesthetist (d) therapist

35. Make sure that you ________ me informed about any potential plans for this weekend.

(a) cover (b) keep
(c) place (d) share

36. Amelia found herself __________ from her co-workers because of her manipulative ways.

(a) alienated (b) subtracted
(c) betrothed (d) deducted

37. Correspondence education is a practical __________ for student mothers to obtain university degrees.

(a) avenue (b) direction
(c) reproach (d) reference

38. Jane's doctor said that her cancer has spread drastically; his __________ for her recovery is not good.

(a) indication (b) prognosis
(c) presentation (d) measurement

39. When shopping at the electronic market, be aware of ________ merchandise.

(a) esoteric (b) irrelevant
(c) palpable (d) spurious

40. Due to a number of economic __________, the company has decided to lay-off many employees.

(a) drawbacks (b) errors
(c) disparities (d) setbacks

41. Since Jeff has started to apply himself more, the quality of his work has improved __________.

(a) considerately (b) eloquently
(c) significantly (d) unconditionally

42. The argument between the two men escalated and eventually __________ in a fist fight.

(a) exemplified (b) turned
(c) epitomized (d) culminated

43. Meteorites travel at high speeds through outer space in a state of __________.

(a) inertia (b) velocity
(c) suspension (d) dynamism

44. The assassination of Archduke Franz Ferdinand of Austria in 1914 was the _________ that initiated World War I.

(a) catalyst
(b) upheaval
(c) commotion
(d) touchstone

45. Michael Ondaatje has written many wonderful pieces of literature that have been _________ by his most famous novel, *The English Patient*.

(a) eclipsed
(b) withheld
(c) truncated
(d) overlapped

46. During your orientation and training, you will be _________ through the procedures of the company.

(a) prompted
(b) orchestrated
(c) driven
(d) walked

47. The extent that environmental damage has had on the environment is not _________ because what we know about global climate change is inferred from historical evidence.

(a) clear
(b) told
(c) sure
(d) plain

48. As the days _________ following Scott's motorcycle accident, he regained more of the strength in his legs.

(a) reaped
(b) ensued
(c) shadowed
(d) convened

49. Reilly was struck in the head by a bottle after an argument _________ during the staff Christmas party.

(a) flared
(b) lashed
(c) pursued
(d) brimmed

50. Your proposal is _________ in that it does not account for the peripheral characters necessary for the success.

(a) perceptual
(b) retroactive
(c) translucent
(d) nearsighted

정답: 267p

ANSWERS
정답과 해설

Answers
정답과 해설

Day 1

build up 23p

1. (c)	**2.** (a)	**3.** (d)	**4.** (b)	**5.** (b)	**6.** (d)
7. (a)	**8.** (c)	**9.** (d)	**10.** (b)		

1.

A: Our computer is not working.
B: I'll bring it to the shop. The warranty is still
_________ for two more years.

(a) fit
(b) protected
(c) **good**
(d) fixed

| 해석 |
A: 우리 컴퓨터가 작동이 안돼.
B: 가게에 가져가 볼게. 보증서는 아직 2년이 더 남았으니까.

| 해설 |
good은 '효과 있는, 유효한'의 뜻을 가지므로 정답이 된다.

| 오답분석 |
(a) fit 꼭 맞는, 알맞은 – 어울리며 들어맞는다는 의미이므로 보증서와
어울려 쓸 수 없다.
(b) protected 보호되는 – 의미상 어울리지 않는다.
(d) fixed 고정된 – 움직이지 않고 고정되었다는 의미이므로 이 문제에
어울리지 않는다.

2.

A: I got a new job with much more salary than the
last one.
B: Terrific! I think losing your job was a
_________________.

(a) **blessing in disguise**
(b) mixed blessing
(c) pure luck
(d) cream of the crop

| 해석 |
A: 훨씬 더 많은 급여를 주는 새로운 직장을 찾았어.
B: 잘됐다! 직장을 잃었던 것이 오히려 좋은 일이 되었구나.

| 해설 |
blessing in disguise는 '불행해 보이나 실은 행복한 것'을 의미하므로, 이
대화의 문맥에 맞는 내용이다.

| 오답분석 |
(b) mixed blessing 좋은 점과 나쁜 점이 섞인 것, 그러한 상황
(c) pure luck 순전한 운, 요행
(d) cream of the crop 가장 좋은 것, 알짜

3.

A: Excuse me. When does the next train to Busan
_________?
B: Actually, it departs momentarily.

(a) bestow
(b) continue
(c) alter
(d) **leave**

| 해석 |
A: 실례합니다. 부산으로 가는 다음 기차가 언제 출발하나요?
B: 이제 곧 출발할 거예요.

| 해설 |
leave는 '남기다, ~인 채로 두다, 떠나다, ~을 뒤로 하다, 출발하다'의 의
미이다. 기차가 출발한다는 의미로도 쓰이므로 정답이다.

| 오답분석 |
(a) bestow 주다, 수여하다
(b) continue 계속하다
(c) alter 바꾸다, 변경하다, 개조하다

4.

A: Dr. Gunther is such a(n) __________ thinker in
the field of mathematics.
B: I know. He has been recognized nationally for
his ability to explain very complex algorithms.

(a) breathtaking
(b) **profound**
(c) superficial
(d) insubstantial

| 해석 |
A: 건터 박사님은 수학 분야에서 정말 심오한 사상가세요.
B: 나도 알아요. 그는 아주 복잡한 알고리즘을 설명하는 능력으로 국가적
으로 알려져 있죠.

| 해설 |
profound는 '심오한, 깊은'의 뜻이다. 빈칸 뒤의 thinker와 호응을 이룰
수 있는 것은 profound뿐이다.

| 오답분석 |

(a) breathtaking 놀랄 만한, 훌륭한
(c) superficial 표면상의, 외면의, 얕은
(d) insubstantial 실체 없는, 공허한

5.

A climber fell from a cliff on Saturday and sustained __________ injuries to his head and neck.

(a) unbelievable
(b) critical
(c) twisted
(d) rough

| 해석 |

토요일에 한 등반가가 절벽에서 떨어져서 머리와 목에 큰 부상을 입었다.

| 해설 |

sustain이 이 문장에서는 '견디다, 떠받치다'의 뜻이 아니라 '손해, 상처 등을 입다'의 뜻으로 쓰였다.
critical은 '비판적인'의 뜻 외에도 '위험한, 중대한, 결정적인'의 뜻이 있다.

| 오답분석 |

(a) unbelievable 믿을 수 없는 – 믿기 어렵고 터무니없다는 의미로 쓰인다.
(c) twisted 꼬인, 뒤틀린 – 의미상 적절하지 않다.
(d) rough 거친, 대략적인 – 거칠고 난폭하다는 뜻 외에, '대략의'의 뜻도 있지만 둘 다 이 문장에 어울리지 않는다.

6.

Wholesale companies aim to __________ their inventory as quickly as possible as they receive large daily shipments.

(a) distill
(b) interpret
(c) sustain
(d) dispatch

| 해석 |

도매 회사들은 매일 많은 양의 물품을 받기 때문에 재고품을 가능한 한 빨리 처리하고 싶어한다.

| 해설 |

dispatch는 '(편지, 소포를) 발송하다; (사람, 동물을) 해치우다, 죽이다; (일을) 재빨리 해치우다, 신속히 처리하다'의 뜻이므로, 이 문장에서 재고품을 빨리 처분한다는 의미로 쓰였다.

| 오답분석 |

(a) distill 증류하다
(b) interpret 해석하다, 통역하다
(c) sustain 지탱하다, 유지하다

7.

It has been announced that Vancouver has won the ______ for the 2010 Olympic Games.

(a) bid
(b) bet
(c) auction
(d) scheme

| 해석 |

밴쿠버가 2010년 올림픽의 개최권을 땄다는 것이 발표되었다.

| 해설 |

win a bid는 '입찰권을 따다'의 뜻으로, 이 문장에서는 올림픽의 개최권을 획득했다는 의미가 된다.

| 오답분석 |

(b) bet 내기, 도박
(c) auction 경매
(d) scheme 계획, 설계

8.

As a medical intern, you are not in a __________ to independently diagnose a patient.

(a) place
(b) right
(c) position
(d) stance

| 해석 |

너는 의대 인턴이기 때문에 독립적으로 환자를 진단할 위치에 있지는 않다.

| 해설 |

position은 '위치, 장소'의 뜻에서 '(사회적) 지위, 신분'의 뜻이 된다.

| 오답분석 |

(a) place – 물리적인 장소의 뜻만 있으므로 정답이 될 수 없다.
(d) stance – 서 있는 자세, 위치 등을 말하므로 역시 적절하지 않다.

9.

Are jean jackets just a recurring fashion fad or are they here to ______?

(a) hold
(b) stick
(c) style
(d) stay

| 해석 |

청재킷은 다시 잠깐의 유행인 것일까 아니면 인기가 계속 유지될까?

| 해설 |

here to stay는 문자 그대로, '여기에서 계속 머무르다'의 뜻이다.
따라서 이 문장에서는 인기가 계속 유지된다는 뜻으로 의역할 수 있다.

| 오답분석 |

(a) hold – 기본적으로 '붙잡다'의 뜻이므로 적절하지 않다.
(b) stick 붙이다, 고정시키다

10.

This relationship works out nicely because my girlfriend and I ________ similar interests.

(a) allocate
(b) share
(c) divide
(d) measure

| 해석 |

나와 여자 친구는 비슷한 흥미를 공유하고 있기 때문에 관계가 잘 되어가고 있다.

| 해설 |

share는 '나누다, 분배하다, 공유하다'의 뜻으로, 물건을 나누어 쓰거나 자기 몫의 음식 등을 나누어 줄 때에도 쓰이며, 이 문제에서처럼 취미나 흥미, 정보 등을 공유한다는 의미로도 쓰인다.

| 오답분석 |

(a) allocate 할당하다 – '공유'의 의미는 들어 있지 않다.
(c) divide 나누다 – 분할한다는 의미이므로 정답으로 적절치 않다.
(d) measure 측정하다, 재다

Day 2

build up
33p

1. (b)	**2.** (c)	**3.** (c)	**4.** (a)	**5.** (b)	**6.** (b)
7. (a)	**8.** (d)	**9.** (a)	**10.** (c)		

1.

A: Let's go drink some beer. It's on me this time.
B: No, thanks. I need to ________ my weight.

(a) see
(b) watch
(c) look at
(d) behold

| 해석 |

A: 가서 맥주 마시자. 이번엔 내가 살게.
B: 고맙지만 사양할래. 체중 조절을 해야 해서.

| 해설 |

watch에는 '주의하다'의 뜻이 있다. 따라서 이 문제에서는 체중이 늘지 않게 조심해야 한다는 의미이므로 watch가 정답이 된다.

| 오답분석 |

나머지 보기들은 단순히 보거나 주시한다는 의미로, 조심한다는 의미는 없다.
(a) see 보다, 만나보다
(c) look at 바라보다, 주시하다
(d) behold 바라보다, 주시하다

2.

A: Dad, I need you to sign this ________ slip for a school field trip.
B: Wow, your class is going to the art museum! That should be interesting.

(a) agreement
(b) acceptance
(c) permission
(d) acknowledgment

| 해석 |

A: 아빠, 학교 현장학습 허가서에 사인해 주세요.
B: 와, 너희 반이 미술관에 가는구나! 재미있겠는걸.

| 해설 |

permission은 '허락, 허가, 승낙, 허용'의 뜻이다. 나머지 보기들도 비슷한 의미를 가지기는 하지만, 어떤 일을 허용하여 승낙한다는 의미는 permission뿐이다.

| 오답분석 |

(a) agreement 합의, 계약, 일치
(b) acceptance 받아들임, 수용, 인수
(d) acknowledgment 승인, 시인, 사례

3.

A: Extremely intelligent people always have ____________ minds.
B: That's because the prelude to knowledge is the desire to ask questions.

(a) enigmatic
(b) encouraging
(c) inquisitive
(d) suspicious

| 해석 |

A: 매우 지적인 사람들은 항상 호기심이 많아.
B: 질문을 하려는 욕구가 지식을 얻기 위한 전조가 되기 때문이야.

| 해설 |

inquisitive는 '호기심 많은, 탐구적인, 알고 싶어 하는'의 뜻으로, B의 대답에서 정답을 유추할 수 있다.

| 오답분석 |

(a) enigmatic 수수께끼 같은, 불가해한
(b) encouraging 장려하는, 유망한
(d) suspicious 의심스러운, 수상쩍은, 의심 많은

4.

A: Unfortunately, we just found out that my daughter is ________ to our dog.
B: I would be glad to take the dog, if you are looking for a new home for him.

(a) allergic
(b) elastic

(c) acquiescent

(d) indifferent

| 해석 |

A: 불행히도 우리 딸이 개한테 알레르기가 있다는 사실을 막 알아냈어요.
B: 당신네 개의 새로운 주인을 찾고 있다면 제가 기꺼이 개를 데려갈게요.

| 해설 |

allergic은 '알레르기의, 알레르기에 걸린'의 뜻이 있다. 문맥상 강아지를 다른 집으로 보내야 할 상황이므로 정답은 allergic이 된다.

| 오답분석 |

(b) elastic 탄력 있는, 융통성 있는, 유연한
(c) acquiescent 묵묵히 따르는, 묵인하는, 순종하는
(d) indifferent 무관심한, 냉담한

5.

It is my ________ that we didn't get any pictures during our hike; I forgot to recharge the camera batteries.

(a) oversight

(b) fault

(c) inaccuracy

(d) error

| 해석 |

하이킹 하는 동안 사진을 하나도 못 찍은 것은 내 잘못이야. 카메라 배터리를 충전하는 걸 잊어버렸으니까.

| 해설 |

fault는 '과실, 잘못, 책임'의 뜻이다. 어떤 일이 잘못된 데에 대한 책임이 자기 탓이라는 내용의 문장이므로 fault가 정답이 된다.

| 오답분석 |

(a) oversight 빠뜨림, 실패 – 동사 oversee의 뜻을 생각해보자. 못보고 지나가서 무언가 빠뜨렸을 때 쓰는 표현이다.
(c) inaccuracy 부정확, 틀림 – accurate가 '정확한'이라는 뜻이므로 그 반대 의미이다.
(d) error 실수, 틀림 – 무의식중에 저지르는 실수, 오류
    ex) errors in spelling 철자의 실수

6.

It has been clinically proven that vitamin C can protect one's immune ________ from common flu symptoms.

(a) sector

(b) system

(c) portion

(d) process

| 해석 |

비타민 C는 흔한 감기 증상으로부터 면역 체계를 보호해줄 수 있다는 것이 의학적으로 입증되었다.

| 해설 |

immune system은 면역 체계라는 뜻이다. 건강, 의학 관련 문제에 자주 등장하므로 꼭 외워두어야 하는 필수 어휘이다.

| 오답분석 |

(a) sector 분야, 영역 – 의미상 immune과 어울리지 않는다.
(c) portion 한 조각, 부분, 일부 – 의미상 immune과 어울리지 않는다.
(d) process 과정, 진행 – 처리 과정이나 진행을 의미하는 단어이므로 '면역 체계'라는 뜻으로 쓰이기에는 적절하지 않다.

7.

Budget Mart is the only place nearby that ________ my favorite bottle of Shiraz.

(a) carries

(b) inventories

(c) obliges

(d) operates

| 해석 |

Budget Mart는 가까운 가게들 중 내가 가장 좋아하는 시라즈 와인을 파는 유일한 곳이다.

| 해설 |

carry는 '운반하다'의 뜻 외에, '(상점에 ~을) 재고로 가지고 있다, 팔고 있다'의 뜻이 있다.

| 오답분석 |

(b) inventory 재고품 목록, 재고품; 재고 목록을 정리하다
(c) oblige 강요하다, 억지로 시키다
(d) operate 작용하다, 효과를 내다

8.

In most cases, film ________ of classic novels never become as popular as the written texts.

(a) deliberations

(b) conversions

(c) modifications

(d) transformations

| 해석 |

대부분의 경우에, 고전 소설을 영화화한 것은 절대 원래의 소설만큼 인기 있지 않다.

| 해설 |

transformation은 '변형, 변화'의 뜻으로, 소설에서 영화로 형태를 바꾸었다는 의미로 정답이 된다.

| 오답분석 |

(a) deliberation 숙고, 검토
(b) conversion 전환, 변화, 개조 – 화학적 변화나 개종, 프로그램의 변환 등에 쓰이는 단어이므로 정답이 될 수 없다.
(c) modification 변경, 수정, 변형 – 주로 부분적 변경이나 수정을 뜻하므로 정답이 될 수 없다.

9.

Some school parents of foreign children feel it is unfair that students of all ethnicities be ________ to stand for the American national anthem before class.

(a) compelled
(b) presented
(c) submitted
(d) specified

| 해석 |
몇몇 외국 아이들의 학부모들은 모든 민족의 학생들이 미국 국가를 부르도록 강요당하는 것이 부당하다고 여긴다.

| 해설 |
compel은 '강제하다, 억지로 시키다'의 뜻이므로 학교에서 학생들에게 무언가를 시킨다는 문맥으로 정답이 된다.

| 오답분석 |
(b) present 나타내다, 제시하다
(c) submit 제출하다
(d) specify 상술하다, 구체적으로 쓰다

| 어휘 |
ethnicity 민족성
national anthem 국가

10.
Photocopy machines are one of the least ________ sources of toxic emissions.

(a) respected
(b) convenient
(c) recognized
(d) agreeable

| 해석 |
사진복사기는 독성 물질을 방출하는 가장 잘 알려져 있지 않은 원천들 중 하나이다.

| 해설 |
recognize는 '알아보다, 인지하다, 인정하다'의 뜻을 가지므로 p.p. 형태로 이 문장에 알맞은 정답이 된다.

| 오답분석 |
(a) respected 훌륭한, 높이 평가되는
(b) convenient 편리한
(d) agreeable 기분 좋은, 유쾌한

Day 3

build up
43p

1. (d)	2. (a)	3. (a)	4. (a)	5. (b)	6. (c)
7 .(b)	8. (a)	9. (b)	10. (d)		

1.
A: Do you think we will receive our Christmas bonus this year?
B: With the status of the company's financial troubles, that remains to be ________.

(a) unlikely
(b) heard
(c) probable
(d) seen

| 해석 |
A: 올해에 크리스마스 보너스를 받을 것 같아?
B: 회사의 재정적 문제들이 있는 상황이니, 좀 두고 봐야겠지.

| 해설 |
"It remains to be seen."은 '두고 볼 문제다.'라는 뜻이다. 같은 맥락으로 "Let's see."도 '두고 봅시다.'의 뜻이 된다. 구어적으로 많이 쓰는 표현이므로 반드시 알아두자.

| 오답분석 |
(a) unlikely 있음직하지 않은, 가망 없는
(b) hear 듣다, ~로 들리다
(c) probable 개연성 있는, 있음직한, 예상되는

2.
A: Would you like to have a _____ of birthday cake?
B: Of course. I have a sweet tooth for cake.

(a) slice
(b) scrap
(c) sheet
(d) layer

| 해석 |
A: 생일 케이크 한 조각 먹을래?
B: 좋아. 케이크처럼 단 걸 좋아하거든.

| 해설 |
케이크 조각은 slice로 나타낸다.
have a sweet tooth는 '단 것을 좋아하다'라는 구어체 표현이다.

| 오답분석 |
(b) scrap 작은 조각; 먹다 남은 음식, 찌꺼기; (신문 등을) 오려낸 것
(c) sheet 종이 한 장, 얇은 판
(d) layer 층

3.
A: It appears that someone has been ________ with the lock.
B: Let's check the security cameras.

(a) tampering
(b) fixing
(c) securing
(d) exchanging

| 해석 |
A: 누군가 자물쇠를 만졌던 것 같은데.

B: 보안 카메라를 체크해보자.

| 해설 |

tamper는 '기계 등을 만지작거리다, 함부로 변경하다'의 뜻이다. B의 말에서 자물쇠에 뭔가 문제가 생겼다는 것을 알 수 있다.

| 오답분석 |

(b) fix 고정시키다, 고치다
(c) secure 확보하다, 안전하게 하다
(d) exchange 교환하다, 바꾸다; 환전하다

4.

A: The line-ups in this department store are huge. Can we come back another time?
B: Yeah, I guess getting a sale on kitchen __________ is not worth this hassle today.

(a) utensils
(b) mechanics
(c) provisions
(d) attire

| 해석 |

A: 이 백화점은 너무 붐빈다. 다음에 다시 올까?
B: 그러자. 아무리 주방 기기를 할인한다고 해도 오늘은 너무 혼잡한걸.

| 해설 |

utensil은 '가정용품, 부엌세간, 기구'를 뜻한다. 따라서 kitchen 뒤의 빈칸에는 utensil이 알맞은 단어이다.

| 오답분석 |

(b) mechanic 수리공, 정비사
(c) provision 예비, 준비
(d) attire 복장, 의복

5.

A: Do you know why Frank left the party last night without telling anyone?
B: I don't have the __________ idea. One minute I was talking to him and the next minute he was gone.

(a) smartest
(b) remotest
(c) brightest
(d) clueless

| 해석 |

A: 프랭크가 왜 어젯밤 파티에서 누구에게도 말하지 않고 떠났는지 알아?
B: 전혀 모르겠는걸. 같이 얘기하고 있었는데, 잠시 후에 보니 가고 없더라.

| 해설 |

remote는 '먼, 외딴, 희미한'의 뜻이다.
빈칸에 remotest를 넣어 직역하면 '가장 막연하게도 모르겠다', 즉 '전혀 모르겠다'의 의미이다.
같은 의미로 "I don't have the slightest idea."를 흔히 쓴다.

| 오답분석 |

(a) smart 똑똑한, 재치 있는

(c) bright 빛나는, 머리가 좋은, 영리한
(d) clueless 단서 없는, 어리석은, 무지한 – 사람의 성질을 나타내는 형용사이므로 빈칸에 알맞지 않다.

6.

A doctor is under a(n) __________ to keep patient information confidential.

(a) inclination
(b) inheritance
(c) obligation
(d) command

| 해석 |

의사는 환자에 대한 정보를 비밀로 지킬 의무가 있다.

| 해설 |

obligation은 '의무, 책임'의 뜻이다.

| 오답분석 |

(a) inclination 기울기, 경향, 성향, 기호
(b) inheritance 상속, 상속 재산, 유산
(d) command 명령, 지휘(권), 지배력 – 누군가의 명령에 따라 의사가 환자에 대한 정보를 비밀로 하는 것이 아니므로 정답이 될 수 없다.

7.

It has been a long process, but the house is beginning to __________ shape now that the windows and doors have been installed.

(a) create
(b) take
(c) place
(d) show

| 해석 |

과정이 오래 걸렸지만, 이제 창문과 문을 달아서 집이 모양을 갖춰가고 있다.

| 해설 |

take shape은 '(모양, 형태를) 잡아가다, 갖춰가다'의 뜻이다.

| 오답분석 |

(a) create 만들다, 창조하다
(c) place 놓다, 두다
(d) show 보여주다, 제시하다

8.

When going on a hike, you must be __________ with proper footwear and clothes for various weather conditions.

(a) equipped
(b) connected
(c) boarded
(d) filled

| 해석 |

하이킹을 갈 때에는 다양한 날씨에 대비해 적절한 신발과 옷을 갖추어야
한다.

| 해설 |
equip은 '갖추다, 설비하다, 장비를 갖추다' 의 뜻이므로 등산시에 적절한
복장을 갖추는 것에 적절한 단어이다.

| 오답분석 |
(b) connect 잇다, 연결하다, 접속하다
(c) board 승선하다, 탑승하다; 하숙하다
(d) fill 채우다, 가득하게 하다

9.

Seeds of the coffee plant are the _________ of a
world famous stimulating beverage called coffee.

(a) property
(b) source
(c) equipment
(d) product

| 해석 |
커피나무의 씨앗은 커피라고 불리는, 전 세계에 알려진 자극적인 음료의
원료이다.

| 해설 |
source는 '근본, 원천, 근원' 의 뜻이므로 원료가 된다는 의미로 정답이
된다.

| 오답분석 |
(a) property 재산, 자산
(c) equipment 장비, 설비
(d) product 산물, 생산품

10.

Tiffany never had the money to attend university,
but she managed to become independently well-
__________ in English literature.

(a) compared
(b) knowledgeable
(c) masked
(d) read

| 해석 |
티파니는 대학을 다닐 돈이 없었지만, 독립적으로 노력하여 영국 문학에
대해 박식하게 되었다.

| 해설 |
well-read는 '많이 읽은, 박식한' 의 뜻이다.
manage는 '어떻게든 해내다, 실현하다' 의 뜻이 있다.

Day 4

Build up　　　　　　　　　　53p

1. (a)	**2.** (c)	**3.** (c)	**4.** (a)	**5.** (b)	**6.** (b)
7. (b)	**8.** (c)	**9.** (a)	**10.** (a)		

1.

A: Did you ______ the email that I sent you
yesterday?
B: Actually I am in the process of replying to it
right now.

(a) get
(b) prepare
(c) observe
(d) request

| 해석 |
A: 어제 내가 보낸 이메일 받았어?
B: 사실 지금 답장을 쓰고 있는 중이야.

| 해설 |
get의 가장 기본적인 의미는 '얻다, 획득하다' 이다. 따라서 이메일을 받
는다는 의미로도 쓸 수 있다.

| 오답분석 |
(b) prepare 준비하다, 마련하다
(c) observe 관찰하다, 준수하다, 지키다
(d) request 구하다, 요청하다

2.

A: I have bad blood circulation.
B: I do as well. When I sit in certain positions, my
feet get _______.

(a) sultry
(b) moist
(c) numb
(d) clammy

| 해석 |
A: 혈액 순환이 잘 안 돼.
B: 나도 그래. 어떤 특정한 자세로 앉으면 발이 저려.

| 해설 |
혈액 순환이 잘 안 된다고 하였으므로 numb(감각을 잃은, 손발이 얼어서
곱은)이 정답이 된다.

| 오답분석 |
(a) sultry 무더운
(b) moist 습기 있는, 축축한
(d) clammy 끈끈한, 끈적끈적한

3.

A: Excuse me, there is a hair in my pasta.

B: I am so very sorry. I will get you a new dish, and
   to __________, this meal is free of charge.

(a) reimburse
(b) refund
(c) compensate
(d) donate

| 해석 |

A: 실례합니다. 제 파스타에 머리카락이 있네요.

B: 정말 죄송합니다. 새로 가져다 드릴게요. 그리고 보상으로 이 식사는
   무료로 해드리겠습니다.

| 해설 |

compensate는 '보상하다, 보충하다, 벌충하다'의 뜻이다.
이 대화문에서는 음식점이 실수하였으므로 그것을 '보상하기 위해서'가
문맥에 맞는다.

| 오답분석 |

(a) reimburse (빚을) 갚다, 상환하다, 변상하다 – 빚진 것을 되갚는다는
    의미이므로 이 문제에서는 의미가 알맞지 않다.
(b) refund 환불하다, 반품하다 – 산 물건을 반품한다는 의미이므로 정
    답이 될 수 없다.
(d) donate 기부하다, 기증하다

4.

A: I have so many clothes and yet I have
   absolutely no idea what to ______ tonight.

B: Throw on anything and you'll look just fine.

(a) wear
(b) dress
(c) cover
(d) clothe

| 해석 |

A: 옷은 많이 있지만 오늘 밤에 뭘 입어야 할지 정말 모르겠어.

B: 아무거나 입어도 멋져 보일 거야.

| 해설 |

wear는 '입다, 몸에 걸치다'의 뜻이다. 뒤에 목적어를 수반하여 '~을 입
다'의 의미가 되므로 정답이 된다. throw on은 '옷을 급하게 되는대로 아
무거나 입다'라는 뜻이다.

| 오답분석 |

(b) dress 옷을 입다, 차려 입다, 입히다 – dressed up과 같이 '차려 입
    다'의 뜻으로 주로 쓰며, 뒤에 목적어를 수반하는 경우가 거의 없다.
(c) cover 덮다, 싸다, 가리다
(d) clothe ~에게 옷을 입히다, 의복을 지급하다

5.

A: I wonder if I should tell my brother not to waste
   his time with this girl he's dating.

B: __________ your breath. He is at the age where
   he will do what he wants to do.

(a) Take
(b) Save
(c) Hold
(d) Catch

| 해석 |

A: 남동생에게 지금 만나는 여자 친구 때문에 시간 낭비를 하지 말라고 말
   해야 할 것 같아.

B: 잠자코 있는 게 좋을걸. 네 남동생은 지금 하고 싶은 것을 할 그런 나이
   잖아.

| 해설 |

idiom을 알아야 맞출 수 있는 문제이다. save one's breath는 '잠자코
있다'의 뜻이다.

6.

It has been ________ unanimously by the judges
that the Irish boxer has won the match.

(a) confirmed
(b) decided
(c) approved
(d) refereed

| 해석 |

아일랜드 권투선수가 그 경기에 이겼다는 것이 심판관들의 만장일치로 결
정되었다.

| 해설 |

경기의 승패를 결정한다는 문맥이므로 정답은 decide(결정하다)가 된다.

| 오답분석 |

(a) confirm 확실히 하다, 확인하다 – 예약 등 이미 해 놓은 것을 확인할
    때 쓰는 단어이다.
(c) approve 승인하다, 찬성하다, 허가하다 – 승리를 '허가'한다는 것은
    문맥에 맞지 않는다.
(d) referee 중재하다, 심판하다 – 중간에서 조정을 한다는 의미이므로
    정답이 될 수 없다.

7.

During the Industrial Revolution in the West,
mostly ________ workers constructed bridges,
canals and skyscrapers.

(a) criminal
(b) migrant
(c) aristocracy
(d) privileged

| 해석 |

서양의 산업혁명 동안, 주로 이민 온 근로자들이 다리와 운하, 고층 건물
을 건설했다.

| 해설 |

migrant는 '이주하는, 이동하는'의 뜻이어서 migrant worker는 '이주 노
동자'가 된다.

| 오답분석 |

(a) criminal 범죄의, 범인, 범죄자

(c) aristocracy 귀족 정치
(d) privileged 특권 있는

| 어휘 |
canal 운하, 수로   skyscraper 고층 건물

8.

The 2001 terrorist attacks on the United States brought public air transportation to a(n) _________.

(a) eruption
(b) withdrawal
(c) standstill
(d) stopover

| 해석 |
테러리스트의 2001년 미국 공격은 여객기 운송을 정지 상태로 만들었다.

| 해설 |
테러리스트의 공격으로 여객기 운송이 지장을 받게 되었다는 문맥이므로 정답은 standstill(막힘, 정돈, 멈춤, 정지)이 된다.
public air transportation은 여객기를 통한 운송을 뜻한다.

| 오답분석 |
(a) eruption 분출, 폭발
(b) withdrawal 움츠림, 철수, 철회 – 하던 일을 멈추고 철회, 철수, 취소
한다는 의미이므로 정답이 될 수 없다.
(d) stopover 도중하차, 잠깐 들르는 곳

9.

If CTV's _________ with CBC goes through, it would create a media giant in Canada with unlimited potential.

(a) merger
(b) harmony
(c) combination
(d) discord

| 해석 |
CBC와 CTV의 합병이 진행된다면 무한한 잠재력을 가진 캐나다 미디어의 거인이 될 것이다.

| 해설 |
merger는 회사나 기업의 합병을 나타내는 단어이다.

| 오답분석 |
(b) harmony 조화, 화합, 일치
(c) combination 결합, 연합, 조합 – 여러 가지를 결합시키고 배합한다는 뜻이므로 문맥에 어울리지 않는다.
(d) discord 일치하지 않다, 사이가 나쁘다

10.

The retailer's _________ asking price for the laptop computer was high, but I managed to bargain for a good deal.

(a) initial

(b) stable
(c) somber
(d) serious

| 해석 |
그 소매상이 노트북에 대해 처음 제시한 가격은 높았지만, 나는 더 싸게 사기 위해 흥정을 했다.

| 해설 |
initial은 '처음의, 시작의'의 뜻으로, 빈칸에 들어가면 문맥상 흥정 전에 상인이 처음 제시한 가격이라는 의미로 정답이 된다.
bargain은 '흥정하다, 매매 교섭을 하다'의 뜻이다.

| 오답분석 |
(b) stable 안정된, 견고한
(c) somber 흐린, 어두침침한, 우울한
(d) serious 심각한, 진지한

Day 5

Build up
63p

1. (b)	2. (a)	3. (d)	4. (d)	5. (d)	6. (c)
7. (c)	8. (c)	9. (a)	10. (b)		

1.

A: Was there any rain mentioned in the weekend _________?
B: No, it looks like sunny skies ahead.

(a) fate
(b) forecast
(c) hindsight
(d) horoscope

| 해석 |
A: 주말 일기예보에서 비가 온다고 했니?
B: 아니, 맑을 것 같은데.

| 해설 |
forecast는 '예상, 예측, 일기예보'의 뜻이다. 날씨에 대한 대화이므로 정답이 된다.

| 오답분석 |
(a) fate 운명, 숙명
(c) hindsight 나중에 생각난 묘안 (cf. foresight 예지, 예측)
(d) horoscope 별자리, 별자리 점

2.

A: Are you interested in checking out some live music tonight?
B: Definitely! I'll give you a ______ after work.

(a) ring
(b) telephone
(c) watch
(d) sound

| 해석 |
A: 오늘 밤에 라이브 음악 들으러 나가는 거 어때?
B: 좋아! 일 끝나면 전화 할게.

| 해설 |
ring은 '종, 벨이 울리는 소리'를 뜻하며, 따라서 give a ring은 '전화 걸다'의 뜻이다.

| 오답분석 |
(b) telephone 전화기 – give a telephone은 '전화기를 주다'의 뜻이다.
(c) watch 시계; 조심, 경계
(d) sound 소리, 음, 음향

3.

A: Because of the lengthy flight delay, I am afraid we missed our _______ in Vancouver to Seattle.
B: This is why it is better to pay the additional cost for a direct flight!

(a) convey
(b) reservation
(c) purpose
(d) connection

| 해석 |
A: 비행이 길게 지연되어서, 밴쿠버에서 시애틀로 가는 비행기 연결편을 놓치게 될까봐 걱정된다.
B: 이래서 추가 요금을 내고 직항을 타는 게 더 낫다니까!

| 해설 |
connection의 '연결, 결합'의 뜻에서 '기차나 비행기 등의 연결편'을 나타내는 뜻으로 쓰인다.

| 오답분석 |
(a) convey 나르다, 운반하다, 전달하다
(b) reservation 예약, 보류
(c) purpose 목적, 의도

4.

A: We finally have a day off together tomorrow.
B: I know. What are you in the _______ to do?

(a) temper
(b) occasion
(c) outlook
(d) mood

| 해석 |
A: 마침내 내일 다 같이 쉬는 날이군.
B: 알아요. 무엇을 할 생각이세요?

| 해설 |
mood는 '기분, 마음가짐'의 뜻이며 in the mood to do는 '~할 마음이 내키어'의 뜻이다.

| 오답분석 |
(a) temper 기질, 천성, 기분 – '기분'이라는 뜻이 있으나 이 문장에서처럼 쓰이지는 않는다.
(b) occasion 경우, 때, 기회
(c) outlook 전망, 경치, 예측

5.

A: If I send you a money order in Canadian currency, are you able to _______ it in Korea?
B: To be on the safe side, you should make the money order out in Korean Won.

(a) accept
(b) transfer
(c) withdraw
(d) cash

| 해석 |
A: 만약 제가 캐나다 화폐로 우편환을 보내면, 한국에서 현금으로 찾을 수 있나요?
B: 안전하게 하기 위해서, 한국 화폐 단위로 우편환을 보내시는 게 좋아요.

| 해설 |
cash는 동사로 '현금으로 바꾸다'의 뜻이 있다.

| 어휘 |
money order 우편환, 송금환

6.

As parents, it is our job to pay close attention and _______ a good example to our children.

(a) erect
(b) found
(c) set
(d) keep

| 해석 |
부모로서 아이들에게 세심한 주의를 기울이고 좋은 모범을 보이는 것이 우리의 일이다.

| 해설 |
set an example은 '~에게 모범을 보이다'의 뜻이다.

| 오답분석 |
(a) erect 똑바로 세우다, 건설하다 – '세우다'의 뜻은 set과 같지만 물리적으로 세우고 짓는다는 의미이므로 정답이 될 수 없다.
(b) found 기초를 두다, 설립하다, 창시하다 – 학파나 학설을 세우고 창시한다는 의미로 쓰이며, 이 문장에는 적절하지 않다.
(d) keep (~의 상태로) 간직하다, 갖추다

7.

The pianist _______ the audience, who stood for over five minutes, applauding the performance.

(a) inebriated
(b) depressed

(c) stunned

(d) controlled

| 해석 |

그 피아니스트는 5분 넘게 일어서서 공연에 박수갈채를 보내어 관중을 놀라게 하였다.

| 해설 |

stun은 '놀래키다, 아연실색케 하다'의 뜻이다. 공연 중 피아니스트가 일어서서 박수갈채를 보내는 상황이므로 stun이 정답이 된다.

| 오답분석 |

(a) inebriate 취하게 하다, 도취시키다
(b) depress 우울하게 하다
(d) control 통제하다, 관리하다

8.

People who live in cold weather climates are more __________ to lengthy bouts of depression than people who live in tropical areas.

(a) opposed

(b) impassive

(c) susceptible

(d) inflexible

| 해석 |

추운 날씨의 기후에서 사는 사람들은 열대 지역에 사는 사람들보다 길게 지속되는 우울증에 더 걸리기 쉽다.

| 해설 |

susceptible은 '영향 받기 쉬운, ~에 걸리기 쉬운'의 뜻이므로 우울증에 걸리기 쉽다고 할 때 쓸 수 있다.

| 오답분석 |

(a) opposed 반대의, 적대하는, 대립된
(b) impassive 무감동의, 무감각한, 냉정한
(d) inflexible 완강한, 완고한, 불굴의

9.

The accused avoided being __________ to death after his lawyer pleaded temporary insanity.

(a) sentenced

(b) publicized

(c) convicted

(d) stoned

| 해석 |

변호사가 일시적으로 정신 이상이었다고 호소하여 그 피고인은 사형 선고를 면했다.

| 해설 |

sentence는 '판결 내리다, 형을 선고하다'의 뜻이므로 sentenced to death는 '사형 선고를 받다'가 된다.
accuse는 '기소하다, 고발하다'의 뜻이므로 the accused는 '고발당한 사람' 즉, '피고인'이다.

| 오답분석 |

(b) publicize 선전하다, 공표하다

(c) convict 유죄 판결하다 – convict ~ of murder(~에게 살인죄 판결을 내리다)와 같은 문형으로 쓰이므로 정답이 될 수 없다.

(d) stone 돌을 던지다, (술이나 약에) 취하다

10.

It is ironic that a COSTCO shopper can have the __________ to criticize my support of big corporations because I occasionally eat MacDonald's.

(a) apathy

(b) audacity

(c) disenchantment

(d) insinuation

| 해석 |

코스트코에서 쇼핑하는 사람들이 내가 종종 맥도날드 음식을 먹는다는 이유로 대기업을 지지한다고 나를 비난하는 뻔뻔한 태도를 가지는 것은 아이러니하다.

| 해설 |

audacity는 '뻔뻔함, 대담무쌍, 무례'의 뜻이므로, 이 문제의 문맥상 어울리는 단어이다.

| 오답분석 |

(a) apathy 냉담, 무관심, 무감각
(c) disenchantment 환멸
(d) insinuation 암시, 빗댐

Day 6

Build up

73p

1. (b)	2. (a)	3. (c)	4. (d)	5. (a)	6. (d)
7. (a)	8. (b)	9. (c)	10. (b)		

1.

A: Did you get X=9 for the answer to the last problem on the test?

B: Yeah, I did. It took me over ten minutes to __________.

(a) do it up

(b) work it out

(c) break it down

(d) set it up

| 해석 |

A: 시험의 마지막 문제의 답으로 X=9의 값을 얻었니?
B: 응. 그 문제를 풀어내는 데 10분도 넘게 걸렸어.

| 해설 |

work out은 '성취하다, (문제 등이) 풀리다, 총계가 ~로 산출되다'의 뜻
이다.

| 오답분석 |

(a) do up ~을 손질하다, 매만지다, 해내다, 해치우다
(c) break down 고장나다, 분석하다
(d) set up 세우다, 창설하다, 시작하다

2.

A: Mr. Angel, I am sorry I am late. There was an
   accident on Columbus Drive.
B: Do you really expect me to ________ that
   excuse twice in one week?

(a) buy
(b) help
(c) accept
(d) listen

| 해석 |

A: 엔젤 씨, 늦어서 죄송합니다. 콜럼버스 거리에 사고가 있었어요.
B: 한 주일에 두 번이나 그런 변명을 믿을 거라고 생각하세요?

| 해설 |

어떤 변명을 받아들여 주다는 뜻으로 동사 buy를 쓴다. 구어적으로 항상
buy를 쓰며, 많이 쓰이는 표현이니 꼭 알아두도록 하자.

| 오답분석 |

(b) help 돕다, 거들다
(c) accept 받아들이다 – '수락하다, 승인하다'의 뜻이므로 문자 그대로
    의 뜻으로 정답이 될 것 같은 오답 보기이다.
(d) listen 듣다, 경청하다, 귀를 기울이다

3.

A: If I decide to take this apartment, when can I
   move in?
B: I have a few renovations to make but you can
   have ________ on November 1st.

(a) authorization
(b) residence
(c) occupancy
(d) accommodation

| 해석 |

A: 이 아파트에서 살기로 한다면, 언제 이사 오면 되나요?
B: 공사를 좀 해야 하지만, 11월 1일에는 이사 오실 수 있어요.

| 해설 |

occupancy는 '(토지, 가옥의) 점거, 점유, 거주'의 뜻이다. 따라서 이사
와서 살기 시작한다는 문맥에 어울리는 단어가 된다.

| 오답분석 |

(a) authorization 허가, 공인
(b) residence 주택, 주거, 거주
(d) accommodation 적응, 순응, 편의

4.

A: When should I be at the gate for ________?
B: Thirty minutes prior to the scheduled departure
   time.

(a) entering
(b) traveling
(c) seating
(d) boarding

| 해석 |

A: 탑승하려면 언제 게이트에 가야 하나요?
B: 예정된 출발 시간보다 30분 전에 오시면 됩니다.

| 해설 |

board는 '(배, 비행기 등에) 올라타다'의 뜻으로 boarding은 '탑승, 승
선'의 뜻이 된다.

| 오답분석 |

(a) enter – '들어가다, 넣다'의 뜻이므로 구체적으로 탑승한다는 뜻은 아
    니다.
(b) travel 여행하다, 이동하다
(c) seating 착석, 좌석 배치 – 자리에 앉는 행동을 뜻하므로 정답이 될
    수 없다.

5.

A: You look confused. Are you ________?
B: Possibly so. Nothing here looks familiar to me.

(a) lost
(b) shocked
(c) incorrect
(d) absent

| 해석 |

A: 당황하신 것 같아 보이네요. 길을 잃으셨나요?
B: 그런 것 같아요. 이곳의 모든 것이 낯설어 보이네요.

| 해설 |

lost는 '길을 잃은, 분실한'의 뜻이 있다. B의 말에서 길을 잃은 상황임을
알 수 있다.

| 오답분석 |

(b) shocked 충격 받은
(c) incorrect 부정확한, 올바르지 않은
(d) absent 부재의, 결여된, 방심한 상태의

6.

In the age of Shakespearean theatre, male actors
cross-dressed and ________ women for the
stage performance.

(a) improvised
(b) incarnated
(c) intimidated
(d) impersonated

| 해석 |

셰익스피어 연극이 상연되던 시대에는 남자 배우들이 무대 연기를 위해 여성 복장을 입고 여성의 역할을 하였다.

| 해설 |

impersonate는 '~의 역을 맡다, ~으로 분장하다', '인격화하다, 구현하다'의 뜻이 있다. 이 문제에서는 정확히 배우가 역할을 맡아 분장한다는 뜻으로 쓰였다.

다른 선택지들이 의미상, 형태상 혼동되는 어휘들이므로 주의해야 한다.

| 오답분석 |

(a) improvise 즉석에서 하다 – 즉흥적으로 임시변통으로 한다는 뜻이므로 의미상 적절하지 않다.

(b) incarnate 육체를 갖게 하다 – 정답으로 보일 수 있는 유력한 오답이지만, 화신(化身)시킨다는 의미이므로 적절하지 않다.

(c) intimidate 위협하다, 협박하다 – 의미상 전혀 알맞지 않다.

7.

Don't ________ your opportunity to see the band in concert. They may never come to this city again!

(a) miss

(b) overlook

(c) wish

(d) deny

| 해석 |

콘서트에서 그 밴드를 볼 기회를 절대로 놓치지 마세요. 이 도시에 다시는 오지 않을 수도 있습니다!

| 해설 |

기회를 놓친다는 collocation으로 miss the opportunity를 쓴다. 기차나 버스를 놓친다는 뜻으로도 miss가 쓰이므로 함께 외우면 기억하기 쉽다.

| 오답분석 |

(b) overlook 감독하다, 눈감아주다 – 위에서 내려다본다는 뜻으로 '감독하다', 보고 그냥 지나쳐 준다는 뜻으로 '눈감아주다, 빠뜨리고 보다'의 상반되어 보이는 의미를 가지는 단어이다. 의미상 이 문장에는 어울리지 않는다.

(c) wish 바라다, 기원하다 – 의미상 이 문장에 어울리지 않는다.

(d) deny 부정하다, 취소하다 – 의미상 이 문장에 어울리지 않는다.

8.

Late payments to the National Student Loans Office are ________ to a $50 penalty fee.

(a) punished

(b) subject

(c) concern

(d) standard

| 해석 |

국립 학자금 대출 관리부서에 늦게 돈을 내는 것은 50달러 벌금의 대상이 된다.

| 해설 |

subject는 '주제, 과목, 백성, 피실험자' 등의 여러 가지 뜻을 가지며, 이 문제에서와 같이 '~의 영향 하에 놓인 사람[것]' 즉, '~의 대상이 되는 것'의 뜻도 있다.

| 오답분석 |

(a) punish 처벌하다 – 대출금을 늦게 갚는 것으로 인해 처벌을 받지는 않는다.

9.

During his personal record marathon, Shawn began to ________ and allegedly saw his own death.

(a) suffocate

(b) dehydrate

(c) hallucinate

(d) incarcerate

| 해석 |

개인 기록 마라톤 도중에, 숀은 환각을 일으키기 시작해서 자신의 죽음을 보았다고 한다.

| 해설 |

hallucinate는 '환각을 일으키다'의 뜻으로 정답이 된다.

| 오답분석 |

(a) suffocate ~의 숨을 막다, 질식(사)시키다

(b) dehydrate 수분이 빠지다, 탈수하다

(d) incarcerate 투옥하다, 감금하다

| 어휘 |

allegedly 전해진 바에 따르면, 주장에 의하면

10.

Jeannie was ________ to accept the promotion in New Orleans because it is so far away from her family in Manitoba.

(a) professional

(b) reluctant

(c) disillusioned

(d) easygoing

| 해석 |

지니는 뉴올리언스에서의 승진을 마지못해 받아들였다. 왜냐하면 그곳은 가족이 있는 매니토바에서 너무나 멀기 때문이다.

| 해설 |

reluctant는 '내키지 않는, 꺼리는, 마지못해 하는'의 뜻으로 unwilling과 동의어이다.

| 오답분석 |

(a) professional 전문적 직업의, 프로의

(c) disillusioned 각성한, 환멸을 느끼는

(d) easygoing 태평한, 게으른, 안이한

Day 7

Build up

83p

1. (b)	**2.** (a)	**3.** (d)	**4.** (a)	**5.** (b)	**6.** (b)
7. (d)	**8.** (b)	**9.** (a)	**10.** (c)		

1.

A: What is your new house like?

B: It's a nice three-________ with plenty of windows and a large backyard.

(a) floor

(b) story

(c) platform

(d) stage

| 해석 |

A: 새 집 어때요?

B: 창문이 많고 큰 뒤뜰이 있는 멋진 3층짜리 집이에요.

| 해설 |

story에 '이야기' 외에 '층'의 뜻이 있다는 것을 알아두자.

| 오답분석 |

(a) floor 바닥, 마룻바닥 – 전체 층을 가리키는 데에 쓰이지 않고, third floor, upper floor처럼 구체적으로 가리킬 때 쓰인다.

(c) platform 역의 승강장, 강단, 연단

(d) stage 단계, 국면, 무대, 연단

2.

A: I'm calling to inform you that your membership at New World Fitness is about to expire.

B: Oh, thanks for calling. I will ________ the next time I'm in.

(a) renew

(b) restart

(c) recount

(d) regenerate

| 해석 |

A: 뉴월드 피트니스의 멤버십이 곧 끝날 것이라는 걸 알려드리려고 전화 드렸습니다.

B: 전화 주셔서 감사합니다. 다음번에 가서 갱신해야겠네요.

| 해설 |

renew는 계약이나 멤버십, 정기구독 등의 기간이 끝났을 때 갱신한다는 의미로 쓰인다.

A의 말에서 expire(끝나다, 만료되다)를 단서로 쉽게 정답을 고를 수 있다.

| 오답분석 |

(b) restart 재착수하다, 재개시하다

(c) recount 자세히 얘기하다, 열거하다

(d) regenerate 갱생하다, 개심하다, 재생하다

3.

A: Dorothy, I heard your son, Michael, was accepted to medical school.

B: Yes, I am so proud of him. He's really following in his father's ________.

(a) pathway

(b) trail

(c) memory

(d) footsteps

| 해석 |

A: 도로시, 당신 아들 마이클이 의대에 붙었다고 들었어요.

B: 네, 정말 아들이 자랑스러워요. 아버지의 뒤를 잘 따르고 있지요.

| 해설 |

follow someone's footsteps는 '남의 선례를 따르다, 남의 뜻을 이어받다'의 뜻이다.

우리나라 말로도 그대로 의미를 유추할 수 있다.

| 오답분석 |

(a) pathway 좁은 길, 통로 – 어떤 곳으로 가는 길을 뜻하므로 의미상 적절하지 않다.

(b) trail 자국, 흔적 – 지나간 자국이나 흔적 등을 뜻하는데, 주로 물리적인 것을 뜻한다.

(c) memory 기억 – 의미상 정답이 될 수 없다.

4.

A: How was your day at school, honey?

B: Not very good, mom. The older boys were ____________ me again.

(a) picking on

(b) throwing up

(c) dealing with

(d) hitting on

| 해석 |

A: 학교에서 오늘 어땠니?

B: 별로 안 좋았어요, 엄마. 형들이 또 저를 놀렸어요.

| 해설 |

pick on은 '집적거리다, 괴롭히다'의 뜻이다.

| 오답분석 |

(b) throw up 던지다, 음식을 토하다

(c) deal with 다루다, 처리하다, 대처하다

(d) hit on 부딪치다, 때리다

5.

A large ________ of toxic substances caused a state of emergency in the city of Hamilton.

(a) mess

(b) spill

(c) pour

(d) transfer

독성 물질이 많이 유출되어 해밀턴 시에 비상사태를 야기했다.

| 해설 |
독성 물질이 엎질러지거나 흘렀다는 의미가 들어가야 하므로 정답은 spill이 된다.

| 오답분석 |
(a) mess 혼란; 더러운 상태 – 지저분하고 정돈이 안 된 상태를 가리키므로 정답이 될 수 없다.
(c) pour 흐름, 호우 – 동사로 '(액체를) 따르다, 쏟다'의 뜻이므로 비가 억수로 쏟아지는 상황이나 액체의 큰 흐름에 쓰인다.
(d) transfer 이동, 양도, 갈아타기 – 위치를 바꿔 옮아간다는 의미이므로 정답이 될 수 없다.

6.

The country club wanted to _________ the ban on indoor smoking in order to accommodate the significant population of members who smoke.

(a) turn
(b) lift
(c) raise
(d) endorse

| 해석 |
컨트리클럽은 꽤 많은 흡연자 멤버들에게 편의를 제공하기 위해 실내 흡연에 대한 규제를 없애려 한다.

| 해설 |
lift a ban은 규제나 금지 조치를 없앤다는 뜻이다. 규제를 내렸던 것을 들어 올려 없애준다는 뜻으로 외우면 쉽게 기억할 수 있다. '규제를 부과하다'라는 collocation으로는 impose a ban을 쓴다.

| 오답분석 |
(a) turn 돌리다, 켜다 – 방향을 돌리거나 스위치를 켜거나 끌 때 쓰는 단어이다.
(c) raise 올리다, 기르다, 모금하다 – raise에도 '올리다'의 뜻이 있지만, 아이를 기르거나 기금을 모금한다는 뜻으로 확장되어 쓰인다.
(d) endorse 승인하다, (어음, 증권 등에)배서하다 – 이 문장에 의미상 어울리지 않는다.

7.

The novelist lived in Newfoundland to experience the culture before writing about it, and yet, despite the pursuit of __________, the fiction contains significant cultural inaccuracies.

(a) authority
(b) objectivity
(c) naturalness
(d) authenticity

| 해석 |
그 소설가는 뉴펀들랜드(캐나다 동부의 섬)에 대해 쓰기 전에 그곳의 문화를 경험하기 위해 그곳에서 살았지만, 진실성에 대한 추구에도 불구하고 그 소설은 문화적으로 꽤 중요한 부정확한 점들을 포함하고 있다.

| 해설 |
소설가가 소설을 쓰기 위해 무대가 되는 곳에서 살았다고 하였으므로 문맥상 정답은 (d) authenticity(신빙성, 확실성, 진실성)이 된다.

| 오답분석 |
(a) authority 권위, 권력
(b) objectivity 객관성 – 소설의 시각이 객관적이냐 주관적이냐를 논하고 있는 문장이 아니므로 정답이 될 수 없다.
(c) naturalness 천연임, 야생임 – 가공하지 않고 자연의 법칙에 따른다는 뜻이므로 정답이 될 수 없다.

8.

If the mayor is going to continue overspending, he is quite simply a(n) __________ to the people of this city.

(a) injustice
(b) liability
(c) separation
(d) annoyance

| 해석 |
만약 시장이 계속 낭비한다면, 그는 단지 이 도시의 사람들에게 부담이 될 뿐이다.

| 해설 |
liability는 '책임, 의무, 부담'의 뜻으로 의미상 빈칸에 적절하다.

| 오답분석 |
(a) injustice 부정, 불공평
(c) separation 분리, 이탈
(d) annoyance 성가심, 곤혹 – annoy (v.)귀찮게 하다, 괴롭히다, 불쾌한 짓을 하다

9.

Many companies have a phone number to head office that employees can call if they would like to make a(n) __________ complaint about an issue in their workplace.

(a) anonymous
(b) astounded
(c) formless
(d) undulating

| 해석 |
많은 회사들은 직원들이 직장의 사안에 대해 익명 항의를 하려고 할 때 전화 걸 수 있는 본사 전화번호가 있다.

| 해설 |
anonymous는 '익명의, 무명의, 세상에 알려져 있지 않은' 등의 뜻을 가진다.

| 오답분석 |
(b) astounded 깜짝 놀란
(c) formless (확실한) 모양이 없는, 무정형의
(d) undulating 물결이 굽이치는

10.

Medical scientists have made significant breakthroughs in _______ mice of certain injected diseases.

(a) regenerating
(b) cloning
(c) curing
(d) fixing

| 해석 |
의학자들은 쥐에게 주사하여 특정한 질병을 고치는 데 있어 획기적인 발전을 해왔다.

| 해설 |
'병을 낫게 한다'는 의미로는 cure를 쓴다. fix는 '물건을 수리한다'는 뜻이다.

| 오답분석 |
(a) regenerate 갱생하다, 재생하다
(b) clone 복제 생물, 무성 생식을 하다
(d) fix (물건을) 고치다, 고정시키다

| 어휘 |
breakthrough 큰 발전, 새 발견

Day 8

Build up

93p

1. (b)	**2.** (a)	**3.** (b)	**4.** (c)	**5.** (a)	**6.** (a)
7. (a)	**8.** (d)	**9.** (c)	**10.** (a)		

1.

A: It was great meeting you tonight.
B: The _________ was all mine.

(a) assembly
(b) pleasure
(c) interest
(d) satisfaction

| 해석 |
A: 오늘 밤에 만나서 정말 반가웠어요.
B: 저야말로 정말 반가웠답니다.

| 해설 |
아주 기본적인 회화 표현을 알아두면 쉽게 정답 (b) pleasure (기쁨, 즐거움, 유쾌)를 고를 수 있지만, 단어의 문자상의 의미만 생각하면 헷갈릴 수 있는 문제이다.

| 오답분석 |
(a) assembly 모임, 집합
(c) interest 흥미, 관심; 이자, 이해관계
(d) satisfaction 만족, 흡족, 달성

2.

A: Is there a shopping mall near here?
B: Make a right turn at the first light, _______ the end of that road and there you are.

(a) go up to
(b) go back to
(c) turn around
(d) go in

| 해석 |
A: 이 근처에 쇼핑몰이 있나요?
B: 첫 번째 신호등에서 우회전 하셔서 그 길 끝까지 올라가시면 있답니다.

| 해설 |
보기 중 길을 따라 끝까지 쭉 가라는 표현으로 쓸 수 있는 것은 go up to 뿐이다.

| 오답분석 |
(b) go back to (하던 일로) 돌아가다, ~로 되돌아가다
(c) turn around 회전하다, 방향을 바꾸다, 뒤돌아보다
(d) go in 들어가다, (일이) 이해되다, 머리에 들어오다

3.

A: How do you like your math professor? He has a reputation for being the best.
B: He explains things in a way that everyone understands but he sure gives a lot of _________.

(a) absentees
(b) assignments
(c) responsibilities
(d) errands

| 해석 |
A: 너희 수학 교수님 어때? 최고라는 명성이 있던데.
B: 모든 사람들이 이해할 수 있게 설명해 줘. 하지만 정말 숙제를 많이 내주신단다.

| 해설 |
수학 교수님에 대한 내용의 대화이므로 수업에 관련된 단어가 정답이 된다. assignment는 '할당된 몫, 임무, 숙제'의 뜻이다.

| 오답분석 |
(a) absentee 부재자, 결석자
(c) responsibility 책임, 의무 – 보편적 '책임'의 뜻이지, 정확히 '과제, 숙제'를 나타내는 단어가 아니다.
(d) errand 심부름, 용건, 볼일

4.

A: I am traveling to Japan in a couple of weeks.
B: You should convert some money to Japanese _________ at your bank before you leave.

(a) transfer
(b) trade
(c) currency
(d) exchange

| 해석 |
A: 일,이주 후에 일본으로 여행 갈 거예요.
B: 떠나기 전에 은행에서 돈을 일본 화폐로 좀 바꿔야겠구나.

| 해설 |
currency는 '통화, 화폐'의 뜻이 있다.

| 오답분석 |
(a) transfer 옮기다, 이동하다, 갈아타다
(b) trade 무역, 거래
(d) exchange 교환, 환전 – '환전' 자체를 나타내므로 정답이 될 수 없다.

5.

A: You don't look yourself today. Are you feeling sick?
B: I have been working two jobs for a month now and am feeling very __________.

(a) fatigued
(b) wealthy
(c) spirited
(d) unwell

| 해석 |
A: 오늘 너 평소와 다른 것 같다. 어디 아파?
B: 한 달째 두 가지 일을 해서 몹시 지쳐 있어.

| 해설 |
fatigue는 '피로, 피곤'을 뜻하며, fatigued가 되면 '피곤한, 지친'의 뜻이 된다.

| 오답분석 |
(b) wealthy 넉넉한, 유복한, 풍부한
(c) spirited 기운찬, 활발한
(d) unwell 불쾌한, 기분이 좋지 않은

6.

Another robbery __________ place at Marie's Mini Mart on Lime Street last night just before 2:00 a.m.

(a) took
(b) happened
(c) fell on
(d) held

| 해석 |
또 다른 강도사건이 라임 가의 마리 미니 마트에서 지난 새벽 2시 직전에 일어났다.

| 해설 |
take place는 '어떤 일이 일어나다, 발생하다'의 뜻이다.

| 오답분석 |
(b) happen – happen자체가 '일어나다, 발생하다'의 뜻이므로 빈칸에

적절하지 않다.
(c) fall on 착수하다, (축제나 기념일 등에) 해당하다
(d) hold 붙들다, 유지하다, 개최하다

7.

The private golf course lowered its membership fees and as a result, __________ increased by 25%.

(a) enrollment
(b) guidelines
(c) attendance
(d) syllabus

| 해석 |
민영 골프장은 멤버십 가격을 내렸고 그 결과 등록이 25% 증가했다.

| 해설 |
enrollment는 '등록, 입학'의 뜻이다.

| 오답분석 |
(b) guideline 지침
(c) attendance 출석, 참석
(d) syllabus 강의 계획안

8.

I am not yet __________ that this deal will deliver long-term benefits for my company.

(a) anticipated
(b) doubtful
(c) apprehensive
(d) convinced

| 해석 |
이 거래가 우리 회사에 장기간의 이익을 가져올지에 대해 아직 확신할 수 없다.

| 해설 |
convince는 '납득시키다, 확신시키다'의 뜻으로 convinced는 '확신을 가진, 신념이 있는'의 뜻이 된다.

| 오답분석 |
(a) anticipate 예상하다
(b) doubtful 의심을 품고 있는, 의심스러운
(c) apprehensive 염려하는, 걱정하는

9.

The speculation of greater forces outside the realm of science has been a(n) __________ enigma in the history of mankind.

(a) provisional
(b) straightforward
(c) perennial
(d) conditional

| 해석 |

과학의 영역 밖에 있는 큰 힘에 대한 숙고는 인류의 역사에서 계속되어 온 수수께끼이다.

| 해설 |

perennial은 '연중 계속되는, 영속적인, 영원한'의 뜻이다.

| 오답분석 |

(a) provisional 일시적인, 잠정적인
(b) straightforward 똑바른, 정직한, 솔직한
(d) conditional 조건부의, 잠정적인

10.

Tanya usually does not eat much, but she certainly has a healthy ________ for Italian food.

(a) appetite
(b) cavity
(c) aspiration
(d) aroma

| 해석 |

타냐는 보통 많이 먹지 않지만 이탈리아 음식은 정말로 좋아한다.

| 해설 |

appetite는 '식욕, 욕구, 기호, 좋아함'의 뜻으로, 이 문장에서는 음식에 대한 선호를 말하고 있으므로 정답이 된다. appetizer가 '식욕을 돋우기 위한 식전의 음식; 전채(前菜)'의 뜻임을 기억하면 같이 쉽게 외울 수 있다.

| 오답분석 |

(b) cavity 충치
(c) aspiration 열망, 포부, 동경
(d) aroma 방향, 향기

Day 9

Build up

103p

1. (b)	**2.** (d)	**3.** (b)	**4.** (c)	**5.** (c)	**6.** (c)
7. (d)	**8.** (b)	**9.** (d)	**10.** (d)		

1.

A: There is never this much traffic on the streets downtown.
B: There must be something ________ on in the area.

(a) existing
(b) going
(c) staying
(d) hanging

| 해석 |

A: 시내의 도로에 이렇게 차가 많은 적은 없었어.
B: 이 지역에 어떤 일이 일어났나 봐.

| 해설 |

go on은 '계속하다, 시간이 지나가다, 어떤 일이 일어나다'의 뜻이다.

| 오답분석 |

(a) exist 실재하다, 존재하다
(c) stay 머무르다, 그대로 있다
(d) hang 매달다 – hang on은 '전화를 끊지 않고 기다리다, ~에 매달리다'의 뜻이다.

2.

A: Mr. Greenlee, I have a ________ question about the reading.
B: Sure. Fire away.

(a) short
(b) hurried
(c) trim
(d) quick

| 해석 |

A: 그린리 씨, 독해에 대해 간단한 질문이 있습니다.
B: 지금 질문 하세요.

| 해설 |

B의 대답인 Fire away는 '이야기나 일 등을 시작하다, 지체 말고 하다'의 뜻이다.
'(금방 묻고 대답할 수 있는) 간단한 질문'은 quick question을 쓴다.

| 오답분석 |

(a) short '거리[길이]가 짧은'의 뜻이므로 적절하지 않다.
(b) hurried 서두르는, 쫓기는, 허둥대는
(c) trim 잘 정돈된, 손질이 잘 된, 다듬어진

3.

A: You should never take your frustrations out on your brother. He doesn't ________ it.
B: You're right. I'll apologize to him for snapping at him.

(a) create
(b) deserve
(c) manifest
(d) contract

| 해석 |

A: 네가 기분이 안 좋다는 것을 동생에게 분출하면 안 된다. 동생은 그런 대우를 받을 이유가 없어.
B: 맞아요. 딱딱거린 것에 대해 사과해야겠어요.

| 해설 |

deserve는 '~할 만하다, 받을 가치가 있다'의 뜻으로 주로 상이나 승진 등을 받을 가치가 있다는 의미로 쓰이지만, 이 문제에서는 '~의 대우를 받을 만하다'의 뜻으로 쓰였다.

| 오답분석 |
(a) create 창조하다, 만들다
(c) manifest 명백히 하다, 명시하다
(d) contract 계약하다

4.

A: Do you think you can give me ________ to the airport?

B: Not a problem. Here is a brochure with a map to the airport on the back.

(a) access
(b) transportation
(c) directions
(d) indications

| 해석 |
A: 공항으로 가는 길 좀 알려주실래요?
B: 문제없죠. 뒤에 공항 가는 지도가 있는 책자가 여기 있어요.

| 해설 |
direction은 '감독, 관리, 지도, 지시'의 뜻과 함께, '사용 설명서, 방향(을 알려줌)'의 뜻을 가지고 있다.

| 오답분석 |
(a) access 접근, 출입
(b) transportation 운송, 수송, 교통 기관
(d) indication 지시, 징조, 징후

5.

Municipal security will be ________ in New York for the up-coming New Year's Eve celebrations.

(a) restricted
(b) lifted
(c) tightened
(d) stiffened

| 해석 |
다가오는 새해 이브 축하행사 때문에 뉴욕의 도시 보안이 철저해질 것이다.

| 해설 |
tighten은 '꽉 죄다, 엄하게 하다' 등의 뜻이므로 보안을 철저하게 한다는 의미로 쓰일 수 있다.

| 오답분석 |
(a) restricted 한정된, 제한된
(b) lifted 높아진, 향상된, 고양된
(d) stiffen – '굳어지게 하다, 경직시키다'의 뜻이므로 적절하지 않다.

6.

In 2001, NASA's Mars Odyssey flight team effectively sent a spacecraft into an 18-hour looping ______ around Mars.

(a) compass
(b) boundary
(c) orbit
(d) frontier

| 해석 |
2001년, 나사의 마르스 오디세이 비행 팀은 우주선을 18시간 길이의 화성 주위의 둥근 궤도로 보내는 데 성공했다.

| 해설 |
orbit은 '궤도, 궤도에 진입시키다'의 뜻으로, 행성이나 인공위성 등의 궤도를 말할 때 쓴다.

| 오답분석 |
(a) compass 나침반, 컴퍼스, 둘레, 주위, 한계
(b) boundary 경계(선), 경계표, 범위, 영역
(d) frontier 국경, 국경 지방

7.

I am generally a punctual person but I am always ________ in making my dental appointments.

(a) keen
(b) aimless
(c) quick
(d) tardy

| 해석 |
나는 보통 시간을 잘 지키지만, 치과 예약에는 항상 늦는다.

| 해설 |
tardy는 '느린, 더딘, 마지못해 하는'의 뜻이다. punctual의 반대 개념으로 정답이 된다.

| 오답분석 |
(a) keen 날카로운, 예리한, 열심인
(b) aimless 목적 없는, 목표 없는
(c) quick 빠른, 민첩한

8.

All internet purchases will be immediately processed and items will be ______ within 3~5 business days.

(a) carried
(b) shipped
(c) prepared
(d) equipped

| 해석 |
모든 인터넷 구매는 즉시 처리될 것이며 물품은 영업일 기준으로 3~5일 내에 배송될 것입니다.

| 해설 |
ship은 동사로 '수송하다, 발송하다'의 뜻이 있어, 이 문제에서처럼 물품을 배송한다는 의미로 쓴다.

| 오답분석 |
(a) carry 운반하다, 나르다 – '배송하다'의 의미로 쓰이지 않는다.
(c) prepare 준비하다
(d) equip 갖추다, 설비하다, 장비를 갖추다

9.

A constantly negative attitude is __________ to one's personal happiness.

(a) superb
(b) reasonable
(c) agreeable
(d) detrimental

| 해석 |
계속적인 부정적인 태도는 개인의 행복에 해롭다.

| 해설 |
detrimental은 '해로운, 유해한, 손해되는' 의 뜻이므로 negative attitude 와 어울려 정답이 된다.

| 오답분석 |
(a) superb 훌륭한, 멋진, 장엄한
(b) reasonable 사리에 맞는, 적당한, 값이 비싸지 않은
(c) agreeable 기분 좋은, 유쾌한

10.

Economists predict the Canadian dollar will remain _______ above the American dollar for a period of several months.

(a) permanent
(b) proficient
(c) unhinged
(d) stable

| 해석 |
경제학자들은 몇 달간은 미국 달러보다 캐나다 달러가 안정되어 있을 것이라고 예측한다.

| 해설 |
stable은 '안정된, 견고한' 의 뜻으로 화폐 가치가 안정된 채로 남아있다고 할 때 적절하다.

| 오답분석 |
(a) permanent 영구적인, 영속적인
(b) proficient 숙달된, 능숙한
(c) unhinged 불안정한, 혼란한

Day 10

Build Up
113p

1. (b)	2. (c)	3. (c)	4. (d)	5. (d)	6. (c)
7. (d)	8. (d)	9. (d)	10. (b)		

1.

A: I can see a hotel sign up ahead.
B: Good, I hope they have a(n) __________.

(a) empty
(b) vacancy
(c) possibility
(d) convenience

| 해석 |
A: 저 앞쪽에 호텔 표지판이 보여.
B: 잘 됐다. 빈 방이 있었으면 좋겠는데.

| 해설 |
vacancy는 '공허, 빈 공간, 빈방, 빈자리' 의 뜻이다. 호텔의 빈방이나 아파트의 빈집, 직장의 빈자리 등에 두루 쓰일 수 있다.

| 오답분석 |
(a) empty '텅 빈, 공허한' 의 형용사이므로 정답이 될 수 없다.
(c) possibility 가능성
(d) convenience 편리, 편의

2.

A: Dad, I want to be a carpenter just like you.
B: First, you should consider the _______ to your body that you will endure from a career in manual labour.

(a) spoil
(b) fail
(c) cost
(d) crack

| 해석 |
A: 아빠, 저도 아빠처럼 목수가 되고 싶어요.
B: 우선, 육체노동을 하는 직업으로부터 네가 감당해야 할 신체에 대한 고통을 생각해 봐야 한단다.

| 해설 |
cost는 '비용, 경비' 등의 뜻이 있지만, 확장되어 '소비, 희생, 고통' 등의 뜻으로도 쓰인다.

| 오답분석 |
(a) spoil 망쳐놓다, 버릇없이 기르다
(b) fail 실패
(d) crack 갈라진 틈

3.

A: How was the job interview?
B: Not the best, I'm __________. I was too nervous.

(a) thinking
(b) wondering
(c) afraid
(d) assured

| 해석 |
A: 면접은 어땠니?

B: 유감스럽게도 그다지 잘하진 못했어. 너무 긴장해서.

| 해설 |
I'm afraid.는 구어에서 afraid의 뜻 그대로 '무서워하여, 두려워하여'의
의미로 해석하면 정확하지 않고, '유감스럽게도' 등의 뜻으로 해석하면
된다.

| 오답분석 |
(a) think   생각하다 – "I think."가 된다면 알맞지만 이 문장의 빈칸에
    thinking의 형태는 적절하지 않다.
(b) wonder 놀라다, 의아하게 여기다, ~가 아닐까 생각하다 – "I wonder
    ~"는 '~에 대해서 의아하게 여기거나 ~이 아닐까 생각한다'는 의미가
    된다.
(d) assure 보증하다, 확실하게 하다

4.

A: You are never very friendly towards Khai. Is
   there any reason for it?
B: He is the type of person that talks behind your
   __________.

(a) hearing
(b) face
(c) ears
(d) back

| 해석 |
A: 카이에게 별로 친근하게 굴지 않는 것 같던데. 무슨 이유라도 있니?
B: 그는 등 뒤에서 남 얘기를 하는 종류의 사람이야.

| 해설 |
behind one's back은 말 그대로 '등 뒤에서, 몰래'의 뜻이다.

| 오답분석 |
idiom은 정해진 대로 쓰이는 어구이므로 나머지 오답 보기들은 정답으로
적절하지 않다.

5.

A: Teacher, will we be having a _______ quiz
   tomorrow?
B: I can't tell you that because if I did, it wouldn't
   be a surprise.

(a) hard
(b) prompt
(c) burst
(d) pop

| 해석 |
A: 선생님, 내일 쪽지 시험이 있나요?
B: 그건 말해 줄 수 없지. 왜냐하면 말해주면 갑자기 보는 쪽지 시험이 아
   니게 되니까.

| 해설 |
pop quiz는 '예고 없는 시험'의 뜻이다.
B의 말에서 surprise가 '놀라운 일, 뜻밖의 일'의 뜻이므로 정답을 유추
할 수 있다.

| 오답분석 |
(a) hard 굳은, 단단한, 어려운
(b) prompt 신속한, 자극하는 것
(c) burst 파열, 돌발

6.

When I get off work today, I plan on __________ my
appetite for sweets at the nearest ice cream shop.

(a) fulfilling
(b) releasing
(c) indulging
(d) welcoming

| 해석 |
오늘 일이 끝나면 가장 가까운 아이스크림 가게에서 마음껏 먹을 계획이다.

| 해설 |
indulge는 '만족시키다, 탐닉하다, 빠지다, 아이의 버릇을 너무 받아주
다'의 뜻이다.
따라서 indulge one's appetite은 '식욕을 충족시키다' 즉, '마음껏 먹
다'의 뜻으로 해석할 수 있다.

| 오답분석 |
(a) fulfill 이행하다, 충족시키다 – 약속이나 의무 등을 이행하고 조건에
    맞게 충족시킨다는 의미이므로 정답이 될 수 없다.
(b) release 풀어 놓다, (영화, 레코드 등을) 공개[개봉]하다
(d) welcome 환영하다

7.

The school principal just _______ an
announcement that the school will be closed for
the remainder of the day due to impending storm.

(a) said
(b) prepared
(c) advised
(d) made

| 해석 |
학교 교장은 곧 닥쳐올 폭풍우때문에 학교가 폐쇄될 것이라고 지금 막 발
표했다.

| 해설 |
make an announcement 는 '발표하다'의 뜻으로 쓰이는 collocation
이다.

| 오답분석 |
(a) say 말하다 – 빈칸에 say를 넣으면 '발표를 말하다'가 되어 의미가
    중복된다.
(b) prepare 준비하다 – 의미상 어울리지 않는다.
(c) advise 충고하다 – 의미상 어울리지 않는다.

8.

His sudden disappearance is a(n) __________ that
has given rise to much speculation.

(a) riddle

(b) question
(c) inquiry
(d) enigma

| 해석 |
그의 갑작스런 사라짐은 많은 추측을 불러일으키는 불가사의한 일이다.

| 해설 |
enigma는 '수수께끼, 불가사의한 것'의 뜻이다.

| 오답분석 |
(a) riddle – '수수께끼'의 뜻이 있지만, '불가사의한 일'의 의미로는 거의
　　쓰이지 않고 주로 말장난과 같은 수수께끼라는 뜻으로 쓰인다.

| 어휘 |
give rise to 낳다, 일으키다
speculation 심사숙고, 추측, 추론

9.

I'll push the car and when it starts to ________, you
put it in first gear and turn the key.

(a) jump
(b) spin
(c) run
(d) roll

| 해석 |
내가 차를 밀 테니 차가 움직이기 시작하면 기어를 1단에 넣고 열쇠를 돌
려라.

| 해설 |
roll은 '(바퀴가) 구르다, 회전하다'의 뜻으로 정답이 된다.

| 오답분석 |
(a) jump 뛰어오르다, 뛰어넘다
(b) spin – '(팽이 등이) 빙빙 돌다, 빠른 속도로 회전하다'의 뜻이므로 의
　　미상 적절하지 않다.
(c) run 달리다, 경영하다, 운행하다

10.

Our teachers are well-educated, and __________ to
the learning of the students.

(a) anxious
(b) dedicated
(c) experienced
(d) doubtful

| 해석 |
우리 선생님들은 교양이 있으며 학생들의 배움에 헌신적이다.

| 해설 |
dedicate는 '바치다'의 뜻이며, dedicated는 '헌신적인'의 뜻이다.

| 오답분석 |
(a) anxious 걱정스러운, 열망하는 – 의미상으로도 알맞지 않으며, 무언
　　가를 열망한다고 쓸 때에는 뒤에 〈anxious for+명사〉 혹은 〈anxious
　　to+동사원형〉을 쓰므로 이 문장에 쓰일 수 없다.
(c) experienced 경험 있는, 숙련된
(d) doubtful 의심을 품고 있는, 확실치 않은, 미심쩍은

Day 11

Build Up
123p

| **1.** (d) | **2.** (c) | **3.** (c) | **4.** (d) | **5.** (a) | **6.** (a) |
| **7.** (b) | **8.** (b) | **9.** (a) | **10.** (b) | | |

1.

A: You paid too much money for that shirt.
B: I tried to bargain but the saleswoman was
________ about not reducing the price.

(a) hard
(b) cold
(c) sticky
(d) firm

| 해석 |
A: 그 셔츠 너무 비싸게 산 것 같다.
B: 값을 좀 깎으려고 했지만 판매 여사원이 너무 완강하게 가격을 내려주
　　지 않았어.

| 해설 |
firm은 '회사'라는 명사의 뜻과 '굳은, 단단한'의 뜻이 있다. 또한 '신념이
굳은, 변치 않는'의 뜻으로도 쓰인다.

| 오답분석 |
(a) hard 굳은, 튼튼하고 단단한, 어려운 – '굳은'이라는 뜻이 firm과 같
　　은 뜻인 것 같지만 hard는 단단하다는 의미로 쓰인다.
(b) cold 추운, 찬, 냉담한; 감기
(c) sticky 끈적한; (구어) 귀찮은, 곤란한

2.

A: Do you plan on traveling the country by train?
B: As a matter of fact, I have an international
driver's license, so I plan to ________ a vehicle.

(a) lend
(b) mortgage
(c) rent
(d) permit

| 해석 |
A: 이 나라를 기차로 여행할 계획이신가요?
B: 사실 국제 면허증이 있어서요, 차를 한 대 빌리려고 합니다.

| 해설 |
rent는 '(일정한 금액을 내고 일정한 기간 동안) 빌리다'의 뜻이다. 자동
차를 빌린다고 할 때 rent를 쓴다는 것은 상식적으로 알아두도록 하자.

| 오답분석 |
(a) lend – '빌려주다'의 뜻이므로 정답이 될 수 없다.
(b) mortgage 저당잡히다 – 저당잡힌다는 뜻은 빈칸에 적절치 않다.
(d) permit 허락하다, 허가하다

3.

A: I need a copy of my birth certificate in order to
________ my identification for my passport.

B: Wow, I don't think I even have a birth
certificate.

(a) emphasize

(b) maintain

(c) verify

(d) appraise

| 해석 |

A: 여권에 신분 증명을 위해서 출생 신고서 한 부가 더 필요해요.

B: 출생 신고서 같은 게 있다는 것도 몰랐는걸.

| 해설 |

verify는 '증거를 대다, 입증하다, 실증하다' 의 뜻으로 정답이 된다.

| 오답분석 |

(a) emphasize 강조하다

(b) maintain 유지하다

(d) appraise 평가하다, 감정하다

4.

A: Now that you quit your job, how do you plan on
paying your rent?

B: I haven't actually ________ that out yet.

(a) flattened

(b) set

(c) made

(d) worked

| 해석 |

A: 이제 일을 그만 뒀으니, 어떻게 집세를 낼 계획이니?

B: 사실 아직 그건 생각 못했어.

| 해설 |

work ~ out은 '해답을 내다, 해내다' 의 뜻이다.

| 오답분석 |

(a) flatten out 두드려 펴다, 평평하게 하다; 기를 죽이다

(b) set out 출발하다, 착수하다

(c) make out 이해하다, 알다, 판독하다

5.

A: I still don't understand the ending of that movie.

B: Me either. It is a very ________ film.

(a) bizarre

(b) uneasy

(c) suspicious

(d) shady

| 해석 |

A: 난 아직도 그 영화의 마지막을 이해 못하겠어.

B: 나도 그래. 정말 이상한 영화야.

| 해설 |

bizarre는 '이상한, 기이한, 기괴한' 의 뜻이다.

| 오답분석 |

(b) uneasy 불안한, 거북한, 어색한

(c) suspicious 의심스러운, 미심쩍은

(d) shady 그늘진, 의심스러운

6.

As soon as he stepped off the plane in his
hometown, he ________ the smell of the ocean
air.

(a) recognized

(b) understood

(c) predicted

(d) connected

| 해석 |

고향에 와서 비행기에서 내리자마자, 그는 바다의 냄새를 알아차릴 수 있었다.

| 해설 |

recognize는 알아보다, 인지하다의 뜻이므로, '냄새를 인지하고 알아차렸다' 는 의미로 정답이 된다.

| 오답분석 |

(b) understand 이해하다 – '의미나 상황을 이해하고 알아듣다' 의 뜻이므로 오답이다.

(c) predict 예언하다, 예측하다 – 앞을 내다보고 예측한다는 의미이다.

(d) connect 연결하다 – 접속하거나 연결시키고 관련짓는다는 의미로 쓰인다.

7.

The budget is not yet finalized and is still open to
________.

(a) summit

(b) discussion

(c) disapproval

(d) intervention

| 해석 |

예산은 아직 마무리된 것이 아니므로 아직 토론의 여지가 있다.

| 해설 |

be open to~는 '~의 여지가 있다' 의 뜻이다. 예산에 대한 내용의 문장이므로 정답은 (b) discussion (토론)이 가장 적절하다.

| 오답분석 |

(a) summit 정상, 꼭대기, 절정

(c) disapproval 불찬성, 반대 – 아직 결정되지 않았다고 하였으므로 '반대의 여지가 있다' 는 의미상 어울리지 않는다.

(d) intervention 조정, 중재, 간섭 – 중간에 끼어들어 조정하거나 간섭한다는 의미이므로 적절치 않다.

8.

The National Postal Service has advised the public

to have out-going mail __________ by December 3rd to ensure its arrival before Christmas.

(a) abandoned
(b) postmarked
(c) acknowledged
(d) postdated

| 해석 |
국가 우편국은 대중에게 12월 3일 소인이 찍힌 우편물이 크리스마스 전에 도착할 수 있는지를 확인하라고 충고했다.

| 해설 |
postmark는 '소인을 찍다'의 뜻이므로 우편물과 어울려 쓸 수 있다.

| 오답분석 |
(a) abandon   저버리다, 그만두다
(c) acknowledge   인정하다, 승인하다
(d) postdate   실제보다 날짜를 늦추어 적다, 시간적으로 뒤에 일어나다

9.
As the oldest child, you are perhaps unaware of how __________ your example is to your younger siblings.

(a) influential
(b) attractive
(c) invincible
(d) logical

| 해석 |
맏이로서 너의 행동들이 동생들에게 얼마나 영향력이 있는지 모를 수도 있다.

| 해설 |
influential은 '영향을 미치는, 유력한'의 뜻이다.

| 오답분석 |
(b) attractive   매력적인
(c) invincible   정복할 수 없는, 무적의, 극복할 수 없는
(d) logical   논리적인, 분석적인

10.
This house has all the __________ I want, including a fire place and swimming pool.

(a) discrepancies
(b) amenities
(c) nuisances
(d) capacities

| 해석 |
이 집은 벽난로와 수영장을 포함해서 내가 원하는 모든 시설을 갖추고 있다.

| 해설 |
amenity는 '장소, 기후 등이 기분 좋음, 쾌적함'의 뜻이며 복수형 amenities는 '시설, 설비'의 뜻과 '교제상의 예의'의 뜻을 가진다.

| 오답분석 |
(a) discrepancy   불일치, 어긋남, 모순
(c) nuisance   성가시고 골치 아픈 것[사람]
(d) capacity   수용량, 능력

Day 12
Build up
133p

| **1.** (b) | **2.** (c) | **3.** (d) | **4.** (b) | **5.** (b) | **6.** (d) |
| **7.** (d) | **8.** (b) | **9.** (a) | **10.** (a) | | |

1.
A: Will it really be necessary to ______ this suitcase?
B: Yes, absolutely. I am afraid that both the weight and dimensions of this bag exceed the carry on limits.

(a) pack up
(b) check in
(c) leave out
(d) enter into

| 해석 |
A: 이 옷가방을 꼭 맡겨야 하나요?
B: 네, 물론입니다. 이 가방의 무게와 크기가 모두 가지고 탈 수 있는 제한을 넘는군요.

| 해설 |
check in은 '숙박 수속을 하다, 탑승 수속을 하다, 공항에서 짐을 맡기다'의 뜻이다.

| 오답분석 |
(a) pack up   짐을 꾸리다
(c) leave out   생략하다, ~을 빼다
(d) enter into   ~에 참가하다, 시작하다

2.
A: Good afternoon. Kenmount Medical Clinic, may I help you?
B: Hello, this is Ryan Goldsmith. I am __________ your call from earlier today.

(a) replying
(b) taking
(c) returning
(d) countering

| 해석 |

A: 안녕하세요, 켄마운트 병원입니다. 무엇을 도와드릴까요?

B: 안녕하세요, 라이언 골드스미스입니다. 오늘 전화하셨는데 제가 못 받아서 다시 전화 드리는 겁니다.

| 해설 |

부재중이었거나 못 받은 전화를 다시 걸어준다는 표현으로 return one's call을 쓴다.

| 오답분석 |

(a) reply 대답[응답]하다 – 물음에 답할 때 쓰는 표현이다.

(b) take – take 동사는 워낙 여러 뜻으로 쓰이기 때문에 항상 정답처럼 보일 수 있지만, 가장 기본적인 뜻인 '취하다'라는 뜻으로 이 문장에 대입해보면 의미가 통하지 않는다.

(d) counter 반대하다, 반격하다 – 되받아 치거나 공격을 되돌려줄 때 쓰는 단어이므로, 전화를 다시 걸어준다는 의미로는 어울리지 않는다.

3.

A: I am very nervous about this job interview.

B: Don't be. Just relax and you will do fine. The woman interviewing you is quite __________.

(a) conventional

(b) formidable

(c) surmountable

(d) impressionable

| 해석 |

A: 취업 인터뷰 때문에 너무 떨려요.

B: 그러지 않으셔도 되요. 마음을 편히 가지면 잘 될 거예요. 면접관은 다 정다감한 분이랍니다.

| 해설 |

impressionable은 '감수성 예민한, 다감한'의 뜻이다.

| 오답분석 |

(a) conventional 전통적인, 틀에 박힌, 진부한

(b) formidable 무서운, 무시무시한, 강력한

(c) surmountable 극복할 만한, 넘어설 수 있는

4.

A: Does the YMCA have any daycare programs?

B: Yes, they ______ various types of programs, including basketball and swimming camp.

(a) handle

(b) run

(c) take

(d) accomplish

| 해석 |

A: YMCA에 데이케어 프로그램도 있나요?

B: 네. 농구나 수영 캠프를 포함하여 다양한 종류의 프로그램을 운영합니다.

| 해설 |

run은 '달리다, 경영하다, 관리하다, (버스나 기차 등이) 일정한 간격으로 운행하다' 등 여러 가지 뜻으로 쓰이는 동사이다. 이 문제에서는 '운영하다'의 뜻으로 해석하는 것이 가장 자연스럽다.

daycare program은 전문적 훈련을 받은 직원이 주간에 교육을 시켜주는 프로그램을 말한다.

| 오답분석 |

(a) handle 다루다, 취급하다, 처리하다 – 어떤 일을 처리하고 다룬다는 의미이므로 프로그램 운영에는 적절하지 않다.

(c) take 취하다, 받아들이다

(d) accomplish 이루다, 성취하다

5.

Advancements in satellite technology have made it possible to __________ the weather with more precision and accuracy than ever before.

(a) enlighten

(b) predict

(c) recommend

(d) prescribe

| 해석 |

인공위성 기술의 진보로 인해 그 어느 때보다도 더욱 정밀하고 정확하게 날씨를 예측할 수 있게 되었다.

| 해설 |

predict가 '예언하다, 예측하다'의 의미이므로 날씨의 예측에 알맞은 단어이다.

| 오답분석 |

(a) enlighten 계몽하다 – 가르치고 교화한다는 뜻이다.

(c) recommend 추천하다 – 의미상 전혀 어울리지 않는다.

(d) prescribe 규정하다, 지시하다; 약을 처방하다 – 명령한다는 의미가 강하며, 예측한다는 의미와 거리가 멀다.

6.

A good way to prevent jet ______ is to set your watch to the destination time before departure.

(a) nap

(b) flow

(c) strap

(d) lag

| 해석 |

시차로 인한 피로를 예방하기 위한 좋은 방법은 출발 전에 목적지의 시간에 시계를 맞춰 놓는 것이다.

| 해설 |

lag는 '늦어짐, 지연'의 뜻이며, jet lag는 '여행시 시차에 의한 피로, 신경과민' 등을 나타내는 말이다.

| 오답분석 |

오답들은 모두 의미상 어울리지 않는다.

(a) nap 선잠, 낮잠

(b) flow 흐름

(c) strap 끈, 가죽끈

7.

Tatemae is a main ______ of Japanese culture

which refers to the role one is supposed to play in public that corresponds to his/her social status or position.

(a) heart
(b) class
(c) status
(d) facet

| 해석 |
타테마에는 공적으로 자신의 사회적 지위나 위치에 따라 행동하게 되어 있는 역할을 언급하는 것으로 일본 문화의 주된 측면이다.

| 해설 |
tatemae (타테마에)는 일본어로 '표면상의 방침, 겉모습, 겉표정, 겉마음'을 뜻한다.
facet은 '일면, 국면, 양상'의 뜻으로, 이 문장에서는 aspect와 같은 뜻으로 볼 수 있다.

| 오답분석 |
(a) heart 심장
(b) class 수업; 계층
(c) status 지위, 신분

8.

The artist paints mostly dark, war-torn, urban representations each containing a subtle, yet visible white dove within, __________ peace.

(a) revealing
(b) signifying
(c) professing
(d) reflecting

| 해석 |
그 화가는 대부분 어둡고 전쟁으로 폐허가 된, 도시를 묘사하는 그림들을 그린다. 그의 그림에는 포착하기 힘들긴 하지만 분명 눈에 보이는, 평화를 의미하는 흰 비둘기가 항상 포함되어 있다.

| 해설 |
signify는 '의미하다, 뜻하다, 알리다'의 뜻으로, 이 문장에서 비둘기가 평화를 뜻하므로 정답이 된다.

| 오답분석 |
(a) reveal 드러내다
(c) profess 공언하다, 고백하다, 주장하다
(d) reflect 반영하다, 반사하다

| 어휘 |
war-torn 전쟁으로 폐허가 된, 무너진
subtle 미묘한, 포착하기 힘든

9.

As a professional mediator, it is essential to maintain neutrality and not ________ with either party at the negotiating table.

(a) side
(b) amend

(c) focus
(d) part

| 해석 |
프로 중재인으로서, 협상할 때에 중립을 유지하고 어느 한 쪽의 편을 들지 않는 것이 중요하다.

| 해설 |
side가 동사로 쓰일 때 뒤에 with를 수반하여 '편들다, 지지하다'의 뜻이 된다.

| 오답분석 |
(b) amend 개정하다, 수정하다, 고치다
(c) focus 초점을 맞추다, 집중하다
(d) part 나누다, 갈라지다, 분리하다

10.

Simone de Beauvoir's controversial book, The Second Sex, offered a(n) ________ into the treatment of women throughout history.

(a) insight
(b) argument
(c) assertion
(d) proclamation

| 해석 |
시몬느 드 보바르의 논쟁의 여지가 많은 책인 '제 2의 성'은 역사상의 여성에 대한 대우에 대한 통찰력을 제공해 준다.

| 해설 |
문학작품을 통해 역사나 사회에 대한 '통찰력'을 얻을 수 있으므로 문맥상 정답은 insight가 된다.

| 오답분석 |
(b) argument 논증, 주장
(c) assertion 단언, 주장
(d) proclamation 선언, 포고

Day 13
Build up
143p

1. (b)	2. (a)	3. (c)	4. (b)	5. (a)	6. (b)
7. (d)	8. (d)	9. (a)	10. (a)		

1.

A: I would love to go out with friends on Sunday night, but I am completely _________.
B: Me too, I have $5 left in my bank account until I get paid again.

(a) withdrawn

(b) broke

(c) reduced

(d) ruined

| 해석 |

A: 일요일 밤에 친구들과 함께 놀러 가고 싶지만, 완전히 빈털터리야.

B: 나도 그래. 다시 급여를 받을 때까지 은행 계좌에 5달러만이 남아 있어.

| 해설 |

broke는 동사 break의 과거형일뿐 아니라, '빈털터리의, 돈이 없는' 의 뜻이다.

| 오답분석 |

오답 보기들은 모두 정확히 의미가 맞지 않는 단어들이다.

(a) withdraw 돈을 인출하다, 물러서다, 후퇴하다

(c) reduce 줄이다

(d) ruin 망치다, 황폐하게 하다

2.

A: I can't thank you enough for your generous __________ this weekend.

B: The pleasure was all mine. You are welcome to stay any time.

(a) hospitality

(b) clarification

(c) intermittence

(d) diversion

| 해석 |

A: 이번 주말에 이렇게 친절하게 환대해 주셔서 어떻게 감사 드려야 할지 모르겠어요.

B: 제가 더 기쁩니다. 언제든 오시면 환영이에요.

| 해설 |

hospitality는 '환대, 후한 대접' 의 뜻이므로, B의 말로 미루어 보아 정답임을 알 수 있다.

| 오답분석 |

(b) clarification 정화, 명시

(c) intermittence 간헐(성)

(d) diversion 전환, 기분 전환, 오락

3.

A: Are there any possible __________ to taking this medicine?

B: With this form of antibiotic, there is always a possibility of feeling nauseous and/or vomiting.

(a) symptoms

(b) deficiencies

(c) side effects

(d) obstacles

| 해석 |

A: 이 약을 복용하면 나타날 수 있는 부작용이 있나요?

B: 이런 형태의 항생제는 항상 구역질이 나거나 구토 증세가 나타날 가능성이 있습니다.

| 해설 |

side effect는 약의 부작용을 뜻한다. medicine, antibiotic(항생제), nauseous(메스꺼운), vomiting(구토) 등 단서가 풍부하므로, 이러한 빈출 단어를 알면 맞출 수 있다.

| 오답분석 |

(a) symptom 징후, 증상

(b) deficiency 부족, 결여, 결핍

(d) obstacle 방해, 장애

4.

A: The tree-planting job was way harder work than I had anticipated.

B: Well, I __________ you so.

(a) talked

(b) told

(c) meant

(d) hoped

| 해석 |

A: 그 나무 심는 일은 예상했던 것보다 훨씬 더 힘들었어요.

B: 내가 얘기했잖니.

| 해설 |

문자 그대로의 뜻으로 정답은 told가 된다. talk는 뒤에 〈to+목적어〉를 취하므로 정답이 될 수 없다.

5.

A: Rachael, you forgot to buy some potatoes.

B: I am sorry, Mom. The grocery list got wet and I couldn't __________.

(a) make it out

(b) get it on

(c) bring it back

(d) make it up

| 해석 |

A: 레이첼, 감자 사는 걸 잊었구나.

B: 죄송해요, 엄마. 식료품 리스트가 젖어서 알아볼 수가 없었어요.

| 해설 |

make out은 여러 가지 뜻이 있지만, 구어체로 가장 많이 쓰이는 뜻은 '이해하다, 잘 해내다' 이다.

이 문제에서 출제된 의미는 '이해하다, 판독하다' 이다.

| 오답분석 |

(b) get on ~에 타다

(c) bring back 도로 찾다, 돌려주다

(d) make up ~을 만들어 내다, 보상하다, 화장하다

6.

Despite the injuries that our team has suffered lately, we are still __________ of finishing the

season with a good record.

(a) available
(b) capable
(c) unable
(d) possible

| 해석 |
최근 우리 팀이 부상을 많이 입었음에도 불구하고, 우리는 여전히 이번 시즌을 좋은 성적으로 끝낼 수 있다.

| 해설 |
capable은 '유능한, 역량이 있는' 의 뜻으로, 어떤 일을 할 수 있는 능력이 있다는 의미이다.

| 오답분석 |
(a) available 이용 가능한, 시간 있는 – 이 문장에 적절하지 않다.
(c) unable ~할 수 없는 – 문장의 앞쪽에서 despite이 쓰였기 때문에 문맥상 반대의 의미가 된다.
(d) possible 가능한 – 어떤 일이 일어날 수 있는 가능성을 뜻하는 단어이므로 정답이 될 수 없다.

7.

The general manager played a significant _________ in the rebuilding of the football team.

(a) effort
(b) assignment
(c) duty
(d) role

| 해석 |
general manager는 축구팀을 다시 만드는 데에 있어 중요한 역할을 했다.

| 해설 |
play a role, play a part는 '역할을 하다' 라는 collocation이다.

| 오답분석 |
(a) effort 노력 – 노력을 기울였다는 의미의 collocation은 make an effort를 쓰므로 이 문장에서는 문장 호응이 이루어지지 않는다.
(b) assignment 숙제, 할당된 양 – 숙제나 업무 등, 자신이 해야 할 일로 정해진 것에 쓰는 단어이므로 이 문장에 어울리지 않는다.
(c) duty 의무 – 의무를 다했다는 어구는 do/perform one's duty 이므로 이 문장에서 문장 호응이 이루어지지 않는다.

8.

The police investigators are having a hard time __________ a murder charge because the murderer was careful not to leave behind any evidence.

(a) vacillating
(b) brandishing
(c) circumventing
(d) substantiating

| 해석 |
살인자가 어떤 증거도 남기지 않으려고 매우 주의했기 때문에 경찰 조사원들은 살인 혐의를 입증하는 데 어려움을 겪고 있다.

| 해설 |
substantiate는 '실증하다, 증명하다, 구체화하다' 의 뜻으로, substantiate a charge는 '혐의를 입증하다' 의 뜻이 된다.

| 오답분석 |
(a) vacillate 불안정하게 흔들리다, 비틀거리다, 마음이 동요하다
(b) brandish 휘두르다, 과시하다
(c) circumvent 포위하다; (법률을) 빠져나갈 길을 찾다

9.

North Korea's persistence in testing long-range missiles over the East Sea has _____ international panic.

(a) prompted
(b) assembled
(c) segregated
(d) underwent

| 해석 |
북한이 동해에 장거리 미사일 테스트를 계속하는 것은 국제적 공포를 촉발했다.

| 해설 |
prompt는 형용사로 '즉석의, 신속한, 재빠른' 의 뜻이며 이 문장에서 볼 수 있듯이 동사로는 '자극하다, 격려하다, 촉구하다' 의 뜻이다.

| 오답분석 |
(b) assemble 모으다, 조립시키다
(c) segregate 분리하다, 격리하다
(d) undergo 겪다, 경험하다

10.

Karl is very introverted and he has always found it difficult to take the ________ in making new friends.

(a) initiative
(b) alternative
(c) delay
(d) hesitation

| 해석 |
칼은 매우 내성적이어서 새로운 친구들을 만들 때 먼저 나서는 것을 항상 힘에 겨워 한다.

| 해설 |
initiative는 '진취적 기상, 발의, 솔선' 의 뜻이며, take the initiative는 '솔선하다, 먼저 나서서 하다' 의 뜻이다.

| 오답분석 |
(b) alternative 대안, 다른 방도
(c) delay 지연, 지체, 연기
(d) hesitation 주저, 망설임

Day 14

Build up

1. (d)	**2.** (b)	**3.** (a)	**4.** (b)	**5.** (a)	**6.** (c)
7. (a)	**8.** (c)	**9.** (c)	**10.** (c)		

1.

A: I trust you will not tell anyone what I just told you.

B: Of course! I understand that it is ___________.

(a) anonymous
(b) unidentified
(c) mysterious
(d) confidential

| 해석 |

A: 지금 내가 네게 한 말을 누구에게도 말하지 않을 거라고 믿을게.
B: 당연하지. 나도 이게 극비라는 걸 안다고.

| 해설 |

confidential은 '기밀의, 비밀의'라는 뜻이므로 이 대화문의 문맥상 정답이 된다.

| 오답분석 |

(a) anonymous 익명의 – 이름이 알려져 있지 않다는 의미이지, '기밀'의 뜻이 들어간 것은 아니므로 의미상 적절하지 않다.
(b) unidentified 확인되지 않은 – 정체불명이라는 의미의 단어이므로 정답이 될 수 없다.
(c) mysterious 불가사의한 – 설명할 수 없는 신비한 일에 쓰이는 단어이므로 정답이 될 수 없다.

2.

A: Hello. This is Kristin. I am calling to ________ you the job at DFO Enterprise.

B: Great! I'll gladly accept the position.

(a) facilitate
(b) offer
(c) acquire
(d) suggest

| 해석 |

A: 안녕하세요, 저는 크리스틴 입니다. DFO 기업에서 일자리를 제안하려고 전화 드렸어요.
B: 잘 됐군요! 기쁘게 그 일을 맡겠습니다.

| 해설 |

B의 말에서 어떤 일자리를 맡겠다고 하는 것을 알고 있으므로 A가 전화한 목적은 일자리를 제공하기 위한 것임을 알 수 있다. 따라서 정답은 offer이다.

| 오답분석 |

(a) facilitate 용이하게 하다, 촉진하다
(c) acquire 손에 넣다, 취득하다, 습득하다
(d) suggest 제안하다, 제의하다

3.

A: Did you win your soccer game on Sunday?

B: The game was __________ on account of the heavy rain.

(a) called off
(b) left out
(c) signed off
(d) given up

| 해석 |

A: 일요일에 축구 경기에서 이겼니?
B: 폭우 때문에 경기가 취소되었어.

| 해설 |

on account of는 '~때문에, ~탓으로'의 의미이다.
call off는 '취소하다, (계획 등을) 중지하다'의 뜻이다.

| 오답분석 |

(b) leave out 생략하다, 빼다
(c) sign off (권리 등을) 포기하다
(d) give up 단념하다, 체념하다, (습관 등을) 포기하다

4.

A: I am positive that with my education and experience, I would be an asset to this company. Are there any positions _________?

B: In fact, we are currently hiring. Come back for an interview on Monday morning at 9:15 a.m.

(a) blank
(b) available
(c) clear
(d) possible

| 해석 |

A: 저의 교육 수준과 경력으로 볼 때 이 회사에 인적 자원이 될 수 있을 것이라고 확신합니다. 제가 들어갈 자리가 있을까요?
B: 사실 지금 저희 회사는 직원을 채용 중입니다. 월요일 아침 9시 15분에 면접 보러 오세요.

| 해설 |

available은 '이용 가능한, (사람이) 시간이 있는, 손에 넣을 수 있는'의 뜻이므로 '이용 가능한 일자리', 즉 내가 얻을 수 있는 일자리가 있는가를 물을 때 쓸 수 있다.

| 오답분석 |

(a) blank 공백의, 여백의 – 공간 등이 비어있다는 뜻으로 쓰이므로 의미상 적절하지 않다.
(c) clear 맑은, 명백한 – 명료하고 명백하다는 뜻이므로 정답이 될 수 없다.
(d) possible 가능한 – 어떤 일이 일어날 수 있다는 가능성을 말할 때 쓰는 단어이다.

5.

A: Excuse me for a second please. Can I wheel this cart through?

B: Sure thing, let me get out of your _______.

(a) way
(b) surface
(c) sight
(d) course

| 해석 |
A: 잠시만 실례할게요. 이 카트를 밀고 지나가도 될까요?
B: 물론이죠. 제가 비켜 드릴게요.

| 해설 |
get out of one's way는 문자 그대로 '길에서 물러나서 비키다'의 뜻이다.

| 오답분석 |
(b) surface 표면, 외양
(c) sight 시력, 시각, 시야
(d) course 과정, 진행

6.

Your job starts Monday at 9:00 a.m. and you should wear clothing _________ for hard labor.

(a) careful
(b) disturbed
(c) suitable
(d) attractive

| 해석 |
당신의 일은 월요일 아침 9시에 시작하며, 힘든 노동에 적합한 옷을 입어야 합니다.

| 해설 |
suitable은 '적당한, 적절한, 알맞은'의 뜻이다.

| 오답분석 |
(a) careful 주의 깊은, 조심성 있는
(b) disturbed 불안하고 걱정스러운, 마음이 동요한
(d) attractive 매력적인, 매혹적인

7.

Others in the restaurant stared at Paul with _________ when he was making a fuss about the food.

(a) reproach
(b) endorsement
(c) commendation
(d) reverence

| 해석 |
폴이 음식에 대해 소란을 부릴 때 그 레스토랑에 있던 다른 사람들은 비난하는 눈으로 그를 쳐다보았다.

| 해설 |
문맥상 빈칸에는 reproach(비난, 질책)가 들어가는 것이 적절하다.
make a fuss는 '소란 피우다'의 뜻이다.

| 오답분석 |
(b) endorsement 배서, 승인
(c) commendation 칭찬, 추천, 위임
(d) reverence 숭배, 존경, 경의

8.

Salmon _________ know the way back to the river they came from and return there each year to spawn.

(a) literally
(b) figuratively
(c) instinctively
(d) regretfully

| 해석 |
연어는 자신이 난 강으로 가는 길을 본능적으로 알고, 알을 낳으러 매년 그곳으로 돌아간다.

| 해설 |
문맥상 알맞은 단어는 instinctively(본능적으로, 직감적으로)이다.

| 오답분석 |
(a) literally 글자 뜻 그대로, 문자 그대로
(b) figuratively 비유적으로, 상징적으로
(d) regretfully 후회하여, 유감으로 생각하여

9.

The team is not giving any information about the star player's injury so at this point we can only _________ as to when he might return.

(a) determine
(b) conclude
(c) speculate
(d) prospect

| 해석 |
그 팀은 스타 선수의 부상에 대한 어떤 정보도 주지 않고 있어서, 현재 우리는 언제 그가 돌아올지에 대해 추측만 할 수 있다.

| 해설 |
speculate는 '숙고하다, 추측하다'의 뜻이므로, 문장 앞부분에서 어떤 정보도 주지 않고 있다는 내용과 문맥상 이어지므로 정답이 된다.

| 오답분석 |
(a) determine 결심하다, 결정하다
(b) conclude 결론을 내리다
(d) prospect 전망하다 – 앞으로의 추이를 전망, 예상한다는 의미이므로 이 문장에 어울리지 않는다.

10.

Despite the opposition's lobbying to _________ the president, his good political reputation was enough to suppress the accusations of scandal.

(a) rally
(b) fire
(c) impeach
(d) terminate

| 해석 |

대통령을 탄핵하기 위한 야당의 로비에도 불구하고, 대통령은 정치적으로 좋은 명성이 있기 때문에 스캔들에 대한 비난을 충분히 누를 수 있었다.

| 해설 |

impeach는 '탄핵하다'의 뜻이다. 야당에서 스캔들 때문에 대통령에게 해가 될 만한 행동을 하려는 문맥이기 때문에 impeach가 정답이 된다.

| 오답분석 |

(a) rally 모으다, 모이다, 집중시키다
(b) fire 해고하다 – 직원을 해고할 때에 쓰이는 표현이며, 대통령을 고용하거나 해고한다는 표현은 쓰지 않으므로 적절치 않다.
(d) terminate 끝내다, 종결시키다, 해고하다 – 주로 상황이나 계약 등을 종료시킬 때 쓰는 표현이므로 정답이 될 수 없다.

Day 15
Build Up
163p

1. (b) **2.** (a) **3.** (c) **4.** (a) **5.** (a) **6.** (c)
7. (b) **8.** (d) **9.** (d) **10.** (b)

1.

A: I can't _________ why people enjoy listening to heavy metal music.
B: I guess it just comes down to personal preference.

(a) find out
(b) figure out
(c) make out
(d) catch up

| 해석 |

A: 왜 사람들이 헤비메탈 음악을 즐겨 듣는지 알 수가 없어.
B: 내 생각에 그건 결국 개인적 선호인 것 같아.

| 해설 |

figure out은 '알아내다, 발견하다, 이해하다'의 뜻이다.

| 오답분석 |

(a) find out 발견하다, 찾아내다 – '이해하다'의 뜻은 없다.
(c) make out 이해하다, 판독하다 – 이유를 알아낸다는 의미로 쓰이는 것이 아니라 말이나 글씨 등을 이해한다는 뜻으로 쓰인다.
(d) catch up 따라잡다

2.

A: I am having trouble with downloads on my computer. Can you help?
B: I'm sorry. I wish I could but I am computer _________.

(a) illiterate
(b) insufficient
(c) hopeless
(d) uneducated

| 해석 |

A: 컴퓨터에 다운로드 받는 게 어렵네. 좀 도와줄래?
B: 미안, 도와주고 싶지만 난 컴맹이야.

| 해설 |

illiterate는 '교육 받지 않은, 문맹의'라는 뜻으로, '컴맹'이라는 collocation으로 computer illiterate를 쓴다.

| 오답분석 |

(b) insufficient 불충분한, 능력이 없는 – 능력이 없다는 뜻으로 정답처럼 생각될 수도 있겠으나, 어떤 일을 할 능력이 부족하다는 의미로 쓰여야 하므로 이 문장에서 호응이 이루어지지 않는다.
(c) hopeless 희망 없는 – 의미상 적절하지 않다.
(d) uneducated 교육받지 못한, 무학의 – uneducated를 정답으로 고르기 쉽지만, 문맹이라는 뜻이 더욱 강한 것은 illiterate이다.

3.

A: Good afternoon. This is Danny Williams, returning a call from Mr. Harper.
B: Yes, Mr. Williams, please _________ on the line and I will notify him of your call.

(a) grasp
(b) delay
(c) hold
(d) linger

| 해석 |

A: 안녕하세요. 저는 대니 윌리엄스입니다. 하퍼 씨가 전화하셨다고 해서요.
B: 네, 윌리엄스 씨. 잠깐 끊지 말고 기다리시면 하퍼 씨께 전화 왔다고 알려드리겠습니다.

| 해설 |

hold on은 '전화를 끊지 않고 기다리다'의 뜻이다.
A의 말 중 return a call은 부재중에 온 전화를 다시 걸어준다는 의미로, 이 표현 역시 빈출표현이다.

| 오답분석 |

(a) grasp 붙잡다, 꽉 쥐다
(b) delay 지연시키다, 지체시키다, 미루다
(d) linger 꾸물거리다, 망설이다, 오래 남아 있다

4.

A: You are not allowed to borrow my car without asking permission! Is that ______?

B: Absolutely. I'm sorry, it's just that I was in a
hurry.

(a) clear
(b) set
(c) heard
(d) implicit

| 해석 |
A: 허락을 구하지도 않고 내 차를 빌리는 건 허락되지 않는다. 알았니?
B: 알겠어요. 죄송해요, 바빠서 그랬어요.

| 해설 |
clear는 '맑은, 투명한, 분명한, 명백한, 이해된'의 뜻으로 여러 방면에 쓰일 수 있다. 이 문제에서는 제대로 알아들었는지를 묻는 뜻으로 쓰였다.

| 오답분석 |
(b) set 두다, 놓다, 세우다
(c) hear 듣다, ~이 들리다
(d) implicit 은연중의, 암시적인, 함축적인 (↔ explicit)

5.

A: I recognize that face. What's on your mind?
B: I have this strange _________ that I will be asked
to work on my day off tomorrow.

(a) hunch
(b) assessment
(c) viewpoint
(d) estimate

| 해석 |
A: 그 표정 알겠어. 무슨 생각을 하니?
B: 내일 쉬는 날인데 일하러 오라는 부탁을 받을 것 같다는 이상한 예감이
들어.

| 해설 |
hunch는 원래 '군살, 혹'의 뜻이며 hunchback은 '곱사등이, 꼽추'의 뜻
이다. 꼽추의 등에 닿으면 행운이 온다는 미신에서 hunch는 '예감, 육감'
의 뜻을 가진다.

| 오답분석 |
(b) assessment 평가, 판단
(c) viewpoint 견해, 견지, 관점 – 이 문제에서는 어떤 일에 대한 자신의
관점을 밝히는 것이 아니라, 육감적 예감을 말하므로 정답이 될 수 없
다.
(d) estimate 어림잡다, 견적을 내다

6.

If you purchase a coffee from Morning Glory Café
next Friday, half of the price _________ will be
donated to the Breast Cancer Foundation.

(a) due
(b) profit
(c) paid
(d) purchased

| 해석 |
모닝글로리 카페에서 다음 금요일에 커피를 구매하시면, 지불한 가격의
절반이 유방암 센터에 기부될 것이다.

| 해설 |
빈칸 앞에 price가 있으므로, 어떤 물건의 값을 지불한다는 뜻의 pay의
p.p.형태 paid가 정답이 된다.

| 오답분석 |
(a) due 지급 기일이 된, 마땅히 권리로 받아야 할 – 의미상 적절하지 않다.
(b) profit 이익, 수익, 이윤 – 빈칸 앞의 price와 호응이 이루어지지 않
는다.
(d) purchase 사다, 구입하다 – 정답으로 보일 수 있으나, price 뒤에
purchased가 쓰이면 가격을 구입했다는 의미가 되므로 비문이 된다.

7.

Non-smokers are considerably less _________ to
death from heart disease than people that smoke.

(a) close
(b) prone
(c) immune
(d) hazardous

| 해석 |
비흡연자들은 흡연자들보다 심장질환으로 인한 죽음에 처할 경향이 상당
히 덜하다.

| 해설 |
be prone to 는 '~하기 쉽다, ~할 경향이 있다'의 뜻이다.

| 오답분석 |
(a) close 가까운 – 거리가 가깝거나 관계가 가깝다는 의미로 쓰인다.
(c) immune 면역성의 – 병에 대해 면역이 있거나 과세 등을 면제받았다
는 의미로 쓰인다.
(d) hazardous 위험한 – '위험하고 운에 맡기는'의 뜻이므로 적절치
않다.

8.

Grade averages are significantly higher among
male students who attend boys only private
institutions as compared to those who attend
_________ schools.

(a) combined
(b) segregated
(c) mixed
(d) coed

| 해석 |
남녀공학 학교에 다니는 남학생들과 비교했을 때, 남자 아이들만 다니는
사립 기관의 남학생들의 학년 평균이 눈에 띄게 더 높았다.

| 해설 |
남녀공학 학교를 coed school이라고 한다. mixed나 combined도 정답
으로 보일 수 있으므로 주의해야 한다.

| 오답분석 |
(a) combined 결합한, 연합한 – 남녀공학 학교라는 표현으로는 부적절
하다.

(b) segregated 분리된, 격리된, 인종 차별의 – 의미상 이 문장에 어울리
지 않는다.
(c) mixed 혼합된, 뒤섞인, 혼성의 – '혼성의'라는 뜻이 있기는 하지만
남녀공학 학교에 쓰이는 표현은 아니다.

9.

Samantha has always been fascinated with animals so it is no surprise that she decided to become a ________.

(a) botanist
(b) conservationist
(c) pessimist
(d) veterinarian

| 해석 |
사만다는 항상 동물에 매력을 느꼈기 때문에 그녀가 수의사가 되기로 결
정했다는 것은 놀랄 일이 아니다.

| 해설 |
동물에 매력을 느껴 선택할 수 있는 직업은 veterinarian(수의사)이다.

| 오답분석 |
(a) botanist 식물학자
(b) conservationist 자연 보호론자
(c) pessimist 비관론자, 염세가

10.

Before traveling to Thailand, it is recommended that you receive a(n) ________ for Hepatitis A.

(a) obligation
(b) inoculation
(c) prognosis
(d) seclusion

| 해석 |
타이로 여행하기 전에 A형 간염에 대한 예방접종을 받을 것이 권장된다.

| 해설 |
특정 질병에 대한 예방주사를 맞는 것이 문맥상 적절하므로 정답은 (b)
inoculation(예방접종)이다.

| 오답분석 |
(a) obligation 의무, 책임
(c) prognosis 예지, 예측; (의학) 치료 뒤의 경과 예상
(d) seclusion 격리, 은퇴, 은둔

Day 16

Build up
173p

1. (d)	2. (b)	3. (b)	4. (c)	5. (c)	6. (d)
7. (b)	8. (c)	9. (b)	10. (d)		

1.

A: The revolutionist showed how ________ she is by giving that speech against the dictator.
B: I know. She is the type of leader this country needs.

(a) acceptable
(b) offensive
(c) contagious
(d) courageous

| 해석 |
A: 그 혁명가는 독재자에 대항하는 연설을 함으로써 자신이 얼마나 용기
있는가를 보여주었어.
B: 나도 알아요. 그녀는 이 나라가 필요로 하는 지도자 상이예요.

| 해설 |
courage가 '용기'라는 명사이며, courageous는 그 형용사형으로 '용기
있는, 용감한'의 뜻이다.

| 오답분석 |
(a) acceptable 받아들일 수 있는, 마음에 드는 – 기꺼이 받아들일 만하
다는 의미로, 문맥에 어울리지 않는다.
(b) offensive 모욕적인, 공격적인 – 남에게 불쾌감과 모욕감을 준다는
의미로, 문맥에 어울리지 않는다.
(c) contagious 전염성의 – 접촉성으로 퍼지는 질병에 쓰는 어휘이므로
문맥에 어울리지 않는다.

2.

A: I'm afraid I ________ this lasagna recipe; I forgot to add the cottage cheese.
B: That's ok, I am sure it will still be delicious.

(a) knocked up
(b) messed up
(c) broke up
(d) passed away

| 해석 |
A: 라자냐 요리를 망친 것 같아. 부드러운 백색 치즈를 넣는 걸 깜빡했어.
B: 괜찮아, 그래도 맛있을 것 같아.

| 해설 |
mess up은 '어지럽히다, 망쳐놓다, 엉망진창으로 만들다'의 뜻이다.
mess의 뜻으로 외우면 쉽게 기억할 수 있다.

| 오답분석 |
(a) knock up 지치게 하다, 다치게 하다

(c) break up 헤어지다
(d) pass away 죽다

3.

A: Hey Jeannie, nice shirt. Listen, can I _______ you in the hall for a minute?

B: Absolutely. Is everything okay with you?

(a) watch
(b) see
(c) peep
(d) look

| 해석 |
A: 지니, 멋진 셔츠네. 있잖아, 홀에서 잠깐 볼 수 있을까?
B: 물론이지. 잘 지내는 거야?

| 해설 |
see는 '보다'의 뜻으로, 이 문제에서와 같이 사람을 만난다는 뜻으로 쓸 수 있다.

| 오답분석 |
(a) watch 지켜보다, 주시하다
(c) peep 엿보다, 몰래 훔쳐보다
(d) look 보이다.

4.

A: I am required to submit two letters of _________ with my application.

B: You should ask Professor Thompson to write one for you.

(a) consultation
(b) inclination
(c) reference
(d) fondness

| 해석 |
A: 취업원서와 함께 추천서 2부를 제출하라고 해서요.
B: 톰슨 교수님께 하나 써달라고 부탁 드려 보세요.

| 해설 |
reference는 '참고, 참조'의 뜻에서 letter of reference는 '추천서'의 뜻이 된다.

| 오답분석 |
(a) consultation 상담, 상의, 자문
(b) inclination 경향, 기질, 성향
(d) fondness 좋아함, 기호

5.

A: Sorry, I missed conversation class last Thursday, but I was in Beijing.

B: Not a problem. Were you there for business or _________?

(a) participation
(b) meditation
(c) pleasure
(d) entertainment

| 해석 |
A: 죄송합니다만 지난주 목요일 회화 수업을 못 들었습니다. 베이징에 있었거든요.
B: 문제없습니다. 베이징에는 일 때문에 가셨나요, 아니면 휴가로 가셨나요?

| 해설 |
휴가 등을 즐기기 위해 여행을 간다고 할 때에는 for pleasure를 쓴다.

| 오답분석 |
(a) participation 참여, 관여
(b) meditation 명상, 숙고
(d) entertainment 대접, 오락, 연예 – 연예나 오락 쪽에 주로 쓰이는 단어이므로 여행과 어울리지 않는다.

6.

Ian's trip to Nepal was ruined after he _________ Malaria on his second day there.

(a) subjected
(b) found
(c) infected
(d) contracted

| 해석 |
이안의 네팔 여행은 그곳에서의 둘째 날에 그가 말라리아에 걸린 뒤로 엉망이 되었다.

| 해설 |
contract는 '계약, 계약서, 계약하다'의 뜻 외에 '수축하다, 줄어들다', '병에 (옮아서) 걸리다'의 뜻을 가지는 다의어이다. 말라리아와 같이 전염되어 걸리는 병에 주로 쓴다.

| 오답분석 |
(a) subject 주제, 제목, 과목; 신민, 피실험자; ~의 지배를 받는, ~에 영향 받기 쉬운; 종속시키다, 복종시키다 – 여러 가지 뜻을 가지는 다의어이고 '영향 받기 쉬운'의 형용사의 의미를 가지지만, 동사로 '병에 걸리다'의 뜻을 가지고 있지 않다.
(b) find 찾다
(c) infect 감염시키다 – 말라리아에 감염되었다는 의미가 되려면 수동태 형으로 쓰여야 하므로 의미상 알맞지 않다.

7.

It may take years to _________ the damage that your infidelity has caused your marriage.

(a) adjust
(b) repair
(c) modify
(d) support

| 해석 |
외도가 당신의 결혼에 입힌 피해를 치료하는 데에는 몇 년이 걸릴 수 있다.

| 해설 |

repair는 '고치다, 수리하다'의 뜻으로 물건이나 기계를 수리한다는 뜻으로도 쓰이지만 이 문제에서와 같이 정신적, 추상적 피해를 치료한다는 의미로도 쓰인다.

| 오답분석 |

(a) adjust 맞추다
(c) modify 변경하다, 수정하다
(d) support 지탱하다, 부양하다

8.

To be discriminated against by an employer because of one's age is a(n) _________ of one's fundamental rights and freedoms in most western countries.

(a) salutation
(b) retribution
(c) infringement
(d) embezzlement

| 해석 |

고용인에 의해 나이 때문에 차별을 받는 것은 대부분의 서양 국가들에서 근본적 권리와 자유를 침해하는 것이 된다.

| 해설 |

infringement는 '법률의 위반, 특허권 등의 침해'를 의미한다.

| 오답분석 |

(a) salutation 인사말
(b) retribution 보복, 천벌
(d) embezzlement 횡령

9.

Unfortunately for Brad, on the night that the professional scout was watching his game, he had a(n) _________ performance.

(a) isolated
(b) lackluster
(c) acclaimed
(d) delectable

| 해석 |

브레드에게는 안 된 일이지만, 프로 스카우트 담당자가 경기를 보고 있었던 날 밤에 그는 활기 없는 경기를 보였다.

| 해설 |

문장의 제일 앞에서 '불행히도'라고 했으므로 경기를 잘 펼치지 못했다는 의미가 되어야 한다. 따라서 답은 (b) lackluster(광채 없는, 흐릿한, 활기 없는)이 된다.

| 오답분석 |

(a) isolated 고립된, 외딴
(c) acclaim 호평; 갈채하다
(d) delectable 즐거운, 유쾌한, 맛있는

10.

The nation's reputation for safety has been credited to the _________ learned during compulsory military service.

(a) sincerity
(b) apathy
(c) compassion
(d) discipline

| 해석 |

그 국가의 안전에 대한 명성은 의무 군복무 동안에 배운 훈련 덕으로 돌려진다.

| 해설 |

discipline은 '훈련, 규율'의 뜻이다. 문장 뒷부분의 compulsory military service(의무적 군복무)에서 단서를 찾을 수 있다.

| 오답분석 |

(a) sincerity 성실, 성의
(b) apathy 냉담, 무관심, 무감동
(c) compassion 불쌍히 여김, 동정(심)

Day 17

Build up
183p

> **1.** (b) **2.** (c) **3.** (d) **4.** (a) **5.** (a) **6.** (d)
> **7.** (c) **8.** (c) **9.** (a) **10.** (b)

1.

A: Hi, I am looking for a memory card that is _________ with my digital camera.
B: Well, you came to the right place. We have a large selection of digital camera accessories.

(a) dependable
(b) compatible
(c) reliable
(d) coherent

| 해석 |

A: 안녕하세요, 제 디지털 카메라와 호환이 되는 메모리 카드를 찾고 있어요.
B: 제대로 오셨네요. 저희 가게에는 디지털 카메라 관련 기기가 잘 갖추어져 있습니다.

| 해설 |

compatible은 '양립 가능한, 조화가 되는'의 뜻이며, 컴퓨터나 가전제품 등에 관련하여 '호환성이 있는'의 뜻으로 쓰인다.

| 오답분석 |

오답보기 모두 의미상 어울리지 않는 어휘들이다.

(a) dependable 신뢰할 수 있는, 의지할 수 있는
(c) reliable 믿을 수 있는, 의지할 수 있는
(d) coherent 응집성의, 조리가 있는

2.

A: I will be home right after I ________ a few groceries.

B: Ok, don't forget to get some milk.

(a) drop in
(b) put on
(c) pick up
(d) take up

| 해석 |
A: 식료품을 좀 산 뒤에 바로 집으로 올게.
B: 좋아, 우유 사오는 것 잊지 마.

| 해설 |
pick up은 '집어 들다' 의 뜻에서 '사람을 차에 태우다', '물건 등을 사다' 의 뜻이다.

| 오답분석 |
(a) drop in 잠깐 들르다
(b) put on (옷, 모자, 안경 등을) 입다[쓰다]
(d) take up 착수하다, (시간, 장소 등을) 잡다 – 사전적으로 '집어올리다, 들어올리다' 의 뜻이 있으나, 많이 쓰이지 않으며 이 문제의 상황에 어울리지 않는 표현이다.

3.

A: Would you like to go to a movie with me this afternoon?

B: I would love to, but I have a few errands to ________ before I go to work this evening.

(a) perform
(b) achieve
(c) embrace
(d) run

| 해석 |
A: 오늘 오후에 나랑 영화 보러 갈래?
B: 나도 그러고 싶지만, 오늘 밤에 일하러 가기 전에 심부름할 것이 좀 있어.

| 해설 |
errand는 심부름 이란 뜻이다. '심부름하다' 라는 collocation으로는 run 동사를 쓴다.

| 오답분석 |
(a) perform 수행하다 – 정답으로 보일 수 있으나, 작업 수행이나 연주, 연기 등을 한다고 할 때 쓰이는 단어이다.
(b) achieve 성취하다 – 업적을 성취하거나 명성 등을 획득했을 때 쓰이는 단어이다.
(c) embrace 껴안다, 맞이하다, 받아들이다 – 단어의 뜻을 알면 이 문제에서 전혀 정답이 될 수 없음을 알 수 있다.

4.

A: You are not old enough to be wandering the streets late at night by yourself.

B: Dad, I am ________ 19. I think I'll be fine!

(a) going on
(b) turning up
(c) passing into
(d) backing into

| 해석 |
A: 혼자 밤에 길거리를 배회하기에 넌 너무 어려.
B: 아빠, 저 이제 곧 19살이 되요. 괜찮을 거라고요.

| 해설 |
go on은 '계속되다, 시간이 지나다, ~의 나이가 되다' 의 뜻이다.

| 오답분석 |
(b) turn up 갑자기 어떤 일이 생기다, 상승하다
(c) pass into ~가 되다
(d) back into ~에 부딪치다, ~를 뜻밖에 손에 넣게 되다

5.

The region dividing the two countries is a heavily forested area, ________ in wildlife.

(a) abundant
(b) elaborate
(c) lacking
(d) prevalent

| 해석 |
그 두 국가를 나누고 있는 지역은 숲이 매우 우거져 있고, 야생 동식물로 가득 차 있다.

| 해설 |
abundant는 '풍부한, 많은' 의 뜻이므로 heavily forested area와 같은 맥락으로 정답이 된다.

| 오답분석 |
(b) elaborate 공들인, 정교한 – 이 문제에 어울리지 않는 단어이다.
(c) lacking 부족한 – 의미상 빈칸에 들어가야 할 말과 정반대의 뜻이다.
(d) prevalent 널리 퍼진, 우세한 – 영향력이 널리 퍼졌다는 의미의 단어이므로 정답이 될 수 없다.

6.

Several people from head office, including the Chief Financial Officer, were arrested this morning on charges of ________ corporate capital.

(a) obtruding
(b) encroaching
(c) promulgating
(d) misappropriating

| 해석 |
최고 재무 담당자를 포함하여 본사의 몇몇 사람들이 회사 자금을 횡령한 혐의로 오늘 아침에 체포되었다.

misappropriate는 '착복하다, 횡령하다' 의 뜻이다.

| 오답분석 |
(a) obtrude 강요하다, 억지로 떠맡기다
(b) encroach 침입하다, 침식하다
(c) promulgate 발표하다, (법률을) 공포하다

7.

Many countries around the world are calling out in a _________ voice for peace in the Middle East.

(a) latent
(b) reticent
(c) strident
(d) clandestine

| 해석 |
전 세계 많은 나라들이 중동의 평화를 위해 거센 목소리로 외치고 있다.

| 해설 |
strident는 '삐걱거리는, 소리가 날카로운' 의 뜻으로, 평화를 위해 외친다는 문맥과 어울린다.

| 오답분석 |
(a) latent 숨은, 잠재한, 잠복해 있는
(b) reticent 말이 없는, 과묵한, 입이 무거운
(d) clandestine 비밀의, 남몰래 하는, 불법의

8.

In many European and Asian countries, it is __________ that males serve a term in the military.

(a) revolting
(b) neurotic
(c) mandatory
(d) irrational

| 해석 |
많은 유럽과 아시아 국가들에서, 남성들이 군복무를 하는 것은 의무적이다.

| 해설 |
serve는 군복무를 한다는 의미로도 쓰인다.
mandatory는 '강제의, 의무의, 필수의' 의 뜻이므로 이 문제의 정답이 된다.

| 오답분석 |
(a) revolting 반란하는, 불쾌감을 일으키는
(b) neurotic 신경증의, 신경과민의
(d) irrational 이성을 잃은, 불합리한

9.

Veronica started with the company as a part-time telephone agent but through hard work and _______ determination, she worked her way up to an executive position.

(a) sheer
(b) broad
(c) all
(d) direct

| 해석 |
베로니카는 그 회사의 파트타임 전화 상담원으로 시작했지만 열심히 일하고 결단이 굳은 태도로 관리직까지 올라갔다.

| 해설 |
sheer는 '얇은, 속이 비쳐 보이는' 의 뜻과 '완전한, 순전한' 의 뜻이 있다. sheer determination이라고 하면 '매우 강직한 태도, 결단이 굳은 태도' 라는 뜻이 된다.

10.

Shipping costs will be increased by 5% on orders of "_________" merchandise, due to the additional protection required to ensure safe delivery.

(a) agile
(b) fragile
(c) frail
(d) disconnected

| 해석 |
안전한 배달에 필요한 부가적인 보호 때문에 '깨지기 쉬움' 표시가 있는 물품들을 주문할 때는 운송료가 5% 증가할 것이다.

| 해설 |
fragile은 '망가지기 쉬운, 깨지기 쉬운' 의 뜻으로, 문장 뒷부분의 protection이나 safe delivery에서 정답에 대한 단서를 찾을 수 있다.

| 오답분석 |
(a) agile 민첩한, 기민한
(c) frail 부서지기 쉬운, 체질이 약한, 유혹에 약한 – 배달 물품이 깨지기 쉽다는 의미로는 잘 사용되지 않는다.
(d) disconnected 연락[접속]이 끊긴

Day 18

Build up

193p

1. (c)	2. (c)	3. (c)	4. (c)	5. (b)	6. (a)
7. (a)	8. (a)	9. (b)	10. (c)		

1.

A: Hurry! Hurry! You need to be faster than this!
B: Please stop ______ me. I can not go any faster!

(a) pulling
(b) driving

(c) pushing

(d) blowing

| 해석 |

A: 서둘러! 지금보다 더 빨리 가야 해!
B: 그만 재촉해. 더 이상 속력을 낼 수는 없다고!

| 해설 |

push는 '밀다' 의 뜻에 더하여 '재촉하다, 강요하다' 의 뜻을 가진다.

| 오답분석 |

(a) pull 당기다
(b) drive 운전하다, 몰다, ~의 상태로 몰아가다
(d) blow 불다, 날려버리다

2.

A: My guitar case is too large for the overhead
________. Is there another place I can store it?
B: Yes, we have a small storage closet near the
front of the plane.

(a) shelf

(b) platform

(c) compartment

(d) box

| 해석 |

A: 제 기타 케이스가 머리 위에 짐 놓는 곳에 넣기에 너무 크네요. 이걸 놓
을 다른 장소가 있나요?
B: 네, 비행기 앞쪽 근처에 작은 창고가 있습니다.

| 해설 |

overhead compartment는 비행기의 머리 위에 짐 놓는 곳을 의미한다.

| 오답분석 |

(a) shelf 선반
(b) platform 연단, 정거장의 플랫폼
(d) box 상자

3.

A: My daughter, Nicole won Student of the Year
and Athlete of the Year in her graduating class.
B: Wow, she is the real ______________! You must
be so proud!

(a) take it or leave it

(b) icing on the cake

(c) cream of the crop

(d) par for the course

| 해석 |

A: 내 딸 니콜이 졸업반에서 올해의 학생 상과 올해의 운동선수 상을 받았
어요.
B: 그녀는 정말 최고 중의 최고군요. 정말 자랑스러우시겠어요.

| 해설 |

the cream of the crop은 '최상의 것[사람]' 이라는 idiom이다.

| 오답분석 |

(a) take it or leave it 싫으면 그만두다
(b) icing on the cake 케이크의 장식, 사람의 눈을 끌기 위한 (무익한)
꾸밈
(d) par for the course 당연한, 보통의, 전형적인

4.

A: I ________ my account number and password
online but access to my internet banking was
declined.
B: I apologize for that, sir. We are having some
technical difficulties at the moment. Please try
again soon.

(a) presented

(b) submitted

(c) entered

(d) confirmed

| 해석 |

A: 계좌번호와 비밀번호를 입력했는데, 인터넷 뱅킹에 접속이 되지 않았
어요.
B: 죄송합니다. 지금 기술적인 문제가 있어서요. 곧 다시 시도해 보십시오.

| 해설 |

enter는 '~에 들어가다' 의 뜻이지만, '넣다, 기입하다' 의 뜻도 있어서 이
문제에서처럼 '번호나 ID를 입력한다' 는 뜻으로 쓰인다.
decline은 '쇠퇴하다, 물가 등이 떨어지다' 의 뜻과 '거절하다, 사절하다'
의 뜻이 있다. 이 문장에서는 '접속이 거절되었다', 즉 '접속이 되지 않았
다' 는 뜻으로 볼 수 있다.

5.

We should get together and _________ our
vacation plans for this summer.

(a) control

(b) discuss

(c) recommend

(d) bother

| 해석 |

모여서 이번 여름 휴가 계획에 대해 토론해야겠어.

| 해설 |

discuss는 '~에 대해 의논하다, 토론하다' 의 뜻이다.

| 오답분석 |

(a) control 지배하다, 통제하다, 감독하다
(c) recommend 추천하다, 권하다
(d) bother 괴롭히다, 성가시게 하다

6.

Please be advised that you are ________ for
paying any outstanding late fees before renting
privileges are resumed.

(a) responsible
(b) mature
(c) competent
(d) answerable

I 해석 I
임대권을 계속하시려면 미결제된 연체료를 먼저 지불하셔야 한다는 것을 알아두세요.

I 해설 I
outstanding은 '눈에 띄는, 훌륭한'의 뜻 외에 '미결제의, 미해결의'의 뜻도 있다는 것을 알아두어야 한다. late fee는 '연체료'의 뜻이다.
be responsible for 는 '~할 책임이 있는'의 뜻이므로 이 문장에서는 의역하면 '반드시 ~을 해야 한다'의 뜻으로 볼 수 있다.

I 오답분석 I
(b) mature   익은, 성숙한, 신중한
(c) competent   적임의, 유능한
(d) answerable   대답할 수 있는, 책임 있는

7.

Ski Heaven is offering special weekend packages this season that _______ from $209 to $499, depending on the choice of accommodations.

(a) range
(b) group
(c) class
(d) set

I 해석 I
스키 헤븐은 이번 시즌에 숙박시설 선택에 따라 209달러에서 499달러 범위의 특별 주말 패키지를 제공합니다.

I 해설 I
예산이나 가격의 범위를 말할 때 range를 쓴다.

I 오답분석 I
(b) group   떼를 짓다, 분류하다
(c) class   분류하다, 등급을 나누다
(d) set   배치하다, 정하다, 고정하다

8.

People always want the newest technology because despite how innovative and attractive a previous model, its _______ wears off after a period of ownership.

(a) novelty
(b) precedence
(c) reputation
(d) superiority

I 해석 I
사람들은 항상 가장 새로운 기술을 원한다. 이전의 모델이 얼마나 혁신적이고 매력적이든 간에 그 새로움은 소유하고 어느 정도의 기간이 지나고 나면 점차 줄어들기 때문이다.

I 해설 I
novelty는 '새로움, 신기함, 진기한 것'의 뜻이다. novel의 뜻에 '소설' 외에 '신기한, 새로운'이 있다는 것을 알아두면 외우기 쉽다.

I 오답분석 I
(b) precedence 선행, 우월, 전례
(c) reputation 명성, 평판
(d) superiority 우월, 우수, 탁월

9.

Justin's mother brings him to school daily so she was surprised to hear about his _______ attendance in English class.

(a) persistent
(b) sporadic
(c) interrupted
(d) constant

I 해석 I
저스틴의 어머니는 저스틴을 매일 학교에 데려다 주기 때문에 영어 수업에 그가 가끔 출석했다는 것을 듣고 놀랐다.

I 해설 I
sporadic은 '산발적인'의 뜻이다. 이 문제에서는 daily와 대립되는 개념으로 sporadic이 쓰였다.

I 오답분석 I
(a) persistent 고집하는, 완고한, 영속하는
(c) interrupted 중단된, 가로막힌
(d) constant 변치 않는, 성실한

10.

Mr. Lee earns a(n) _______ livelihood as a small business owner under the state control of a communist dictatorship.

(a) affluent
(b) insubordinate
(c) precarious
(d) plummeted

I 해석 I
이 씨는 공산주의 독재정권 통제하의 작은 사업체 사장으로서 불안정한 생계를 꾸리고 있다.

I 해설 I
precarious는 '불안정한, 불확실한'의 뜻이다.
독재 정권하의 사업체 사장이라고 하였으므로 정답 precarious를 유추할 수 있다.

I 오답분석 I
(a) affluent 풍부한, 유복한
(b) insubordinate 순종하지 않는, 반항하는
(d) plummet 갑자기 내려가다, 떨어지다

I 어휘 I
communist 공산주의의
dictatorship 독재, 독재정권

Day 19

Build up

1. (c)	**2.** (a)	**3.** (d)	**4.** (b)	**5.** (a)	**6.** (d)
7. (b)	**8.** (c)	**9.** (c)	**10.** (a)		

1.

A: Hi, I know this is late notice, but can I still make a reservation for tonight?

B: I am terribly sorry, but we are _______ solid.

(a) charged
(b) claimed
(c) booked
(d) reserved

| 해석 |
A: 너무 늦은 통지인건 알지만, 오늘 밤에 예약할 수 있을까요?
B: 정말 죄송하지만 예약이 꽉 찼네요.

| 해설 |
book은 '책'이라는 명사의 뜻 외에도 '예약하다'의 뜻이 있다.
booked solid는 fully booked와 같이 모두 예약이 찼다는 뜻이다.

| 오답분석 |
(a) charge 요금을 청구하다, 고발하다, 책임지게 하다
(b) claim 권리로서 ~을 청구하다, 요구하다
(d) reserve 후일을 위해 비축하다, 보류하다, 예약하다 – '예약하다'의
 뜻이 있기는 하지만, solid와 호응을 이루어 쓰이지 않는다.

2.

A: You are a very _________ person.

B: I take after my mother. She is really easy-going.

(a) congenial
(b) arrogant
(c) obnoxious
(d) taciturn

| 해석 |
A: 붙임성 좋은 성격이시군요.
B: 어머니를 닮아서 그래요. 어머니가 낙천적이시거든요.

| 해설 |
congenial은 '붙임성 있는, 기분 좋은, 쾌적한'의 뜻이다.
B의 말에서 easy-going을 단서로 정답을 고를 수 있다.

| 오답분석 |
(b) arrogant 오만한
(c) obnoxious 밉살스러운, 불쾌한
(d) taciturn 말수 적은

3.

A: I don't know why I am bothering to write this book. Nobody will buy it even if it does get published!

B: Don't be so _________ on yourself! You are an excellent writer, with wonderful ideas.

(a) irritated
(b) tricky
(c) mean
(d) hard

| 해석 |
A: 내가 이 책을 쓰느라 왜 이렇게 고생하는지 몰라. 출판되어도 아무도
 안 살 텐데 말이야!
B: 너무 자책하지 마. 너는 훌륭한 아이디어를 가진 좋은 작가잖아.

| 해설 |
Don't be so hard on yourself.는 '스스로에게 너무 가혹하지 마라, 너
무 자책하지 마라'의 뜻이다.

| 오답분석 |
(a) irritated 신경질이 난
(b) tricky 교활한, 교묘한
(c) mean 비열한, 인색한

4.

A: Is that your stomach _________?

B: It is. Are you interested in getting a bite to eat?

(a) howling
(b) growling
(c) indigestion
(d) digesting

| 해석 |
A: 이거 네 배에서 난 소리야?
B: 응. 뭔가 먹으러 갈 생각 있어?

| 해설 |
growl은 '개가 으르렁거리다, 천둥이 울리다'의 뜻이다.
"My stomach is growling." 등 이 문제에서처럼 '뱃속이 요란하다'의 의
미로도 쓰인다.

| 오답분석 |
(a) howl 짖다, 울부짖다, 바람이 윙윙거리다 – howl도 growl과 비슷한
 뜻이지만, 이 표현에는 쓰지 않는다.
(c) indigestion 소화 불량
(d) digest 소화하다, 요약하다, 간추리다 – 빈칸에 digesting을 넣으면
 '소화하고 있는 소리'의 의미로 보여 정답으로 착각할 수 있으나, B의
 말과 호응이 되지 않으므로 정답이 될 수 없다.

5.

The director has received critical _________ for her unique style of filmmaking.

(a) acclaim
(b) approval
(c) applause
(d) appreciation

| 해석 |
그 감독은 독특한 스타일로 영화를 만든 것에 대해 극적인 찬사를 받았다.

| 해설 |
acclaim은 '갈채, 환호, 찬사, 호평' 의 뜻으로 정답이다.

| 오답분석 |
(b) approval 승인, 찬성
(c) applause - '박수갈채' 의 뜻이므로 정답이 될 수 없다.
(d) appreciation 평가, 감상, 감사

6.

Many critics _________ the author after it was disclosed that he had lied about many experiences he wrote about in his memoir.

(a) respected
(b) esteemed
(c) commended
(d) rebuked

| 해석 |
많은 비평가들은 그 작가가 회고록에 쓴 많은 경험에 대해 거짓말을 했다는 사실이 밝혀지자 그를 비난했다.

| 해설 |
memoir는 '회고록, 자서전' 의 뜻이다. 자서전에서 거짓말을 했으므로 의미상 비평가들이 '비난했다' 는 것으로 rebuke(비난하다, 꾸짖다)가 정답이 된다.

| 오답분석 |
(a) respect 존중하다, 존경하다
(b) esteem ~라고 여기다, 간주하다, 존경하다
(c) commend 칭찬하다, 권하다

7.

Honesty and respect are the basic foundation for a good _____________.

(a) association
(b) relationship
(c) unification
(d) correlation

| 해석 |
정직과 존중은 좋은 관계의 기반이다.

| 해설 |
relationship은 일반적으로 '관계' 의 뜻으로 쓰이는 단어이다. 나머지 오답 보기들과 잘 비교해 두자.

| 오답분석 |
(a) association 연합, 관련, 결합
(c) unification 통일, 통합
(d) correlation 상호관계, 상관관계 – 어떤 두 대상 사이의 상호적 관계를 나타내므로 정답이 될 수 없다.

8.

The scarce amount of rainfall over the past several months has produced a _________, resulting in devastating economic losses for the farmers of the region.

(a) hurricane
(b) typhoon
(c) drought
(d) downpour

| 해석 |
지난 몇 달간의 극히 적은 강수량 때문에 가뭄이 들었고, 따라서 그 지역 농부들의 경제적 손실을 더욱 악화시키는 결과를 가져왔다.

| 해설 |
drought는 '가뭄' 의 뜻이므로 scarce amount of rainfall을 단서로 정답을 찾을 수 있다.

| 오답분석 |
(a) hurricane 폭풍, 허리케인
(b) typhoon 태풍
(d) downpour 억수, 호우

9.

After a long day of negotiating an agreement in vain, both sides decided to _________ talks in the morning.

(a) set
(b) observe
(c) resume
(d) execute

| 해석 |
협정에 대해 협상을 하였지만 허사였던 긴 하루를 보낸 뒤에, 양측은 아침에 다시 이야기를 시작하기로 결정했다.

| 해설 |
resume은 '그친 데서 다시 시작하다' 의 뜻이다. 회의도 진행된 부분 이후부터 재개해야 하므로 정답이다.

| 오답분석 |
(a) set 배치하다, 두다, 세우다
(b) observe 관찰하다, 준수하다
(d) execute 실행하다, 집행하다 – 의미상 적절하지 않다.

10.

A medical doctor must have a very _________ mind in order to remember the details of human anatomy.

(a) retentive
(b) mediocre
(c) restraining
(d) memorable

| 해석 |
의사는 인체 해부학의 세부사항들을 기억하기 위해 기억력이 좋아야 한다.

| 해설 |

retentive는 '보유하는, 보유력이 있는'의 뜻에서 '기억력이 좋은'의 의미
가 된다.

| 오답분석 |

(b) mediocre 보통의, 평범한

(c) restrain 제지하다, 억제하다

(d) memorable 기억할 만한, 잊기 어려운, 외우기 쉬운

Day 20

Build up

213p

1. (d)	**2.** (d)	**3.** (a)	**4.** (a)	**5.** (d)	**6.** (b)
7. (d)	**8.** (d)	**9.** (d)	**10.** (b)		

1.

A: Did you inherit your mother's skill with a needle
and thread?

B: Not in the least! I think I am all _________ at
needlework.

(a) backwards

(b) elbows

(c) cheeky

(d) thumbs

| 해석 |

A: 어머니의 바느질 솜씨를 물려받았니?

B: 전혀 물려받지 못했어! 난 바느질엔 영 소질이 없나 봐.

| 해설 |

be all thumbs는 '손재주가 없다, 서투르다'의 뜻이다. 손가락이 모두 엄
지손가락(thumb)처럼 짧다면 솜씨 좋게 무언가를 만들 수 없을 것이라고
생각하면 쉽게 외울 수 있다.

| 오답분석 |

오답 보기들은 의미상 어울리지 않을 뿐 아니라, idiom은 항상 정해진 대
로 쓰이는 표현이므로 정답이 될 수 없다.

(a) backward 뒤쪽으로, 거꾸로, 역행하여

(b) elbow 팔꿈치

(c) cheeky (구어) 건방진, 뻔뻔스러운

2.

A: Good afternoon, Waterford Dental Clinic.

B: Yes, I would like to make an appointment for
a(n) _________ and a cleaning please.

(a) review

(b) appraisal

(c) judgment

(d) checkup

| 해석 |

A: 안녕하세요. 워터포드 치과 입니다.

B: 예, 검진과 세척을 받아야 해서 예약하려고요.

| 해설 |

보기 중 치과에 예약을 하고 받을 수 있는 것은 checkup뿐이다.

(a) review 논평, 재검토

(b) appraisal 감정, 평가

(c) judgment 판단, 심판

3.

A: How do I get to Young Street?

B: Go straight and _________ your fourth right. You
can't miss it!

(a) take

(b) position

(c) put

(d) enter

| 해석 |

A: 영 가에 어떻게 가면 되나요?

B: 쭉 가다가 네 번째 길에서 우회전 하세요. 찾기 쉬울 거예요.

| 해설 |

take동사는 쓰임새가 많아 항상 헷갈릴 수 있다.

take에 '도로를 타다, ~의 길로 가다'의 뜻이 있다는 것을 알아두자.

ex) take the freeway (고속도로를 타다.)

따라서 이 문제에서도 같은 뜻으로 take가 쓰였음을 알 수 있다.

| 오답분석 |

(b) position 위치, 처지 입장

(c) put 놓다, 두다

(d) enter ~에 들어가다

4.

A: Are you Italian?

B: No, I have been living here for three years so I
am an Italian citizen, but my _________ is
Spanish.

(a) nationality

(b) patriotism

(c) nationalism

(d) indigenous

| 해석 |

A: 이탈리아 분이신가요?

B: 아니요. 3년 동안 이곳에 살아서 이탈리아 시민이기는 하지만, 국적은
스페인이에요.

| 해설 |

nationality는 '국적, 민족성'의 뜻이다.

| 오답분석 |

(b) patriotism 애국심

(c) nationalism 민족주의, 국가주의

(d) indigenous 토착의, 원산의, 타고난

5.

Some companies __________ that their employees carry a cell phone with them at all times.

(a) claim
(b) dispute
(c) involve
(d) demand

| 해석 |
몇몇 회사들은 직원들이 항상 휴대전화를 지니고 다닐 것을 요구한다.

| 해설 |
demand는 '요구하다'의 뜻으로, 이 문제에서처럼 어떤 일을 해줄 것을 요구한다는 의미로 쓰인다.

| 오답분석 |
(a) claim (당연한 권리로서) 요구하다, 청구하다 – 권리의 요구나 잃어버린 물건을 되찾는 등의 의미로 쓰인다. 이 문제에서 유력한 오답 보기이므로 demand와 잘 구별해 두자.
(b) dispute 논쟁하다, 논박하다 – 어떤 일을 문제 삼아 논쟁하고 반박한다는 의미이다.
(c) involve 연루시키다 – 어떤 일에 관련되게 한다는 의미이므로 오답이다.

6.

Susan was having some personal problems so the professor granted her a(n) __________ on her assignment.

(a) addition
(b) extension
(c) permission
(d) continuation

| 해석 |
수잔은 개인적 문제가 있어서 교수님이 그녀의 과제에 대해 기간을 연장해 주었다.

| 해설 |
extension은 흔히 '내선번호'로 시험에 자주 출제되지만, 이 문제에서는 원래의 의미인 '기간 연장'의 뜻으로 쓰였다.

| 오답분석 |
(a) addition 추가, 더하기 – 무언가 덧붙일 때 쓰이는 어휘이다.
(c) permission 허락, 허가 – 허가를 내리고 허용한다는 의미이므로 이 문장에 알맞지 않다.
(d) continuation 계속, 연장 – 어떤 것이 계속되고 연속되어 연장된다는 뜻이므로 빈칸에 알맞은 의미가 아니다.

7.

The social activist is the right woman to __________ courage into the oppressed population.

(a) improve
(b) impose

(c) introduce
(d) inspire

| 해석 |
그 사회 활동가는 박해 받은 사람들에게 용기를 불어넣어 주는 정의로운 여성이다.

| 해설 |
inspire는 '고무하다, 격려하다, (사상, 감정 등을) 불어넣다'의 뜻이므로 뒤에 목적어 courage와 호응을 이루어 쓰일 수 있다.

| 오답분석 |
(a) improve – '(결함, 부족 등을 바로잡아) 개선하다, 향상시키다'의 뜻이므로 의미상 적절하지 않다.

8.

He made a very __________ argument for being insured on the car, but in the end, his parents decided the expense was not worth the convenience.

(a) consistent
(b) arbitrary
(c) classic
(d) persuasive

| 해석 |
그는 자동차에 보험을 들기 위해 아주 설득력 있는 주장을 했지만, 결국 그의 부모님은 편의에 비해 그 비용이 그만한 가치가 없다고 결론을 내렸다.

| 해설 |
문장 가운데 but이 단서가 된다. 문맥상 주장을 잘하였다는 의미가 되어야 하므로 정답은 (b) persuasive(설득력 있는, 설득 잘하는)이 된다.

| 오답분석 |
(a) consistent 일치된, 조화하는
(b) arbitrary 임의의, 멋대로의
(c) classic 고전의, 일류의

9.

I like shopping at the family grocery store because it is conveniently close and the prices are very __________.

(a) instinctive
(b) considerable
(c) divisible
(d) reasonable

| 해석 |
나는 대형 마트에서 쇼핑하는 것을 좋아한다. 왜냐하면 가까워서 편리하고 가격이 매우 적당하기 때문이다.

| 해설 |
reasonable은 '적당한, 비싸지 않은'의 뜻이다.

| 오답분석 |
(a) instinctive 본능적인, 직감적인
(b) considerable 중요한, 꽤 많은, 상당한
(c) divisible 나눌 수 있는

10.

The department store has _______ the prices on all 2007 inventory in order to make room for the 2008 merchandise.

(a) carved

(b) slashed

(c) severed

(d) divided

| 해석 |

백화점은 2008년 상품들을 들여놓기 위해 2007년 재고의 가격을 대폭 삭감했다.

| 해설 |

slash는 '깊숙하게 내리쳐 베다'의 뜻으로, '예산, 급료, 가격을 대폭 내리다'의 뜻으로도 쓰인다.

| 오답분석 |

(a) carve   새겨 넣다

(c) sever   절단하다, 끊다

(d) divide   나누다, 분할하다

Final Check

1. (c)	2. (c)	3. (c)	4. (d)	5. (b)	6. (c)
7. (c)	8. (d)	9. (a)	10. (a)	11. (a)	12. (b)
13. (c)	14. (a)	15. (a)	16. (c)	17. (c)	18. (c)
19. (c)	20. (b)	21. (a)	22. (c)	23. (c)	24. (c)
25. (a)	26. (c)	27. (b)	28. (a)	29. (a)	30. (b)
31. (d)	32. (a)	33. (c)	34. (a)	35. (b)	36. (a)
37. (a)	38. (b)	39. (d)	40. (d)	41. (c)	42. (d)
43. (a)	44. (a)	45. (a)	46. (d)	47. (a)	48. (b)
49. (a)	50. (d)				

Part 1

216p

1.

A: Do you _______ what time it is?

B: Yes, it is 4:35 p.m.

(a) watch

(b) have

(c) know

(d) tell

| 해석 |

A: 지금 몇 시인지 아십니까?

B: 네, 오후 4시 35분이네요.

| 해설 |

시간을 '아느냐'고 물어야 하므로 정답은 know 이다.

| 오답분석 |

(a) watch – 동사로 '보다, 지켜보다'의 의미이므로 적절하지 않다.

(b) have – 시간을 물을 때 "Do you have the time?"이라고 해야 한다. 이 문장에는 적합하지 않다.

(d) tell – '말하다'의 뜻일 때 뒤에 사람 목적어를 바로 취하거나 about을 수반하여 목적어를 취한다. '구별하다, 식별하다'의 뜻으로도 이 문장에는 적합하지 않다.

2.

A: Do you want to go on a boat tour of the Thames River with me sometime?

B: Sure. How much does it cost per _______?

(a) single

(b) body

(c) person

(d) individual

| 해석 |

A: 언제 저와 템즈 강 보트 투어를 가실래요?

B: 좋죠. 한 명 당 얼마가 들죠?

| 해설 |

'사람 한 명 당'이라고 할 때에는 per person을 쓴다.

| 오답분석 |

(a) single – '한 개, 단일, 한 사람'의 뜻이 있지만 이 문장에 적합하지 않다.

(b) body 몸, 신체, 육체

(d) individual 개인, 개체, (물건의) 한 단위

3.

A: I know you are busy so please don't feel _______ to come to my party.

B: I am very busy, but I'll gladly make time for it.

(a) ominous

(b) opaque

(c) obliged

(d) oblivious

| 해석 |

A: 바쁘시다는 걸 압니다. 그러니 파티에 꼭 와야 된다는 부담을 가지지 않으셔도 됩니다.

B: 많이 바쁘지만, 기꺼이 시간을 내겠어요.

| 해설 |

oblige는 '강요하다, 의무를 지우다'의 뜻이다.

| 오답분석 |

(a) ominous 불길한, 나쁜 징조의

(b) opaque 불투명한, 광택이 없는

(d) oblivious 잘 잊는, 염두에 없는

4.

A: I wish I could stay and visit with you longer but I have a plane to __________.

B: Well, it was great seeing you again. Send my love to your family.

(a) make
(b) fly
(c) reserve
(d) catch

| 해석 |
A: 더 오래 머무르고 싶지만, 비행기를 타야 해서요.
B: 너를 다시 봐서 기뻤단다. 가족들에게 내 안부를 전해주렴.

| 해설 |
catch는 '열차, 버스, 비행기 등을 시간 맞춰 타다'의 뜻이 있다.

5.

A: How could you have handled the situation differently?

B: It's hard to say because it all happened in a ________ second.

(a) long
(b) split
(c) single
(d) half

| 해석 |
A: 어떻게 그 상황을 다르게 처리할 수 있었나요?
B: 말하기 힘들군요. 모든 일이 순식간에 일어나서요.

| 해설 |
split second는 '순식간'의 뜻이다.

6.

A: How are you finding this chapter on Sigmund Freud?

B: At first it was hard to understand but I am beginning to _____________.

(a) find out
(b) add up
(c) catch on
(d) believe in

| 해석 |
A: 지그문트 프로이트에 대한 이 챕터 어떤 것 같아?
B: 처음엔 이해하기 어려웠지만, 이제 이해가 되기 시작하는 것 같아.

| 해설 |
catch on은 '붙잡다, 인기를 얻다'의 뜻으로 흔히 쓰이지만, 이 문제에서처럼 '이해하다'의 뜻으로도 쓰인다.

| 오답분석 |
(a) find out 찾아내다, 알아내다, 해결하다 – 정답으로 생각할 수 있으나, 의미를 알아내거나 해결해 낸다는 의미이므로 이 문제에 알맞은 뜻은 아니다.
(b) add up 합계하다
(d) believe in ~을 믿다, 신용하다, 신념을 가지다

7.

A: Good evening, may I take your order?

B: Actually, we could use a couple of more minutes to ________ the menu. Thanks.

(a) engage
(b) choose
(c) study
(d) discover

| 해석 |
A: 안녕하십니까. 주문하시겠어요?
B: 메뉴를 좀 더 살펴볼 시간이 필요하네요. 감사합니다.

| 해설 |
메뉴를 고른다는 표현으로 study the menu를 쓴다.

8.

A: __________, Andrea. There is a car approaching behind you.

B: Oh, sure, thanks very much.

(a) Cut in
(b) Sit tight
(c) Pull over
(d) Step aside

| 해석 |
A: 옆으로 비켜 서라, 안드레아. 뒤에 차가 다가오는구나.
B: 오, 그래야겠네요. 고마워요.

| 해설 |
이 문제에서 step aside는 말 그대로 '옆으로 비키다, 비켜 서다'의 뜻으로 쓰였다.
'탈선하다, 몸을 빼다, 사직하다'의 뜻도 있다.

| 오답분석 |
(a) cut in 끼어들다, 간섭하다, 새치기하다
(b) sit tight 꼼짝 않고 앉아 있다, 버티다, 시기를 기다리다
(c) pull over 차를 길가에 대다

9.

A: Your son is a very good student but he has some trouble with public speaking.

B: That does not surprise me. He has been ________ since he was a child.

(a) taciturn
(b) extroverted
(c) garrulous
(d) boisterous

| 해석 |
A: 아드님은 아주 좋은 학생이지만, 화술에는 문제가 좀 있습니다.
B: 놀랄 일도 아니에요. 어린아이였을 때부터 말수가 적었거든요.

| 해설 |
taciturn은 '말수 적은, 무언의, 입이 무거운'의 뜻이다.

| 오답분석 |
(b) extroverted 외향성의, 사교적인, 명랑한
(c) garrulous 잘 지껄이는, 수다스러운, 말 많은
(d) boisterous 떠들썩한, 시끄러운

10.

A: I am now going to ask the best man, Tom, to come to the microphone.
B: First of all, I would like to make a _________: to lifelong health and happiness for the newlyweds.

(a) toast
(b) salutation
(c) cheer
(d) salute

| 해석 |
A: 신랑 들러리인 톰에게 마이크를 들어 보라고 하겠습니다.
B: 우선, 신혼부부들이 평생 건강하고 행복하라는 의미로 건배를 제안하고 싶습니다.

| 해설 |
건배를 한다는 의미로 make a toast를 쓴다. 나머지 오답보기들과 헷갈리지 않도록 주의하자.

| 오답분석 |
(b) salutation 편지, 연설 첫머리의 인사말
(c) cheer 격려, 갈채
(d) salute 경례, 인사, 절

11.

A: I tried to watch my favorite television drama last night but the TV couldn't _________ the signal.
B: Really? My television signal was coming through fine.

(a) receive
(b) detect
(c) observe
(d) monitor

| 해석 |
A: 어젯밤에 가장 좋아하는 TV 드라마를 보려고 했지만 TV가 신호를 잡지 못했어.
B: 정말? 내 TV는 문제없이 신호가 잡히는데.

| 해설 |
문자 그대로 TV가 신호를 받는다는 뜻으로 receive를 쓰면 된다.

| 오답분석 |
(b) detect (본성, 본질을) 간파하다, 탐지하다

(c) observe 관찰하다, 지켜보다
(d) monitor 감시하다, 관찰하다

12.

A: Can you direct me toward Terra Nova Golf Course?
B: _________ on this main street until you reach Logy Bay Road, and the golf course is on the right.

(a) Take
(b) Stay
(c) Keep
(d) Hold

| 해석 |
A: 테라 노바 골프장으로 가는 길을 알려주시겠어요?
B: 로기 베이 로드가 나올 때까지 이 도로를 따라 쭉 가시면, 골프장이 오른쪽에 있습니다.

| 해설 |
stay on the street는 '이 길을 따라 계속 가다'의 뜻이다. 선택지가 모두 기본 동사로 이루어져 있어 혼동되기 쉬운 구어체 문제이다.

| 오답분석 |
(a) take on 떠맡다; ~의 성질을 취하다
(c) keep on 몸에 걸치고 있다, 착용하고 있다
(d) hold on 계속하다, 지탱하다; 전화를 끊지 않고 기다리다

13.

A: So now that Bill Parsons has won the election, when will he take over as mayor?
B: He will be officially _________ during a ceremony on Thursday morning.

(a) brought in
(b) established
(c) sworn in
(d) accepted

| 해석 |
A: 빌 파슨스가 선거에 이겼으니, 언제 시장 일을 인수받게 되지?
B: 목요일 아침 행사에서 공식적으로 취임 선서를 하게 될 거야.

| 해설 |
swear in은 '취임 선서를 시키다'의 뜻이므로, 시장과 같은 공직을 맡을 때 어울리는 표현이다.
bring in은 '(수입, 이익을) 가져오다, 도입하다, 데려오다'의 뜻이다.

14.

A: You are late again, Tanya. This is starting to become a habit.
B: It wasn't my _________ this morning because my alarm clock didn't go off.

(a) fault
(b) inaccuracy

(c) guilt
(d) ambiguity

| 해석 |
A: 타냐, 또 늦었네. 습관이 되려는 것 같구나.
B: 알람 시계가 울리지 않았으니까 오늘 아침엔 제 잘못이 아니에요.

| 해설 |
fault는 '결점, 과실, 잘못'의 뜻으로, 이 문제에서와 같이 사소한 잘못에 쓰일 수 있는 단어이다.

| 오답분석 |
(b) inaccuracy 부정확, 잘못, 틀림
(c) guilt 죄, 유죄 – 법적으로 잘못을 저질렀을 때 쓰는 단어이므로 정답이 될 수 없다.
(d) ambiguity 애매모호함, 불명료함

15.

A: So how did the trial go?
B: The jury delivered a non-guilty verdict that ________ the accused.

(a) vindicated
(b) vandalized
(c) denied
(d) devaluated

| 해석 |
A: 그 재판은 어떻게 되었니?
B: 배심원단이 피고의 결백을 입증해서 무죄 판결을 내렸어.

| 해설 |
vindicate는 '죄를 씻다, 정당성[결백]을 입증하다'의 뜻이다.

| 오답분석 |
(b) vandalize 파괴하다, 적대시하다
(c) deny 부정하다, 취소하다, 부인하다
(d) devaluate 가치를 감소시키다, 평가절하하다

16.

A: Your son must be very upset when he couldn't participate in the summer camp.
B: Despite my son's disappointment, I remain __________ about my decision because he was too weak for the camp environment.

(a) disconcerted
(b) compliant
(c) adamant
(d) vacillating

| 해석 |
A: 여름 캠프에 참석하지 못해서 네 아들이 정말 속상했겠다.
B: 아들이 실망하긴 했지만, 그 애는 캠프 환경에서 지내기엔 너무 약해서 내 결정을 굳게 지켰어.

| 해설 |
문두에 despite이 쓰였으므로 아들이 실망했지만 결정을 지켰다는 의미가 들어가야 한다.

adamant는 '더없이 굳은, 완강한, 불굴의'의 뜻으로 결심이나 태도가 굳다는 의미로 쓰인다.

| 오답분석 |
(a) disconcerted 당혹한, 당황한
(b) compliant 고분고분한
(d) vacillating 망설이는, 우유부단한

17.

A: Excuse me, can you tell me where to find the pasta sauce?
B: Half way down ______ # 8, on the top shelf.

(a) hall
(b) path
(c) aisle
(d) corridor

| 해석 |
A: 실례합니다. 파스타 소스가 어디 있나요?
B: 8번 복도를 반쯤 내려가면, 제일 위 선반에 있습니다.

| 해설 |
aisle은 '통로, 복도'의 뜻으로, 대형 마트의 선반 사이사이의 길도 aisle을 쓴다.

| 오답분석 |
(a) hall 현관의 넓은 공간, 회관, 큰 건물의 복도
(b) path (작은) 길, 통로
(d) corridor 복도, 회랑

18.

A: Has Kelly made a choice about which university to attend?
B: No, she has narrowed her decision, but is still on the ______.

(a) border
(b) rail
(c) fence
(d) decision

| 해석 |
A: 켈리는 어떤 대학에 다닐지 결정했어?
B: 아니, 결정을 좁히긴 했지만 아직도 생각 중이야.

| 해설 |
be[sit] on the fence는 '형세를 관망하다, 중립을 지키다, 확실한 선택을 하지 않다'의 뜻이다.
'중립을 지키다'의 좋은 뜻으로도 쓰이지만 중요한 결정 앞에서 '애매한 태도를 취하다'의 좋지 않은 뜻으로도 쓰인다.

| 오답분석 |
(a) border 경계(선), 국경(선)
(b) rail 가로대, 철도
(d) decision 결정, 결론

19.

A : Does the computer bag ________ with the laptop for that price?

B : Not normally, but I will throw it in as a special price.

(a) piece
(b) fit
(c) come
(d) accompany

| 해석 |

A: 그 가격에 노트북 컴퓨터와 함께 가방이 포함된 건가요?
B: 원래는 그렇지 않지만, 특별 가격으로 덤으로 드리죠.

| 해설 |

빈칸에 come을 넣어서 직역하면 "그 가격에 노트북과 가방이 함께 오는가?" 이다. 즉, 의역하면 그 가격에 노트북에 가방이 포함된 것인지를 묻는 것임을 알 수 있다.

| 오답분석 |

(a) piece 조각, 단편; 조각을 이어 붙이다, 연결하다
(b) fit ~에 맞다, 적합하다, 어울리다
(d) accompany 동반하다, 수반하여 일어나다

| 어휘 |

throw in 덤으로 주다

20.

A: Could you please return this movie rental for me sometime before 6:00 p.m.

B: Not a problem, I'm ________ that way right now.

(a) aimed
(b) headed
(c) intended
(d) targeted

| 해석 |

A: 6시 전에 이 빌려온 영화를 좀 반납해 줄래?
B: 문제 없어. 지금 그쪽으로 가는 길이야.

| 해설 |

head는 명사로 '머리'의 뜻이고 '~으로 향하다'의 동사의 뜻을 가진다. 또, 동전의 앞면에 head를, 뒷면에 tail을 쓴다는 것도 함께 알아두자.

| 오답분석 |

(a) aim 겨누다, 목표로 삼다 – 목표로 삼거나 총을 겨눈다는 뜻이다.
(c) intend 의도하다 – 마음 속으로 어떤 목표를 가진다는 뜻이다.
(d) target 목표로 정하다, 목적으로 삼다 – 의미상 적절하지 않다.

21.

A: What's up? You look good these days.

B: No, I feel I'm getting fat. So I recently joined a gym in an effort to lose some ________.

(a) weight

(b) heaviness
(c) size
(d) displeasure

| 해석 |

A: 잘 지내? 요즘 좋아 보이네.
B: 아니야, 살이 쪄가고 있는 것 같아. 그래서 최근에 살을 빼려고 체육관에 등록했어.

| 해설 |

lose weight은 살을 빼다, gain weight은 살이 찌다 라는 빈출 collocation 이다.

| 오답분석 |

(b) heaviness 무거움, 무게 – 살을 뺀다는 표현으로 무거움 자체를 쓰는 것은 문장 호응이 되지 않는다.
(c) size 크기, 치수 – 옷의 치수를 말할 때 쓰는 단어이므로 이 문장에서는 어울리지 않는다.
(d) displeasure 불쾌 – 의미상 어울리지 않는다.

22.

A : I would like to check out these books please.

B : Not a problem, but this is the reserve desk. You must go to the ________ desk.

(a) catalogue
(b) information
(c) circulation
(d) microfilm

| 해석 |

A: 이 책들을 대출하려고 하는데요.
B: 물론이죠, 하지만 여기는 예약도서를 찾는 곳입니다. 대출해주는 곳으로 가셔야 해요.

| 해설 |

check out은 '호텔 등에서 계산하고 방을 비우다'의 뜻도 있지만 이 문제에서와 같이 '도서관에서 책을 대출하다'의 뜻이 있다. reserve desk는 예약한 책을 찾아가는 곳이고, 정답이 되는 circulation desk는 책을 대출해주는 곳이다.

23.

A: What do you say to go ride in a sleigh?

B: Well, let me consider since I hate to ________ the sled back up the hill.

(a) get
(b) clutch
(c) pull
(d) lift

| 해석 |

A: 썰매 타러 가는 거 어때?
B: 글쎄, 썰매를 다시 언덕 위로 끌고 올라가는 게 싫어서 좀 생각해볼게.

| 해설 |

pull은 '끌다, 끌어당기다'의 뜻으로, 수레나 썰매 등을 끌고 간다고 할 때 쓸 수 있다.

| 오답분석 |

(a) get 얻다, 받다
(b) clutch 꼭 잡다, 붙들다
(d) lift 들어올리다, 향상시키다 – 높은 곳으로 물건이나 승객 등을 올려
    놓는다는 의미이다.

24.

A: Tell me about your opinion about stem cell
    research.
B: I think it should be carefully __________ and
    properly conducted.

(a) invented
(b) charged
(c) directed
(d) expected

| 해석 |

A: 줄기 세포 연구에 대한 의견을 말해줘.
B: 줄기 세포 연구는 신중하게 관리되어야 하고 적절히 수행되어야 할 것
    같아.

| 해설 |

direct는 '길을 가르쳐 주다, 지도하다, 관리하다, 명령하다'의 뜻이 있다.

| 오답분석 |

(a) invent   발명하다, 만들어내다
(b) charge   책임을 지게 하다, 청구하다, 고발하다
(d) expect   기대하다, 예상하다

25.

A: I will exercise three hours a day to get in shape.
B: You'd better keep in mind too much of anything
    can have negative ________ on one's lifestyle.

(a) effects
(b) sources
(c) indications
(d) surroundings

| 해석 |

A: 몸매를 가꾸기 위해 하루에 세 시간씩 운동할거야.
B: 무엇이든 너무 지나치면 생활 방식에 부정적인 영향을 끼칠 수 있다는
    걸 명심하렴.

| 해설 |

effect는 '효과, 효력, 영향'의 뜻에서 have an effect on 은 '~에 영향을
미치다'의 뜻이다.

| 오답분석 |

(b) source   근원, 원천, 원인, 출처
(c) indication   지시, 징조, 징후
(d) surrounding   주위 환경, 상황

26.

The ticket box office at the concert venue will
________ all major credit cards, debit, or cash, but
no personal checks.

(a) proceed
(b) operate
(c) accept
(d) utilize

| 해석 |

콘서트가 열리는 곳의 티켓 박스 오피스는 모든 주요 신용카드와 직불카
드, 현금을 받을 것이지만, 개인 수표는 받지 않을 것이다.

| 해설 |

카드 등을 상점, 매표소, 자판기 등에서 받는다는 표현으로 accept를 쓴다.

| 어휘 |

venue 사건의 현장, 스포츠 대회 등의 개최지
debit 직불 카드

27.

Fashion magazines ________ unrealistic depictions
of how typical men and women should look in
society.

(a) imagine
(b) project
(c) scatter
(d) install

| 해석 |

패션 잡지들은 사회의 전형적인 남성과 여성이 어떻게 보여야 하는가에
대한 비현실적인 묘사를 투사한다.

| 해설 |

project는 동사의 뜻으로 '계획하다, 제안하다'의 뜻과 이 문제에서와 같
이 '투사하다, 그려내다'의 뜻을 가진다.

| 오답분석 |

(a) imagine   상상하다, 마음에 그리다 – 주체가 사람이 되어야 하므로 오
    답이다.
(c) scatter   뿌리다, 흩뿌리다 – 사방으로 흩뿌린다는 뜻으로, 이미지나
    묘사를 사람들에게 보여준다는 의미로는 부적절하다.
(d) install   설치하다 – 장치를 단다는 뜻이므로 정답이 될 수 없다.

28.

When Kevin was diagnosed with a terminal
disease, he took the necessary financial steps to
________ his family's future.

(a) secure
(b) develop
(c) control

(d) liberate

| 해석 |

케빈은 불치병 진단을 받았을 때 가족의 미래를 확보하기 위해 필요한 재정적 조치들을 취했다.

| 해설 |

secure는 동사로 '안전하게 하다, 단단히 지키다, 확보하다'의 뜻이 있다.

29.

Singing songs in class usually _______ a young student's interest toward the language lesson.

(a) sways
(b) swipes
(c) schemes
(d) pressures

| 해석 |

수업에서 노래를 부르는 것은 보통 어린 학생들의 흥미를 언어 수업 쪽으로 돌려 준다.

| 해설 |

sway는 '흔들리다, 동요하다'의 뜻이지만, '어떤 방향으로 기울다'의 뜻도 있으므로 정답이다.

| 오답분석 |

(b) swipe 강타하다
(c) scheme 계획하다, 모의하다
(d) pressure 압력을 가하다, 강제하다 – 노래를 통해 흥미를 돌리도록 강제할 수는 없으므로 정답이 될 수 없다.

30.

The lead guitarist played a beautiful classical ________ between the first and second half of the band's two-hour set.

(a) prelude
(b) interlude
(c) repartee
(d) periphery

| 해석 |

리드 기타리스트는 그 밴드의 두 시간짜리 공연의 중간에 아름다운 클래식 간주곡을 연주했다.

| 해설 |

interlude는 '막간극, 간주곡, 사이, 중간'의 뜻이다.

| 오답분석 |

(a) prelude 전주곡, 서곡
(c) repartee 재치 있는 응답
(d) periphery 주위, 주변

31.

You can help to _______ the environment by making an effort at home to segregate your compost and recyclables from normal household waste.

(a) guard
(b) defend
(c) annihilate
(d) preserve

| 해석 |

집에서 퇴비와 재활용 가능한 쓰레기를 보통의 쓰레기와 분리하려는 노력을 함으로써 환경을 보존하는 데 일조할 수 있다.

| 해설 |

환경 보존[보호]에는 preserve를 쓴다. compost는 퇴비, 비료라는 뜻이다.

| 오답분석 |

(a) guard 보호하다, 조심하다, 경계하다
(b) defend 막다, 지키다, 방어하다
(c) annihilate 절멸시키다, 무효로 하다, 폐지하다

32.

The jury discussed the evidence presented in the case for hours but could not agree on a ________.

(a) verdict
(b) sentence
(c) result
(d) testimony

| 해석 |

배심원단은 그 사건에 제시된 증거에 대해 몇 시간 동안 토론했지만, 평결에 대해 합의를 이끌어낼 수 없었다.

| 해설 |

verdict는 '(배심원의) 평결, 판단'의 뜻이다. 나머지 오답 보기들과 헷갈리지 않도록 정리해 두자.

| 오답분석 |

(b) sentence 선고, 형벌 – 법정에서 구체적인 형벌을 선고할 때 쓰인다.
(c) result 결과, 결말
(d) testimony 법정 선서, 증언

33.

Albert Einstein had a profound _______ on the innovation of modern physics.

(a) power
(b) blow
(c) impact
(d) command

| 해석 |

알버트 아인슈타인은 현대 물리학의 혁신에 심오한 영향을 미쳤다.

| 해설 |

have impact on는 '영향을 미치다'의 뜻이다. innovation은 '혁신, 일신'의 뜻이다.

| 오답분석 |

(a) power 힘, 권력, 세력

(b) blow 강타, 구타
(d) command 명령, 지휘, 지휘권

34.

Ryan's dog did not eat for three days so he took it to the __________.

(a) veterinarian
(b) pediatrician
(c) anesthetist
(d) therapist

| 해석 |
라이언의 개는 3일 동안 아무것도 먹지 않아서 그는 개를 수의사에게 데리고 갔다.

| 해설 |
개가 아팠다는 내용이므로 veterinarian은 '수의사'가 정답이 된다.

| 오답분석 |
(b) pediatrician 소아과 의사
(c) anesthetist 마취 전문 의사
(d) therapist 임상 의사, 치료사

35.

Make sure that you _______ me informed about any potential plans for this weekend.

(a) cover
(b) keep
(c) place
(d) share

| 해석 |
이번 주말의 가능한 계획에 대해 내게 알려준다고 확실히 해주세요.

| 해설 |
keep ~ informed는 직역하면 '~가 정보를 받은 상태로 하다', 즉 '~에게 계속 정보를 주다, 알려주다'의 뜻이다.

| 오답분석 |
(a) cover 덮다, 감싸다
(c) place 두다, 놓다
(d) share 나누다, 공유하다

| 어휘 |
potential 잠재적인, 가능한

36.

Amelia found herself __________ from her co-workers because of her manipulative ways.

(a) alienated
(b) subtracted
(c) betrothed
(d) deducted

| 해석 |
아멜리아는 속임수를 쓰는 것 때문에 동료들로부터 자신이 소외되었다는

것을 알았다.

| 해설 |
alienate는 '멀리하다, 소외하다, 따돌리다'의 뜻이다. alien이 '외국인, 이방인'의 뜻임을 알면 쉽게 알 수 있다.

| 오답분석 |
(b) subtract 빼다, 감하다, 공제하다
(c) betroth 약혼시키다
(d) deduct 공제하다, 빼다

| 어휘 |
manipulative 속임수의, 교묘히 다루는

37.

Correspondence education is a practical __________ for student mothers to obtain university degrees.

(a) avenue
(b) direction
(c) reproach
(d) reference

| 해석 |
통신 교육은 주부 학생들이 대학교 학위를 취득하기 위한 실제적 방법이다.

| 해설 |
avenue는 '거리, 도로'의 뜻이지만, way와 같이 '방법, 수단'의 뜻으로도 쓰인다.

| 오답분석 |
(b) direction 지도, 감독, 지시, 명령
(c) reproach 비난, 질책
(d) reference 참조, 언급

38.

Jane's doctor said that her cancer has spread drastically; his __________ for her recovery is not good.

(a) indication
(b) prognosis
(c) presentation
(d) measurement

| 해석 |
제인의 의사는 그녀의 암이 급격하게 퍼졌다고 말했고, 그녀의 회복이 좋지 않을 것이라고 예상했다.

| 해설 |
prognosis는 '예측, (의학적) 예후, 치료 뒤의 경과 예상'의 뜻이다. '의학적 진단, 예상'의 뜻인 diagnosis와 함께 외우면 기억하기 쉽다.

| 오답분석 |
(a) indication 지시, 암시, 징조 – 의학적으로 쓰이는 용어가 아니므로 정답이 될 수 없다.
(c) presentation 수여, 표현
(d) measurement 측량, 치수 – 넓이/길이/두께 등을 측정할 때 쓰는 표현이며, 의학적 진단이나 예측에 쓸 수 없다.

39.

When shopping at the electronic market, be aware of ________ merchandise.

(a) esoteric
(b) irrelevant
(c) palpable
(d) spurious

| 해석 |

전자 시장에서 쇼핑할 때에는 가짜 상품에 유의해야 한다.

| 해설 |

spurious는 '가짜의, 위조의, 그럴 듯한' 의 뜻이다.

| 오답분석 |

(a) esoteric 비법의, 비밀의
(b) irrelevant 부적절한, 관련성이 없는
(c) palpable 뚜렷한, 명백한

40.

Due to a number of economic ________, the company has decided to lay-off many employees.

(a) drawbacks
(b) errors
(c) disparities
(d) setbacks

| 해석 |

많은 경제적 좌절 때문에 그 회사는 많은 직원들을 해고하기로 결정했다.

| 해설 |

setback은 '방해, 좌절' 의 뜻이다. 다른 오답보기들과 의미상 헷갈리지 않도록 주의하자.

| 오답분석 |

(a) drawback 결점, 약점
(b) error 잘못, 실수
(c) disparity 불균형, 불일치

41.

Since Jeff has started to apply himself more, the quality of his work has improved ________.

(a) considerately
(b) eloquently
(c) significantly
(d) unconditionally

| 해석 |

제프가 더욱 전념하기 시작함에 따라, 그의 일은 눈에 띄게 향상되었다.

| 해설 |

apply oneself to는 '열심히 종사하다, 전념하다' 의 뜻이다.
일이 향상되었다는 것에 쓰일 수 있는 단어는 '눈에 띄게, 상당히' 의 뜻을 가진 (c) significantly이다.

| 오답분석 |

(a) considerately 사려 깊게, 인정 많게 – 사람의 성격에 쓰이는 표현
이다.
(b) eloquently 웅변적으로, 설득력 있게도
(d) unconditionally 무조건으로, 무제한으로

42.

The argument between the two men escalated and eventually ________ in a fist fight.

(a) exemplified
(b) turned
(c) epitomized
(d) culminated

| 해석 |

두 남자 간의 말다툼은 점점 더 심해져서 마침내 주먹다짐으로 절정을 이루었다.

| 해설 |

culminate는 '정점에 이르다, 최고점에 달하다' 의 뜻이다.
escalate가 '단계적으로 오르다, 상승하다' 의 뜻이므로, 점차 싸움이 고조되어 최고조에 달했다는 의미로 쓰일 수 있는 것은 culminate이다.

| 오답분석 |

(a) exemplify 예시하다
(b) turn 돌리다, ~의 방향을 바꾸다
(c) epitomize 요약, 발췌하다

43.

Meteorites travel at high speeds through outer space in a state of ________.

(a) inertia
(b) velocity
(c) suspension
(d) dynamism

| 해석 |

운석은 관성의 힘으로 높은 속도로 우주를 여행한다.

| 해설 |

운석(meteorite)의 이동은 관성을 통해 이루어지므로 정답은 (a) inertia (관성)가 된다.

| 오답분석 |

(b) velocity 속력
(c) suspension 미결, 중지
(d) dynamism 활력

44.

The assassination of Archduke Franz Ferdinand of Austria in 1914 was the ________ that initiated World War I.

(a) catalyst
(b) upheaval
(c) commotion
(d) touchstone

(c) drive 운전하다; 몰다, ~의 상태로 만들다

47.

The extent that environmental damage has had on the environment is not _________ because what we know about global climate change is inferred from historical evidence.

(a) clear
(b) told
(c) sure
(d) plain

| 해석 |
지구의 기후 변화에 대해 우리가 아는 것은 역사적 증거로부터 추론한 것이기 때문에 환경적 손상이 환경에 미치는 영향의 정도는 명백하지 않다.

| 해설 |
clear는 '명백한, 분명한' 의 뜻이다.

| 오답분석 |
(d) plain – '분명한, 명백한' 의 뜻이 있지만, plain은 '꾸미지 않은, 솔직한, 알기 쉬운' 의 뜻에서 나온 것이므로 정답으로 부적절하다.

48.

As the days _________ following Scott's motorcycle accident, he regained more of the strength in his legs.

(a) reaped
(b) ensued
(c) shadowed
(d) convened

| 해석 |
오토바이 사고 뒤로 날이 감에 따라 스콧은 다리에 힘을 되찾았다.

| 해설 |
ensue는 '계속되다, 잇따라 일어나다' 의 뜻으로, as the days ensued는 '날이 감에 따라' 의 뜻이다.

| 오답분석 |
(a) reap 수확하다
(c) shadow 그늘지게 하다, 흐리게 하다
(d) convene 모이다, 모으다, 소집하다

49.

Reilly was struck in the head by a bottle after an argument _________ during the staff Christmas party.

(a) flared
(b) lashed
(c) pursued
(d) brimmed

| 해석 |

| 해석 |
1914년 오스트리아의 프란츠 페르디난드 대공의 암살은 1차 세계대전을 시작하게 한 촉매였다.

| 해설 |
문맥상 전쟁이 시작하게 촉진한 사건이라는 의미가 되어야 하므로 정답은 catalyst (촉매) 이다.

| 오답분석 |
(b) upheaval 대변동, 격변
(c) commotion 동요, 흥분, 폭동
(d) touchstone 시금석, 기준

| 어휘 |
archduke 대공(옛 오스트리아왕자의 칭호)
initiate 시작하다, 개시하다, 입문시키다

45.

Michael Ondaatje has written many wonderful pieces of literature that have been _________ by his most famous novel, *The English Patient.*

(a) eclipsed
(b) withheld
(c) truncated
(d) overlapped

| 해석 |
마이클 온다치는 많은 훌륭한 문학 작품들을 썼지만, 가장 유명한 소설인 〈잉글리시 페이션트〉에 의해 가려졌다.

| 해설 |
eclipse는 '해, 달의 식(蝕)' 을 의미하며, 동사로 '가리다, 빛을 잃게 하다, 어둡게 하다, 명성 등을 가리다' 의 뜻이다.

| 오답분석 |
(b) withhold 보류하다, 억누르다
(c) truncate 원불이나 나무의 꼭대기를 자르다
(d) overlap 부분적으로 겹치다, (시간이) 중복되다

46.

During your orientation and training, you will be _________ through the procedures of the company.

(a) prompted
(b) orchestrated
(c) driven
(d) walked

| 해석 |
오리엔테이션과 훈련 기간 동안에, 회사의 절차들을 둘러보게 될 것이다.

| 해설 |
walk through의 문자 그대로의 뜻은 '~를 가로질러 걷다' 이므로 이 문장에서는 회사의 과정들을 죽 훑어보며 둘러본다는 의미가 된다.

| 오답분석 |
(a) prompt 고무하다, ~하도록 시키다, 유발하다
(b) orchestrate (최대의 효과를 올리도록) 편성하다

라일리는 직원 크리스마스 파티 도중에 일어난 말다툼 후에 병으로 머리를 맞았다.

| 해설 |

flare는 '불꽃이 타오르다, (반란, 질병 등이) 터지다, (사람이) 격분하다, 발끈하다'의 뜻이다.
따라서, 이 문장에서 argument와 어울려 쓰일 수 있는 단어는 flare 뿐이다.

| 오답분석 |

(b) lash 채찍, 채찍으로 때리다, 몰아세우다
(c) pursue 쫓다, 추적하다, 추구하다
(d) brim (접시, 컵, 모자의) 가장자리; 가득 채우다, 넘치도록 차다

50.

Your proposal is __________ in that it does not account for the peripheral characters necessary for the success.

(a) perceptual
(b) retroactive
(c) translucent
(d) nearsighted

| 해석 |

당신의 제안은 성공에 필요한 주변적인 요소들을 설명하지 않는다는 점에서 근시안적이다.

| 해설 |

보기 중 proposal(신청, 제안)과 어울려 쓰일 수 있는 것은 nearsighted (근시안적인, 소견이 좁은) 뿐이다.
peripheral character는 연극이나 소설 등의 '주변 인물'의 뜻에서 '주변적 요소'를 뜻한다.

| 오답분석 |

(a) perceptual 지각의, 지각 있는
(b) retroactive 반동하는
(c) translucent 반투명의

Test of English Proficiency
Seoul National University

수험번호
성 한글
명 한자

좌 석 번 호
Ⓐ Ⓑ Ⓒ Ⓓ Ⓔ
① ② ③ ④ ⑤ ⑥ ⑦

청 해
Listening Comprehension

문 법
Grammar

어 휘
Vocabulary

독 해
Reading Comprehension

고사실란 감독관 만족도
100 90 80 70 60 50 40 30 20 10

문제지번호

답안수정개수 감독관확인란

〈답안작성시 유의사항〉

1. 답안지 작성은 반드시 컴퓨터용 싸인펜만을 사용하셔야 합니다.

2. 답안을 정정할 경우 수정테이프(수정액불가)를 사용하셔야 합니다.

3. 본 답안지는 컴퓨터로 처리되므로 훼손하시면 안되며, 답안지 하단의 타이밍마크(Ⅲ)를 찢거나, 낙서 등을 하시면 본인에게 불이익이 발생할 수 있습니다.

4. 답안은 문항당 정답을 1개만 골라 ● 와 같이 정확히 기재하여야 하며, 필기구 오류나 본인의 부주의로 잘못 표기한 경우에는 당 관리위원회의 OMR판독기의 판독결과에 따르며, 그 결과는 본인이 책임집니다.

Good ● Bad ◖ ◓ ◑ ✗ Ⅴ

5. 감독관의 확인이 없는 답안지는 무효처리됩니다.

〈부정행위 처리규정〉

1. 모든 부정행위 적발 및 이에 대한 조치는 TEPS 관리위원회의 처리규정에 따라 이루어집니다.

2. 부정행위 현장적발 뿐만 아니라 사후에도 적발될 수 있으며 모두 동일한 조치가 취해집니다.

3. 부정행위 적발 시 당해 성적은 무효화되며 사안에 따라 최대 5년까지 TEPS 관리위원회에서 주관하는 모든 시험의 응시자격이 제한됩니다.

4. 문제지 이외에 메모를 하는 행위와 시험문제의 일부 또는 전부를 유출하거나 공개하는 경우 부정행위로 처리됩니다.

5. 각 파트별 시간을 준수하지 않거나, 시험 종료 후 답안 작성을 계속할 경우 부정행위로 처리됩니다.

서 약 본인은 필기구 및 기재오류와 답안지 훼손으로 인한 책임을 지고, 부정행위 처리규정을 준수할 것을 서약합니다.

뒷면

TEPS

성 영문

명 서명

응시일자 : 20 년 월 일

수험번호

PASSWORD

주민등록번호

성 명(성·이름순으로 기재)

EX H O N G   G I L   D O N G

단체구분

학생	일반

질문란

1. 귀하의 TEPS 응시목적은?

ⓐ 입사지원 ⓑ 인사정책

ⓒ 개인실력측정 ⓓ 입시

ⓔ 국가고시지원 ⓕ 기타

2. 귀하의 영어권 체류 경험은?

ⓐ 없다 ⓑ 6개월미만

ⓒ 6개월이상1년미만 ⓓ 1년이상3년미만

ⓔ 3년이상5년미만 ⓕ 5년이상

3. 귀하께서 응시하고 계신 고사장에 대한 만족도는?

ⓐ 0점 ⓑ 1점

ⓒ 2점 ⓓ 3점

ⓔ 4점 ⓕ 5점

4. 최근 2년내 TEPS 응시횟수는?

ⓐ 없다 ⓑ 1회

ⓒ 2회 ⓓ 3회

ⓔ 4회 ⓕ 5회이상

학력

재학 / 졸업

초등학교
중학교
고등학교
전문대학
대학교
대학원

계열

인 문 학
사회과학 · 법학
경제학 · 경영학
자 연 과 학
의학 · 약학 · 간호학
공   학
교 육 학
음악 · 미술 · 체육
기   타

직업

공 무 원
고시준비
교   사
군   인
의 료 인
자 영 업
학   생
회 사 원
무   직
기   타

직종

고 위 임 직 원
전 문 직(과학,공학)
전 문 직(교육)
전문직(법률,회계,금융)
기   술   직
영   업
홍   보
총   무
인   사
경   리
기   획
구   매

무   역
외   환
자   금
공   무
품질관리
전   산
행 정 직
생산관리
서 비 스
기   타

직책

임   원
부   장
차   장
과   장
대   리
계   장
사   원
인   턴
기   타